社区管理

主编 尹 雷

西安交通大学出版社
XI'AN JIAOTONG UNIVERSITY PRESS

内容简介

本书注重系统性、理论性、实践性相结合。理论部分力求清晰、简洁、实用,并参考了国内外有关社区管理的诸多文献,吸收了前沿理论。案例部分做到典型、真实,容纳国内外多样性案例,把握国外社区管理的实践与发展趋势,抓住国内社区管理的实践动态。

图书在版编目(CIP)数据

社区管理/尹雷主编. —西安:西安交通大学出版社,2021.4(2024.7重印)
ISBN 978-7-5693-0423-7

Ⅰ.①社… Ⅱ.①尹… Ⅲ.①社区管理 Ⅳ.①C916.2

中国版本图书馆 CIP 数据核字(2020)第 203108 号

书　　名	社区管理 SHEQU GUANLI
主　　编	尹　雷
责任编辑	李逢国
责任校对	柳　晨
出版发行	西安交通大学出版社 (西安市兴庆南路1号　邮政编码 710048)
网　　址	http://www.xjtupress.com
电　　话	(029)82668357　82667874(市场营销中心) (029)82668315(总编办)
传　　真	(029)82668280
印　　刷	西安日报社印务中心
开　　本	787mm×1092mm　1/16　印张 12.25　字数 306千字
版次印次	2021年4月第1版　2024年7月第3次印刷
书　　号	ISBN 978-7-5693-0423-7
定　　价	39.80元

如有印装质量问题,请与本社市场营销中心联系。
订购热线:(029)82665248　(029)82667874
投稿热线:(029)82664840
读者信箱:xj_rwjg@126.com

版权所有　侵权必究

前言
Foreword

伴随着各国的社区发展和社区管理转型,社区发展的理论与实践都呈现出新的变化。当前中国正处于转型新时期,为满足时代的发展和知识更新的需要,本书结合当前时代背景并引用相关案例分析等内容,试图从不同角度阐释社区管理中由谁管理、管理什么以及如何更好地管理等问题。

首先是"由谁管理"的问题。本书阐述了社区的含义、功能及分类,社区管理的含义、发展历史、体制、管理模式及发展趋势。结合我国社区管理的实践,在此基础上又探讨了社区组织及社区管理主体和社区管理者,详细介绍了社区的党政组织、自治组织、中介组织、物业管理公司和业主委员会。在对社区进行管理的过程中,社区管理者的素质和社区组织的人员配备等同样发挥着重要作用。

其次是"管理什么"的问题。本书着重考察了社区环境管理、社区卫生管理、社区服务管理、社区教育管理、社区文化管理和社区治安管理,从六个方面详细回答了需要管理什么的问题。

最后是"如何更好地管理"的问题。本书介绍了社区发展的原则和程序,在此基础上,结合我国处于转型新时期的实际,详细介绍了党建引领的多方参与和协同治理、"互联网十"背景下的新型社区管理模式、居民自治视角下自治型社区的新发展。

在本书的编写过程中,我们注重全书系统性、理论性与实践性的结合。理论部分力求清晰、简洁、实用,并参考了国内外有关社区管理的诸多文献,吸收了前沿理论。案例部分做到典型、真实,容纳国内外多样性案例,把握国外社区管理的实践与发展趋势,抓住国内社区管理的实践动态。

本书的编写得到了众多高校老师的大力支持和积极参与,在此感谢中国农业大学人文与发展学院王思贤,天津师范大学政治与行政学院吴丽婷,东北师范大学马克思主义学院游星月,中国海洋大学马克思主义学院王敏,中南财经政法大学法学院刘淑萍,曲阜师范大学王珺、单文卜、谈乡阁、王星普、陈金珠、王梦阳等老师参与本书的编写工作,感谢范晓萌、杜颖、顾宸羽、李瑞等参与本书的校对工作。其中,王思贤在本书的编写过程中全面统筹,并在最终的修改阶段付出了大量的劳动,在此单独致谢。同时,对本书所引用文献的作者们表示衷心感谢。

本书可以作为行政管理、社区管理、物业管理、社会工作等相关专业的教材和学习参考书目,也可以作为基层政府部门、街道办事处、社区等机构相关工作人员开展工作的参考用书。

由于本书编写时间较为仓促,书中难免存在不足之处,敬请各位专家和读者予以指正。

编者

2021 年 1 月

目录

第1章 社区 (1)
学习目标 (1)
关键概念 (1)
导入案例 (1)
1.1 社区概述 (2)
1.2 社区的功能 (4)
1.3 社区的分类 (5)
本章小结 (7)
思考题 (8)
典型案例 (8)

第2章 社区管理 (9)
学习目标 (9)
关键概念 (9)
导入案例 (9)
2.1 社区管理概述 (10)
2.2 社区的发展历史 (13)
2.3 社区管理体制 (17)
2.4 社区管理模式 (20)
2.5 社区管理模式的发展趋势 (25)
本章小结 (27)
思考题 (27)
典型案例 (28)

第3章 社区组织及社区管理主体 (29)
学习目标 (29)
关键概念 (29)

导入案例…………………………………………………………………(29)
　　3.1　社区组织概述………………………………………………………(29)
　　3.2　社区党政组织………………………………………………………(33)
　　3.3　社区自治组织和社区中介组织……………………………………(36)
　　3.4　物业管理公司和业主委员会………………………………………(39)
　　本章小结……………………………………………………………………(44)
　　思考题………………………………………………………………………(44)
　　典型案例……………………………………………………………………(44)

第4章　社区管理者……………………………………………………………(46)
　　学习目标……………………………………………………………………(46)
　　关键概念……………………………………………………………………(46)
　　导入案例……………………………………………………………………(46)
　　4.1　社区管理者概述………………………………………………………(47)
　　4.2　社区管理者的素质要求………………………………………………(48)
　　4.3　社区管理者的教育和培训……………………………………………(52)
　　4.4　社区组织的人员配备…………………………………………………(54)
　　本章小结……………………………………………………………………(57)
　　思考题………………………………………………………………………(57)
　　典型案例……………………………………………………………………(57)

第5章　社区环境管理…………………………………………………………(60)
　　学习目标……………………………………………………………………(60)
　　关键概念……………………………………………………………………(60)
　　导入案例……………………………………………………………………(60)
　　5.1　社区环境概述…………………………………………………………(61)
　　5.2　社区环境管理概述……………………………………………………(65)
　　5.3　社区环境管理的实施…………………………………………………(69)
　　5.4　绿色社区的建设………………………………………………………(72)
　　本章小结……………………………………………………………………(76)
　　思考题………………………………………………………………………(76)
　　典型案例……………………………………………………………………(76)

第6章 社区卫生服务管理 ……………………………………………… (78)

学习目标 ………………………………………………………………… (78)

关键概念 ………………………………………………………………… (78)

导入案例 ………………………………………………………………… (78)

6.1 社区卫生服务概述 …………………………………………………… (79)

6.2 社区卫生服务的内容和方法 ………………………………………… (81)

6.3 社区卫生服务机构的建设和管理 …………………………………… (84)

6.4 社区卫生服务的改革和发展 ………………………………………… (88)

本章小结 ………………………………………………………………… (91)

思考题 …………………………………………………………………… (91)

典型案例 ………………………………………………………………… (92)

第7章 社区服务管理 ……………………………………………………… (93)

学习目标 ………………………………………………………………… (93)

关键概念 ………………………………………………………………… (93)

导入案例 ………………………………………………………………… (93)

7.1 社区服务概述 ………………………………………………………… (93)

7.2 社区服务的兴起和发展 ……………………………………………… (96)

7.3 社区服务的管理和实施 ……………………………………………… (100)

7.4 执行社区服务活动方案 ……………………………………………… (104)

本章小结 ………………………………………………………………… (105)

思考题 …………………………………………………………………… (105)

典型案例 ………………………………………………………………… (105)

第8章 社区教育管理 ……………………………………………………… (107)

学习目标 ………………………………………………………………… (107)

关键概念 ………………………………………………………………… (107)

导入案例 ………………………………………………………………… (107)

8.1 社区教育概述 ………………………………………………………… (108)

8.2 社区教育的兴起和发展 ……………………………………………… (110)

8.3 社区教育的管理和实施 ……………………………………………… (112)

8.4 社区教育管理的发展 ………………………………………………… (115)

本章小结 ………………………………………………………………… (119)

思考题 (119)

　　典型案例 (119)

第 9 章　社区文化管理 (121)

　　学习目标 (121)

　　关键概念 (121)

　　导入案例 (121)

　　9.1　社区文化概述 (122)

　　9.2　社区文化管理的内容与意义 (125)

　　9.3　社区文化管理的实施 (128)

　　本章小结 (133)

　　思考题 (134)

　　典型案例 (134)

第 10 章　社区治安管理 (135)

　　学习目标 (135)

　　关键概念 (135)

　　导入案例 (135)

　　10.1　社区治安管理概述 (136)

　　10.2　社区治安管理的任务、要求和途径 (139)

　　10.3　社区治安综合治理 (144)

　　10.4　社区矫正 (150)

　　本章小结 (153)

　　思考题 (153)

　　典型案例 (153)

第 11 章　社区发展 (155)

　　学习目标 (155)

　　关键概念 (155)

　　导入案例 (155)

　　11.1　社区发展概述 (156)

　　11.2　社区发展的原则 (157)

　　11.3　社区发展的程序 (160)

　　本章小结 (161)

思考题 …………………………………………………………………………… (161)
　　典型案例 ………………………………………………………………………… (162)

第12章　社区管理发展新趋势 ………………………………………………… (163)
　　学习目标 ………………………………………………………………………… (163)
　　关键概念 ………………………………………………………………………… (163)
　　12.1　居民自治视角下自治型社区的新发展 ………………………………… (163)
　　12.2　党建引领的多方参与和协同治理的社区管理新格局 ………………… (169)
　　12.3　"互联网＋"背景下的新型智慧社区管理模式创新 ………………… (177)
　　本章小结 ………………………………………………………………………… (183)
　　思考题 …………………………………………………………………………… (183)

参考文献 ………………………………………………………………………… (184)

第1章 社 区

学习目标

了解我国社区的概念、社区的分类,掌握构成社区的基本要素、社区的功能,对我国现有的社区有一个全面、详细的了解。

关键概念

社区　社区的基本要素　社区功能

导入案例

深圳市龙岗区社区管理个案回顾

近年来,深圳各区纷纷编制综合发展规划,不仅包括单纯的物质空间规划,还包括社会、经济、文化、生态环境等一系列综合性的规划。

深圳在社区规划的实践主要有两方面:一方面是借鉴我国台湾经验,结合自身现状对"社区规划师制度"进行了本土化探索。从2001年龙岗区首次试行"顾问规划师制度"到2008年大鹏半岛开展的"社区规划师制度",再到2012年《深圳市规划和国土资源委员会社区规划师制度实施方案(试行)》颁布,深圳在规划编制与管理层面上不断对该制度进行创新与规范。社区规划师制度在提高社区规划意识、促进公众参与规划、反映社区诉求、协助规划落地等方面取得了一定成效。另一方面是践行自下而上的社区规划编制,先后开展了2007年深圳市龙岗区五联社区规划、2010年宝安区怀德社区发展规划、2013年龙岗区龙岗街道同乐社区规划等。规划强调协同社区自下而上地完成规划编制,将规划内容从物质空间扩展到人口与社会、产业经济发展以及社区组织、治理等。

按照规划,龙岗区积极鼓励开展各类旧区综合整治,推进以城中村、旧工业区为主要对象的拆除重建,探索历史文化地区保护文化,逐步实现城市空间布局优化、产业转型升级、居住环境和条件改善,提升公共配套水平,提高基础系统支撑能力与城市安全保障能力,稳步提升更新实施率,实现城市多元、系统、有机更新,促进龙岗区的有秩序、高品质、可持续发展。"十三五"期间,龙岗区通过城市更新落实的各项指标均居全市第一。

南湖街社区社区管理个案回顾

湖北省武汉市社区规划建设的首批试点社区中具有典型性的一个社区——南湖街社区规划主要有以下四个阶段。

第一阶段:搭建由街道办事处、社区居委会、业委会、物业公司、规划团队等人员共同组成的工作坊,确保多主体、全方位、全过程参与。

第二阶段：与社区居民代表共同开展"发现社区"系列活动，围绕景观环境、道路交通、公共空间、设施配套、社区文化与社会治理等六个方面，通过现场勘察，多群体、全方位的深度访谈和问卷调查等多种形式，充分把握社区的痛点和难点，力求对现状问题和改造方向形成共识。

第三阶段：与社区规划师开展"联合设计"系列活动，让方案兼具群众基础和专业性；由规划团队从专业角度深化与完善前期的初步规划方案，开展公众咨询，往复两轮，以确定中期规划设计成果；征询社区、街道、区建委意见，形成最终设计成果。

第四阶段：制定有助于规划实施和后续维护的制度，将社区规划过程中表现突出、热心为社区出力、掌握规划基本原理和要点的居民聘任为"社区规划师"，力促规划实施中的共建、共管。

按照上述工作思路，南湖街社区拟订出了既满足群众需求，又体现专业水平，真正可以落地的方案；二是让普通居民认识、珍爱社区，培养社区认同感、归属感和幸福感；三是选拔培养一批社区规划师，为社区后续建设与维护打造一支精干队伍；四是政府资金投入获得百姓认可，提升政府资金使用效能。

1.1 社区概述

1.1.1 社区概念的由来

社区自古以来就被认为是人类生活的基本场所。社区作为社会学的一个基本概念，是由德国社会学家滕尼斯(Ferdinand Tonnies，1855—1936)最早提出来的，他在1887年出版了他的成名作《社区与社会》(又译为《共同体与社会》，德文书名是 *Gemeinschaft und Gesellschaft*，英文版译为 *Community and Society*)。在这本书中，滕尼斯首次提出了"社区"(community)一词，其含义是共同体和亲密的伙伴关系。他认为，社区是指那些有着相同价值取向、人口同质性较强的社会共同体，其体现的人际关系是一种亲密无间、守望相助、服从权威且具有共同信仰和共同风俗习惯的人际关系。

20世纪30年代初，费孝通先生根据滕尼斯的原意首先使用了中文"社区"一词。1948年10月16日，费孝通在学术刊物《社会研究》第77期上发表的论文《二十年来之中国社区研究》中，谈到当初翻译滕尼斯著作及汉译词汇"community"时提到：当时学界主流将之理解为"地方社会"，而不是"社区"，翻译滕尼斯的"community"和"society"两个不同概念时，感到"community"不是"society"，"地方社会"的概念十分不恰当，由此费孝通提出了"社区"的概念，之后学界由此沿用。

1.1.2 社区的定义

"社区"一词自滕尼斯提出以来，随着西方国家工业化和城市化的发展，人们纷纷涌进城市，许多传统的东西被打破，城市人口的高度流动性和异质性使得人际关系淡化，这种情况使得城市居民越来越远离滕尼斯所设想的社区，人们使用"社区"这一概念时赋予它更多新的含义。正是由于理解和认识上的不同，社会学界对"社区"概念的定义也是意见纷呈、莫衷一是。据有关学者的粗略统计，目前关于社区的定义有100多种。

2000年11月3日，我国民政部颁发了《民政部关于在全国推进城市社区建设的意见》，其中指出:"社区是指聚居在一定地域范围内的人们所组成的社会生活共同体。"同时,该文件还明确指出了城市社区的范围:"目前城市社区的范围,一般是指经过社区改革后做了规模调整的居民委员会的辖区。"这是我国在社区建设中提到的具有很强操作性的社区概念。

综合多种解释,本书将社区定义为:社区是指由一定数量居民组成的、具有内在互动关系和文化维系力的地域性的生活共同体。这个定义具有四个特点:①强调了居住在社区内的居民是社区人口的主体,这也使社区得以保持相对稳定的人力资源;②强调居民之间在居住环境、卫生、文化活动、教育、治安和社区参与等方面的互动关系;③强调了文化维系力的作用,即居民之间因相同的利益和社会分层而产生的对社区的认同感和归属感;④强调了地域共同体的地缘关系特征。

1.1.3 社区的基本要素

1. 自然环境

社区自然环境既包括社区所处的自然环境(如地理位置以及这一地理位置上的地形、地质气候、土壤、山林、水系、矿藏、动植物的分布等),又包括一定的生产和生活设施。

2. 人口

社区人口通常涉及人口的数量与质量、人口的结构、人口的分布与流动状况等。

3. 组织结构

社区组织结构是指社区内部各种社会群体和组织相互建构形成的关系。当前我国城市社区中的组织和群体主要有党政机关、服务企业、生产企业、学校、医院、科研单位、政府职能部门的派出机构、居民委员会、业主委员会、家庭、邻里以及社区居民自发形成的各种群众团体(如书画社、京剧票友会、舞蹈队、合唱团、读书会、拳操队等文化、体育与娱乐性群体)等。

4. 文化

社区文化主要是指社区行为规范、社区特色文化、社区心理意识等内容。

1.1.4 社区与社会的关系

社区与社会既有联系又有区别。社区可看作地区社会,是社会的缩影,是社会的一部分。但社区和社会有着明显的区别:首先,社会关系体现差异性,社区关系体现共同性。社会中的各种关系纷繁复杂,并不都强调"共同",而社区则十分强调共同的亚文化和共同的社区意识等。其次,社会不注重地域性,社区则注重地域性。社会更强调它的社会关系空间,社会通常是指人们活动的内容范围以及活动在其中的社会组织。社区则是社会关系空间与地理空间的结合体。再次,社区中的各种关系比社会中的关系更紧密。与社会相比,同一社区的人们交往频率高,社区的"共同生活"是社区联系较社会更紧密的重要原因之一。最后,社区是相对封闭的、自给自足的,而社会则是相对开放的、相互依存的;社区往往是单一价值取向,而社会则是多元价值取向;社区是人们感情和身份的重要源泉,而社会则是人们理性和角色的大舞台。

1.1.5 社区与行政区的关系

社区与行政区既有相同之处,也有不同之处。社区与行政区确有重合部分,有些小规模的行政区,同时也是一个社区,例如乡、建制镇。在西方国家,社区大多数是自然形成的。而在我国的城市中,以往政府将街道办事处管辖区域界定为社区。近些年来,有些城市或城区又将居委会管辖区域界定为社区。但社区与行政区二者之间有着明显的区别,主要表现在两点:第一,行政区是基于社会管理的方便或基于某些政治、经济、历史等方面的原因而人为划定的,而社区则是人们在长期的共同社会生活中自然形成的。因此行政区的边界是清晰的,而社区的边界是相对模糊的。第二,社区由于主要的社会活动和生活方式基本上属于同一类型,因此大多是单一形态的,而行政区则可为多形态的。也就是说,一个行政区内可同时包括城市、农村、城镇等不同类型的社区。

1.2 社区的功能

社区的功能主要表现在政治、经济、社会控制、服务、参与等方面。

1.2.1 政治功能

社区是人们参与社会生活和政治生活的主要场所。社区的政治功能主要体现在:第一,社区居民享有选举权、监督权,通过其选举、监督行为参与社会政治生活。第二,社区自治组织是代表群众监督政府依法行政、社区依法自治的组织机构,是推进政府决策科学化和民主化建设的载体。第三,社区管理是在党和政府领导下的人民群众的依法自治管理,社区自治管理水平的高低,是实现"小政府、大社会"政府改革目标的主要标志。随着社区的发展、社区地位的提高,社区的政治功能将不断被强化。

1.2.2 经济功能

经济功能即生产、分配、交换、消费的功能,表现为社区通过生产或进口为其成员提供衣、食、住、行等基本的生活必需品和服务,并为社区成员提供就业与谋生的机会。担负这一功能的主要是社区的各个经济组织,如社区的工厂、商店、旅店、餐馆以及第三产业等,能为居民提供生产、流通、消费、娱乐、文化等服务。一个大的社区产品的生产和消费不仅仅局限在本社区内,同时还可以流通到临近社区,辐射到其他社区。

1.2.3 社会控制功能

社区的社会控制功能是指社区在维护社会秩序、解决社会问题、化解社会矛盾与冲突、控制各种非稳定因素等方面,具有自身特色的结构、地位和作用。社区的社会控制功能主要体现在:第一,社区拥有一套政府行政管理与社区组织相结合的社会控制体系及运作机制;第二,社区拥有一套社会帮困、社会救济与社会保障体系与运作机制;第三,此功能还蕴含在社区文化与精神文明建设、社区参与和民主管理、社区服务、人的社会化、社区生态建设与环境保护等社区发展任务之中。社区的社会控制功能有助于维护和促进全社会的秩序与稳定。

1.2.4 服务功能

社区的服务功能是指社区通过基础性保障和福利性照顾,来满足社区居民的日常生活需求。目前我国社区已普遍建立起社区服务中心,如卫生保健、职业介绍、图书阅览、家政服务、救助中心等各类服务机构,对社区居民提供优抚、家政、治安、就业、文化等各方面的服务活动。

同时,社区的各种志愿者服务队,充分利用社区的人力资源优势,发挥其技术专长,为社区居民解决生活中遇到的各种疑难问题,也是社区服务功能的一大重要表现。随着社区的发展,社区的服务内容、服务方式将不断丰富和完善。

1.2.5 参与功能

社区为居民提供经济、政治、教育、福利等方面活动的参与机会,促进社区内居民的相互交往与互助,使居民对社区有更多的认同感和更强的归属感,社区通过开展各种社会公益活动、文体娱乐活动,提高社区居民们的参与意识,使他们在参与社区活动中发挥自己的潜能,同时可以充分挖掘社区资源,促进社区的繁荣与发展。

1.3 社区的分类

社区的分类是指按照一定的标准,将社区进行类型划分。社区类型的多样性是一种客观的社会现象,科学地解释这一现象对于正确认识社区的功能具有重要的实践意义。

社区概念的最早提出者滕尼斯曾把社区分为三种类型:①地区社区,又称地理的或空间的社区。它以共同的居住区及对周围(或附近)财产的共同所有权为基础,邻里、村庄、城镇等都是地区社区。②非地区社区,又称"精神"社区。这种社区只是为了一个共同目标而进行的合作和协调行动,同地理区位没有关系,这种社区包括宗教团体和某种职业群体等。③亲属社区,又称血缘社区。即由具有共同血缘关系的成员构成的社区。

随着社区研究的深入和社区本身的历史演进,社区分类标准呈现出多元化状态,我国学术界对社区的分类大致有以下几种。

1.3.1 按社区功能分类

按不同功能,社区可分为经济社区、政治社区、文化社区、军事社区、特殊社区等。

1. 经济社区

经济社区是指社区内的劳动者多数从事生产经营活动,其外在主要表现为经济功能的社区,还可以根据经济活动的种类细分为工业社区、矿业社区(如沈阳铁西工业区)、农业社区、林业社区、牧业社区、渔业社区,商业社区等。

2. 政治社区

政治社区是指各级行政区域的领导机关、管理中心所在地,城市中各类行政管理机构、政府各种机关聚集的社区可视为政治社区。

3. 文化社区

文化社区主要是指教育、科研、文化、艺术等单位比较集中的区域,如北京的中关村、英国的剑桥等。

4. 军事社区

军事社区是指以军营、军事基地、军事院校或科研院校为主体的社区。

5. 特殊社区

特殊社区是指以实现社会某种特殊目的为活动内容的区域,如福利社区、精神病院、监狱、劳改场所、传染病隔离区等。

1.3.2 按区域特征分类

按区域特征,社区可分为城市社区、农村社区、城镇社区等。

1. 城市社区

城市社区是指以非农业,即二、三产业为主的居民聚居、达到一定人口密度和规模、由国家批准设立市建制的社区。其主要特点是:人口集中,异质性强;经济和其他活动频繁;具有各种复杂的制度、信仰、语言和多样化的生活方式;具有结构复杂的各种群体和组织;家庭的规模和职能缩小,血缘关系淡化,人际关系松散;思想、政治文化相对发达;社区服务设施、物质条件相对齐全。

2. 农村社区

农村社区是指以从事农业生产为主要谋生手段,以人口为主的,人口密度和人口规模相对较小的社区。农村社区的主要特点有:人口密度低,同质性强,流动性小;组织结构、经济结构单一;风俗习惯和生活方式受传统势力影响较大;家庭的社会影响作用较强;社区成员关系密切,血缘关系浓厚;社区服务设施、物质条件等相对落后。

3. 城镇社区

城镇社区即介于城市和乡村之间,居民主要不从事农业生产劳动,人口达到一定规模的社区。城镇社区是城乡连续体中的一个特殊类型,是农村社区向城市社区转型的过渡型社区,因而它兼有前两类社区的特点。在人口要素上,它与城市社区较接近;在组织和经济结构上,它又与农村社区的特征相类似;在服务设施、物质条件和管理水平上,它介于前两类社区之间。这种社区分为建制的和非建制的两种。

1.3.3 按空间特征分类

按空间特征,社区可分为法定性社区、自然性社区和专能的社区。

1. 法定性社区

法定性社区即通常所说的地方行政区,它们的界线可以明确标示在地图上并以法律形式加以规定。如城市中各个区、街道所辖的地域范围形成的社区,以及农村乡、镇、村等行政单位所辖的地域范围所形成的社区。法定性社区由一级政府或政府授权的行政派出机关来充当主导管理主体,对社区进行综合管理。这样的社区,政府功能的发挥相对直接、有效,有相对完备的政府管理网络和相对完备的服务设施,社区功能齐备,服务全面,社区居民与社区关系密切。

2. 自然性社区

自然性社区即人类在生产和生活中自然形成的定居区,如农村的自然村落、集镇和城市等。自然性社区和法定性社区有时是重合的,例如,农村中的许多自然村落同时被划定为"行政村",一个小城镇同时也是建制镇等。与法定性社区相比,在自然性社区中,社区成员的血缘、亲缘、地缘关系更为密切。

3. 专能的社区

专能的社区是指人们从事某些专门活动而形成于一定地域空间上的聚集区,如大学城、军营区、矿区等都是一种专能的社区。

1.3.4 按社区内部组织形式分类

按内部组织形式,社区可分为整体社区、局部社区。

1. 整体社区

整体社区是指具有相对独立意义的,基本上具备了人类社会生活所包括的主要方面,并且能够解决绝大多数社区居民主要需求的比较完整的社区。这样的社区既有供人们进行生产活动的设施,又有供人们进行政治、文化活动以及其他社会生活所需要的设施、服务行业等,且大多数社区成员的经济、政治和文化活动都是在本社区范围内进行的,如一个城市、一个独立的村落都是整体社区。

2. 局部社区

局部社区是整体社区的一部分,如城市中的一个街区。这样的社区虽然也有构成社区的主要要素,但不能解决绝大多数成员的各种生活需要,不能完整地反映社会结构体系,局部社区虽然也有生活服务设施,但社区成员要到社区以外从事生产活动。

1.3.5 社区的其他分类

除以上几种分类之外,社区还有以下几种不同形式的分类方法。

按社区成员的互动类型来划分,社区可分为具体社区和抽象社区。所谓具体社区是指人们互动频率高、成员角色全部呈现的社区,如一条街道、一个村庄等。所谓抽象社区是指尽管社区成员共同生活在一个聚落之中,但彼此只在特定场合发生单一方面的关系。因此,在描述这个社区时,往往需要用一系列抽象的数字来说明,所以称为抽象社区,如较大的城市等。

按社区的地理环境来划分,社区可分为平原社区、山区社区、牧区社区等。

按社区发展的历史,社区可分为流动型社区、半固定型社区、永久型社区等。

按新建社区的特点,社区可分为单位型社区、小区型社区、板块型社区和功能型社区。单位型社区的人群主体主要由本单位职工及家属构成;小区型社区是指成建制开发的封闭式小区,功能设备配套,有独立的物业管理;板块型社区是指按面积、人口、资源要素确定的,以三级以上马路界限划定的社区;功能型社区具有一定的特殊功能,有的有人群但没有居民,如商贸社区、文化社区等。

本章小结

1. 社区是指由一定数量居民组成的、具有内在互动关系和文化维系力的地域性的生活共同体,自然环境、人口、组织结构和文化是社区构成的基本要素。

2. 社区具有政治功能、经济功能、社会控制功能、服务功能、参与功能。

3. 社区分类标准多种多样,按社区功能分为经济社区、政治社区、文化社区、军事社区、特殊社区;按区域特征分为城市社区、农村社区、城镇社区;按空间特征分为法定性社区、自然性社区和专能的社区;按社区内部组织形式分为整体社区和局部社区等。

思考题

1. 社区的含义和功能是什么？
2. 请根据你自己的亲身经历，说一说社区在现代社会中都能发挥哪些作用。

 典型案例

上海市陆家嘴街道办"缤纷社区"为生活添色彩

地处上海陆家嘴金融贸易区中心区域的陆家嘴街道，大多数区域属于建成区域，是浦东的深度城市化地区。在陆家嘴街道办事处主任看来，想要描绘好社区的发展"蓝图"并非易事，为此，街道办成立了"社区规划领导小组"。"让居民和志愿者亲身参与社区规划，他们和职能部门及相关专家一样，都是社区规划建设的主体力量，听证会、协调会、评议会上，都能听到来自居民的声音。"在陆家嘴街道办，切合实际的日常需求不断转化为具体方案，社区规划也因此"接地气、有温度"。

"缤纷社区"行动计划实施后，一个个看得见的鲜活案例在陆家嘴街道涌现。位于福山路与商城路交叉口西南方向的福山路跑道花园，起初只是某健身房门前一片不起眼的公共空间。2016年，健身房向陆家嘴街道办提出对其进行改造并向社区开放的设想。街道办向社区基金会提出了项目组织动员建议，在对周边居民区开展需求调研的同时，基金会积极向社会专业人士进行推介，初步方案形成后，居民、设计师、专家等被邀请共同参与讨论，达成了公共空间更新方案的共识。

最终，陆家嘴街道办出资30万元，商户出资10万元（其中7万元为服务捐赠），通过铺设塑胶跑道、提升景观绿化、改善人行道铺装、增设家具和路灯等，为居民新增了一个崭新、精致的好去处。2017年5月，跑道花园成功举办了街头沙龙，未来这里还将成为趣味运动会的举办地。

问题：

1. 上海市陆家嘴街道"缤纷社区"的改变是如何产生的？
2. 请思考一下，案例中上海市的社区建设有何普遍借鉴意义？

第 2 章 社区管理

学习目标

了解我国社区及社区管理的发展历史,掌握社区管理体制的特点和原则,对我国现有的社区管理体制以及其未来发展趋势有一个全面、详细的了解。

关键概念

社区管理　社区管理体制　社区治理

导入案例

碧桂园物业——App 支持下的物业管理服务新模式

用手机扫一扫电线杆上的二维码,就能知道这个电线杆是什么时候刷的油漆、何时换的灯泡……这样的场景,在碧桂园物业所服务的院区里已经成为一种常态。近年来,碧桂园物业运用互联网思维,借助互联网技术,让物业服务更有价值。

在碧桂园物业所服务的院区里,电线杆上有二维码和芯片,扫一下,业主就知道这是 2016 年 5 月 5 日刷的油漆,或是 2016 年 6 月 15 日换的灯泡。如果某个路灯不亮了,业主也可以通过该路灯的专属二维码,通知管理后台,以此"报事、报修"。

不仅如此,碧桂园物业还推出了"e 当家"App 服务。这款手机软件,涵盖物业服务和社区商业等功能,可以给业主打造一个贴心互联网智能生活管家。通过"e 当家",业主可享受到在线订餐、家政、查询、购物、交友、管家等服务。

绿城物业养老服务——精神需求与物质需求的巧妙结合

养老除了传统的要给老人家提供较好的居住环境、医疗保障外,老人的精神需求也是社会需要关注的重点。

绿城物业在养老模式上推陈出新,建立了兼顾老人居住环境和精神需求的"学院式养老",把开展"学院式养老"的小区称为"颐乐学院"。在绿城物业的服务里,养老涉及很多专业领域,比如医疗、护理。首先绿城物业在社区里为供应商搭建平台,通过引入、甄别比较好的专业资源,把专业服务交给专业人士去做,物业公司要做的是"守好门";其次物业公司建立全过程的监督机制,做好对专业公司的服务监督;最后物业公司制定一套完善的淘汰机制,及时淘汰落后的供应商,力争将最优质的服务资源提供给老人。

所以绿城物业并不倾向于去尝试所有的专业服务都由自己来做,而是依然立足于自己的基础物业和日常服务,因为这是跟业主之间最强有力的纽带。针对一些专业度要求并不是很高而业主又很需求的服务,绿城物业把它们分为"颐""乐""学""为"四类。当然并不是所有的园区都把"颐""乐""学""为"做起来,而且针对每个园区各自的特点,把"颐乐学院"进行了分级,根据每个园区日常居住的长者的数量以及提供服务场地的情况,把社区分为了A、B、C三级,A级相对来说是最完整的,有充分的场地和设施设备,服务人数也比较多。按照这个层级,越往下条件就越弱一些。针对这三级社区所提供的服务也是不同的,首先最基础的C级社区,一般不具备特别多的场地,老小区居多,业主人数也不是很多,除了最基础的物业服务以外,绿城物业叠加了"乐",非常能够凸显社区氛围,增加了社区的凝聚力。所以每年每个C级社区都有这种活动开展。在B级社区开展"乐""学""为"三个模式,让园区老人乐有乐的安排,学有学的课堂,给他们一个重回社会的平台。A级社区除了"乐""学""为"以外,还添加了"颐",安排健康体检、讲座、咨询等,这些都是业主非常需要的一些服务。

2.1 社区管理概述

20世纪90年代以来,为适应我国的社会转型,社区建设逐步在大中城市兴起,我国的社区管理是在社区各项建设工作取得初步成效后才提出来的。陶铁胜在其主编的《社区管理概论》中对城市社区管理的内涵进行了界定:"社区管理是指在街道范围内,由街道党工委、街道办事处主导的,社区职能部门、社区单位和社区居民积极参与的区域性、全方位的自我服务和自我管理。"这一概念强调:第一,社区管理的范围和人群基本上就是以前街道所管辖范围和在此区域内生活的居民;第二,社区管理机构呈多元化态势,既有街道党工委、街道办事处,又有社区职能部门、社区单位和社区居民;第三,社区管理的性质是群众性的自我服务和自我管理。

从管理的一般规则看,社区管理是现代管理的一个重要领域。不管是哪个领域的管理,都是由管理者在一定的环境条件下,对组织所拥有的资源(人力、物力和财力等各项资源)进行计划、组织、领导、控制和协调,以有效地实现组织目标的过程。由此可以对社区管理的概念做如下的界定:社区管理就是在一定的社会条件下,社区基层政权组织和社区居民、社区单位等为了维护社区整体利益、推进社区全方位发展,采取一定的方式,对社区的各项事务进行计划、实施和有效调控的过程。

由此可见,从管理的基本要素出发,社区管理的定义应包括如下基本内涵:

(1)社区管理的范围主要是指经过社区改革后做了规模调整的居民委员会辖区,有时也指街道辖区。

(2)社区管理的主体是多元的,又是双向的,包括社区基层的政权组织、社区居民、驻区单位等。社区基层的政权组织包括城市社区的街道、居委会及农村社区的村委会等,它们在社区管理中发挥着方向性主导作用。社区内的企事业单位,如学校、机关、商店、企业等,它们的存在与社区发展息息相关,是参与社区管理的重要力量。随着民主参与意识的增强和现代社区管理模式的转变,广大社区居民日益发挥着主体作用。但社区管理中人所扮演的角色具有双重性,当其作为管理主体的代表对社区事务进行管理时,扮演着主体角色;同时,任何一个社会人都存在于一定社区,成为管理者的管理对象,此时又扮演着客体的角色。

(3)社区管理的客体,即社区管理的对象,是社区内的各项事务。其主要包括:地域性事务,即社区中对所有成员而言具有共性的事务;社会性事务,即涉及各成员间相互关系的事务;群众性事务,即涉及群众利益、需要广泛参与的事务;公益性事务,即有利于整个社会而不受限于任何特定成员的事务等。

(4)社区管理的目的是维护社区的整体利益,推进社区的全方位发展,或者说是为社区发展提供全方位的服务。社区管理是一种特殊的管理,其主要目的是营造社区氛围、整合社区发展力量。因此,社区管理应以服务为先导,确立服务的宗旨。

(5)社区管理是动态的,是随着社区管理环境的变化而不断调整和灵活选择的。以社区管理方式的变革为例,在计划体制下,社区管理方式主要是服从命令的行政方式。在市场经济体制下,社区管理是在相互尊重、平等的基础上,各管理主体通过协商、讨论来加强沟通,相互理解,达成共识,并采取共同行动的方式来进行管理。

2.1.1 社区管理的特征

从社区管理的含义中,可以看出社区管理具有区域性、群众性、综合性、规划性、层次性等特征。

1. 区域性

社区是具有一定界限的地域,换句话说,社区是地域性社会,是一定的社会关系空间与地域空间的结合体。社区管理的区域性主要体现在:社区管理工作指向本社区,为本社区内成员、社区组织提供全方位、多样化的服务;社区管理的具体内容基本上局限于社区范围内;社区管理的组织者和参与者主要是本社区内的居民、单位和组织;社区的主要管理方式是发动社区内的各类管理主体,进行自我组织、自我服务和自我管理;社区管理的目的是全面改善社区环境,提高社区居民对本社区的认同感、满意度,提高本社区居民的综合素质和生活质量。

2. 群众性

社区管理是一项群众性工作,应本着以人为本的原则,维护社区居民的根本利益;社区居民的参与是提高社区管理水平的坚实基础,社区居民的参与热情越高,社区管理工作越易于开展;社区管理工作好坏的重要标志,是社区居民对其生活的社区所形成的认同感、归属感的强弱。因此,密切社区群众之间的关系,才能增强社区居民对社区的向心力和凝聚力。解决社区的矛盾和困难所采取的主要方法之一是依靠群众力量,发挥社区成员的互助作用。

3. 综合性

社区管理的综合性主要体现在:社区管理工作涉及面广,包括社区服务管理、环境管理、治安管理、文化管理、卫生管理等多项工作;评估社区管理工作绩效的指标不是单一的,它具有综合性;提高社区管理水平,社区管理主体需要掌握社会学、人口学、心理学、经济学、管理学、法学等多学科的知识;社区管理主体需运用经济的、行政的、法律的多种手段和方法,并综合利用各方面的力量,才能有效地达到预期的管理目的。

4. 规划性

规划是对社区的发展进行总体部署,其目的是为了有效地利用社区资源,全面协调社区关系,提高社区的整体效益。社区管理的规划性要求社区管理者认识和掌握社区变迁的客观规律,从社区实际出发,制订长期、中期、短期计划,有目的、有步骤地实施管理。

5. 层次性

社区管理是一个管理系统,这个管理系统是有层次的。例如在城市社区管理体系中,就分布着市、区、街道、社区居委会几个不同的管理层次,不同管理层次扮演着不同的角色,各司其

职,各负其责。如果社区管理层次不清、职责不明,就会出现管理角色越位、缺位、错位等现象,不利于实现社区管理的整体目标。需要指出的是,由于中国社会管理体制的特定性,目前我国的社区管理还带有一定的行政性,政府的管理职能强化,社区的自治职能弱化。随着改革的深入,社区管理将日益实现民主自治管理,即通过社区的管理机构实现民主决策、民主管理,社区组织将具有中介性,是社区居民与党和政府的桥梁,它在党的领导下,在政府的指导下和相应的法律法规规范的范围内,实行民主自治、全员参与。

2.1.2 社区管理的基本原则

社区管理的上述特点,决定了社区管理是一项有计划的实践活动,社区管理的复杂性要求我们在管理中必须以一定的基本原则为指导,使管理工作更有针对性,更能突出重点。社区管理应坚持的原则有以下方面。

1. 全体利益原则

全体利益原则强调社区管理的目标是满足社区内全体居民、组织、团体、单位的共同需要和利益。一切手段、做法都必须紧紧围绕着这个根本目标而不能偏离,它是衡量社区管理有效与否的最直接标准。

2. 自治和自助原则

自治和自助原则强调社区管理的方式是通过政府向社区的放权和授权,通过各职能部门向社区延伸,通过社区居民和单位的共同参与,明确社区各管理主体的权责利,明确各社区管理主体的地位(既是管理者,同时又是被管理者),明确社区自我组织、自我管理的管理方式,充分调动社区成员参与社区管理的主动性、积极性、创造性,充分利用社区内的人力和物力资源,充分发挥居民的特长和潜能,以自动、自发、自助、自治的精神,来实现社区的管理和发展。

3. 组织和教育原则

组织和教育原则强调实现社区管理目的的方法,通过社区教育提高社区居民的综合素质,通过组织和管理,利用约束性要素来建立、健全并理顺社区成员之间的关系,统一大家的认识,培养社区意识。

4. 协调性原则

协调性原则强调社区管理不能仅仅局限于社区这个小区域,要注重社区与整个外部大环境的协调,以及组织与功能之间的协调,以保证管理的及时、有效。

5. 前瞻性原则

前瞻性原则强调在社区管理过程中,要注重预见性,要有长远的目标,要充分考虑社区管理的根本出路问题,将影响社区发展的不利因素扼杀在萌芽状态。

6. 系统管理原则

系统是指由一定数量的相互联系的因素所组成的相对稳定的统一体,它是事物由于客观的普遍联系而形成的存在状态。系统管理原则是指在管理过程中,对社区的各种被管理要素进行统一计划、组织、协调、监督和控制,以期获得最佳的整体效益。根据系统管理原则,首先,要将社区管理纳入社会大系统中,与社会发展同步进行。社区是社会大系统中的子系统,社区虽具有地域性特征,但社区不是封闭的,社区与社会有着千丝万缕的关系,社区发展必须符合社会的整体规划,要服从社会发展的整体需要。同时,社区问题的解决必须依靠全社会的力量,仅靠社区自身的力量难以解决所有的问题。其次,社区本身也是由若干要素构成的系统,社区的教育发展、卫生状况、治安管理、环境建设、设施配备等是相互联系、相互作用的,社区管理需从社区整体出发,进行综合性的统筹管理,社区的卫生管理、教育管理、组织建设、环境建设等专业化管理要服从社区系统发展的总目标。

7. 法制管理原则

依法治理社区是现代社区管理的必然要求。法制管理原则要求社区各管理主体应在法律赋予的权限内行使管理职能,不可超越职权或滥用职权;社区的各项管理活动、管理行为要有法律依据,符合法律规定;社区管理工作的展开要遵循法律程序;等等。以我国城市社区管理为例,城市社区管理的基本原则、组织机构、管理体制和主要内容,主要依据的法律是《中华人民共和国宪法》和《城市居民委员会组织法》。

8. 渐进创新原则

渐进创新原则是适应中国国情的一条基本管理原则,原因在于:第一,由于中国人口众多、幅员辽阔,各个社区存在很大的差异性,特别是在计划体制下,以"单位人"身份形成的老社区,与改革开放后以"社会人"身份形成的新社区,具有明显的差异性。第二,我国真正意义上的社区管理才刚刚起步,还未形成一种经验模式,与国际接轨还有一定的差距。因此,考虑到我国的国情,我们只能本着渐进创新的原则,充分发挥全员的积极性、创造性,创造自身的管理特色。

2.1.3 社区管理的主要内容

由于社区承担的事务繁多,社区管理的内容也注定多种多样。本书将理论和实践相结合,本着便于操作的原则,按照管理工作的基本流程,阐述社区管理的基本内容。具体内容包括:我国社区管理现有的几种模式及未来发展趋势、社区管理组织、社区管理者、社区规划、社区管理的各项实践活动(包括社区环境管理、社区文化管理、社区治安管理、社区卫生管理等)、社区服务管理、社区管理信息化、社区管理绩效评估、社区管理伦理以及社区管理工作方法。

2.2 社区的发展历史

中国社区管理的发展历史与社区的发展历史是密不可分的,中国社区的发展又与中国城市街道的发展紧密相连。在许多人心目中,街道和社区是同一个概念,其实,"街道"的原始含义与"社区"是不同的。最初的"街道",实际上是一个行政学的概念,是政府借助于某一特定的道路名称而命名的行使行政管理职能的城市区域。社区是在街道的基础上产生的,它既可以指整个街道管辖范围内的大社区,又可以指居民委员会自治管理范围内的居民小区(又叫小社区)。鉴于我国的实际情况,我国社区的发展是随着城市街道的变化而发展起来的,我国城市街道和社区的发展大致经历了以下三个发展阶段。

2.2.1 建立与初步发展阶段(1949—1966 年)

新中国成立初期,为了搞好城市管理,在市辖区和不设区的市、规定的管理区域设立了街道以及政府的派出机关街道办事处。最初,我国城市的街道大部分是在废除民国时期保甲制度的基础上,由接管委员会办事处演化而来的。当时,街道管辖的范围不大,人口一般在2~3万人,多的不超过5万人;办事处人员也较少,一般是2~3人;任务比较单一,主要负责户政、调解和救济等工作。当时及以后的一段时间内,之所以没有把街道作为一级行政区划并设立一级政府,除了照搬苏联的城市管理体制以外,另一个重要的原因就在于党和政府的许多领导人认为,"随着国家工业化和向社会主义过渡,工人阶级以外的街道居民将日益减少,街道办事处的管辖对象将日益减少,因此不需要在街道建立政权"。但在当时,为了把很多不属于工厂、企业、机关、学校的无组织的街道居民组织起来,减轻区政府和公安派出所的负担,需要在街道一级建立基层政府的派出机关。

尽管"街道"最初是作为行政管理和社会控制的一个地方区域来对待的,在较长一个时期内尚无"社区"的概念,但街道在实际的管理实践中,自然地、逐步地具备了社区的某些雏形。这可以从当时公布的一些法律、法规的内容来看,街道办事处在从事着某些具有社区工作性质的事务。例如早在1952年6月,上海市人民政府公布的《上海市市区设置区人民政府办事处试行方案(草案)》中明确办事处为区政府的派出机关,任务是在区政府的领导下,以地区居民为主要工作对象,从事区政府下达的六方面工作:①组织发动辖区居民,推动、贯彻当前的中心任务;②对居民委员会进行领导,协助区政府开展里弄中的民主建设;③组织教育居民劳动生产并推行有关居民的福利工作;④推动居民文化教育,举办识字教育及文娱活动等;⑤组织进行街道里弄公共卫生工作;⑥贯彻区政府规定的有关居民工作。

1954年12月,在总结上海及各地城市管理经验的基础上,第一届全国人大常委会第四次会议通过了《城市街道办事处组织条例》和《城市居民委员会组织条例》。在《城市街道办事处组织条例》中,街道办事处的任务规定为三项:一是办理市、市辖区人民委员会有关居民工作的交办事宜;二是指导居民委员会的工作;三是反映居民的意见和要求。

自1957年生产资料私有制的社会主义改造基本完成以后,城市街道办事处除了承担市及市辖区人民政府交办的日常工作以外,还积极组织以家庭妇女为主的闲散劳动力,发展里弄生产加工和修配服务站,开展社会福利事业,兴办托儿所、幼儿园等公益性的服务机构。也正是在这一过程中,街道办事处的机构与工作人员逐步地增加和扩充,并在居民中培养了一大批热心街道里弄工作的积极分子。

2.2.2 恢复性发展阶段(1978—1986年)

1978年12月中国共产党十一届三中全会召开以来,我国进入了以经济建设为中心的现代化建设的新时期。正是在这一历史背景下,城市的街道工作也进入了一个恢复性的发展阶段。

1978年4月,按照第五届全国人民代表大会第一次会议通过的新宪法,我国各个城市恢复了街道办事处和居民委员会的建制。1979年2月,全国人大又重新公布了1954年的《城市街道办事处组织条例》和《城市居民委员会组织条例》,标志着街道工作管理体制的全面恢复。

从1979年起,各地街道工作的重点都开始转移到为经济建设中心任务服务上来。随着城市经济体制改革的不断深入,街道办事处的工作和任务早已超出了1954年《城市街道办事处组织条例》的规定范围。到20世纪80年代中期,许多大中城市街道办事处的任务多则140多项,少的也有七八十项。鉴于这种情况,为引导和规范街道工作,天津市人民政府于1986年下发了专门性文件《关于加强街道办事处工作的意见》，其中规定了街道办事处必须做好的 10 个方面的工作。同年，上海市也召开了街道工作会议，提出了要把街道建设成为"安定团结、环境整洁、方便生活、服务四化"的文明地区的目标。会后，上海市人民政府专门下发了《上海市街道办事处工作暂行条例》。此外，北京、长春、成都、杭州、宁波、厦门、沈阳、哈尔滨等城市的人民政府也先后对本地街道办事处的工作职能做出了比较详细的规定。

概括来说，当时街道办事处至少担负着 10 个方面的任务：①城市管理的任务，包括市容管理、环境卫生管理、市政设施和绿化管理等；②民政工作方面的事务，如举办社会公共福利事业（敬老院、福利院等），做好优抚救济、拥军优属、婚姻登记等工作；③依法维护老年人、妇女、青少年、儿童和残疾人的合法权益；④发展和管理街道经济，包括以综合服务、劳动服务、生活服务为主的第三产业以及集体所有制工业企业、个体和私营的企业；⑤人口管理工作，包括居民的计划生育、劳动就业、外来流动人口等方面的管理；⑥社会治安综合治理工作，如治安保卫、普法宣传、人民调解等；⑦社会主义精神文明建设工作，如民主法制宣传教育活动、科普教育活动、文化体育活动、卫生保健、邻里互助等；⑧承办区政府交办的有关事项；⑨指导居民委员会工作，向上级政府反映居民的意见和要求；⑩加强街道党的建设。

以上列举的街道工作的 10 个方面的任务，实际上是与 20 世纪 80 年代中期以前我国城市经济体制改革的进程相一致的。当时的经济体制改革尚未涉及产权制度的变革，也未涉及社会福利、社会管理等体制的改革，企业和事业单位仍然承担着大量的社会福利、社会服务、社会管理和社会控制等方面的社会职能。不仅政府，也包括企业和事业单位，都未能摆脱统包统揽社会事务的模式，都存在着严重的"政社不分""企社不分""事社不分"的问题。由此，我国社会层面的发育，包括社区的发育都无法启动，街道也无法成为社区。这样，当时街道工作的着眼点主要还在于履行政府管理城市的行政职能，不可能着眼于发挥社区功能（职能）的社区工作。另外，与过去相比，街道工作的目标和任务又确实有了较大程度的拓展。也正是在这个意义上，将这一时期的街道工作视为"恢复性的发展"。

2.2.3 从社区服务到社区建设的新时期(1987—2013 年)

将"街道"与"社区"这两个概念融合起来，促使街道工作与社区工作结合起来，最初的契机是当时民政部倡导的在全国开展的社区服务工作，而最深刻的背景则是社会主义市场经济的大发展及其导致的社会变革。

1987 年，民政部在武汉召开了社区服务工作座谈会，从此"社区服务"的概念逐步在城市中普及开来。为了推动社区服务工作的全面开展，民政部于 1989 年在杭州又一次召开了社区服务工作经验交流会，此后又召开了多次理论研讨会，举办了两期培训班。在民政部的推动下，各地民政部门在本地党委和政府的领导下，紧紧围绕经济建设这个中心工作，解放思想，转变观念，开拓创新，将社区服务作为深化城市社会福利事业改革的重大举措来实施，作为推动城市民政工作发展的重要任务来落实，作为建立社会保障体系、稳定社会的基础工程来构筑，作为调节人际关系、促进精神文明建设的重要方面来拓展，取得了很好的成效。一些地方自觉地将社区服务列为市政府为民办实事的项目，使社区服务在对象、内容、层次、规模等方面有了新的突破，受到市民的高度好评。

鉴于社区服务业发展需要加强管理和政策指导，1993 年，民政部会同国家计委、财政部、建设部等国务院的 13 个部委，联合颁发了《关于加快社区服务业的意见》。这个政策性文件是社会主义市场经济条件下加快建立健全社会保障体系和社会化服务体系的重大举措,标志着社区服务业作为一种特殊的产业进入了新的发展阶段。

随着社区服务工作的不断开展,社区服务的对象已从传统的民政对象扩展到城市社区的广大居民及社区内的一些机构;社区服务的内容已从单一的、分散的服务发展为包括托老养老服务、残疾人服务、优抚对象服务、居民生活服务等多层次、全方位的系列化服务;社区服务形式灵活多样,如无偿、低偿和有偿服务相结合,设施服务和互助服务相结合等;新建的社区服务设施不断增加,形成了大中小型并举、高中低档互补的格局;社区服务的队伍不断壮大,形成了愈益壮大的专职、兼职和志愿者相结合的服务队伍。1994年12月,民政部在上海举行的全国社区服务经验交流会对这一阶段社区服务的评价是:"形成了以社区服务中心为骨干,以老年人、残疾人、优抚对象服务和便民利民服务为主要内容,以设施服务和社会互助为重要形式的社区服务新格局。"

几乎在城市社区服务业轰轰烈烈开展的同时,我国社会主义市场经济的新体制开始逐步确立起来。随着新一轮产业结构的调整、产权制度的改革,政府和企事业单位的一些社会福利、社会管理职能纷纷剥离出来,单位人的社会管理模式开始向社会人的管理新模式过渡。这就要求大力发展、培育社区和各种社会服务团体,以承托被剥离出来的社会职能,去管理逐步摆脱了"单位人"属性的"社会人"。由此,社区发展、社区建设、社区管理不可避免地成为20世纪90年代我国城市社区极其重要的课题。它不仅关系到社会主义市场经济新体制的运行与全社会的稳定等问题,也关系到城市居民的生活质量与生活方式、精神文明建设和基层政权建设等系列重大问题。

1996年3月27至28日,在进行了为时半年的调研之后,中共上海市委和市人民政府召开了上海有史以来的第一次城区工作会议。时任中共中央政治局委员、市委书记黄菊在会上做了题为《加强社区建设和管理,不断提高城市现代化管理水平》的报告,对上海在新时期的社区建设和管理做了全面部署。会后,上海市政府各部门、各个区、街道、工青妇等群众团体,积极贯彻与落实会议精神,齐心协力,创造性地探索社区工作的新体制、新机制。街道、小区的居住环境、社会治安、物业管理、精神风貌和人际互动关系等,也由此发生了根本性的、居民衷心拥戴的变革。

这次城区工作会议,引起了全国许多城市领导、街道工作干部和社会学家的极大关注,到上海一些走在前面的街道社区参观学习的人络绎不绝,《人民日报》《解放日报》《文汇报》、中央电视台等各大媒体也纷纷报道上海社区建设的思路和成功经验。这以后,全国许多大中城市也都掀起了街道工作与社区相结合的社区建设与社区管理的热潮。正是在这个意义上,上海市于1996年召开的城区工作会议是一个重要标志,标志着社区服务这一单项性的工作开始转到了整体性的社区建设与社区管理(即社区发展)上来,从民政部主管的部门性工作开始转变成全党和各级政府高度重视、全社会积极参与的社会发展的全局性任务。

2.2.4 全面提升社区治理体系和治理能力现代化建设新阶段(2013年至今)

2013年,党的十八届三中全会召开,党中央正式提出推进国家治理体系和治理能力现代化建设,并对创新国家治理体系做出具体部署和安排,提出了坚持系统治理、依法治理、综合治理、源头治理,实现政府治理与社会治理自我调节、居民自治良性互动等重要要求。此后,党的十八届四中、五中、六中全会又明确提出"统筹城乡基础设施建设和社区建设""增强社区服务功能"等重大任务。2017年6月,《中共中央国务院关于加强和完善城乡社区治理的意见》对城乡社区治理做出全面、系统、深入部署。党的十九大、十九届四中全会又进一步提出了"加强社区治理体系建设,推动社会治理重心向基层下移""推进国家治理体系和治理能力现代化"的更高要求,标志着社区治理开始进入以推进社区治理体系和治理能力现代化为发展主题的新阶段。

2.3 社区管理体制

2.3.1 社区管理体制的含义

社区管理体制是指社区管理的组织体系及其权利配置关系以及各种管理制度,即社区管理的组织结构、职权划分和运行机制的总和。社区管理体制是社区管理工作的基础和保障。

2.3.2 完善的社区管理体制的特点

1. 管理组织框架体系形成,具有配套性和系统性

所有参与社区管理的各级政府及其职能部门、社区党组织、社区成员大会、社区委员会、社区协商议事委员会等,其组织机构是配套的、系统的,形成一个完整的管理框架体系。

2. 管理组织间的关系明确,具有整体性和联动性

各管理主体的职责、职能既是相对独立的,又是相互制约的。既能有效发挥各自的管理作用,又能有效配合,发挥整体功能。各管理主体的运行,既有自己的职责范围和工作程序,又能形成整体联动,共同趋向一个管理目标。

3. 管理组织的职能定位准确,具有全面性和立体性

在管理范围上,突破传统的隶属关系,打破条块分割,形成区域自治管理,具有完整的区域性;在管理内容上,涵盖所有的管理事项,管理内容具有综合性;在管理对象上,有直接隶属的,有间接管理和双重管理的,实现管理对象的全员性。

4. 管理队伍多元高效,具有职业性和社会性

管理队伍素质高,群众自我管理意识强,志愿者人数增加,管理队伍实现社会化、职业化、专业化、年轻化。

5. 管理机制有效,具有能动性和规范性

运行机制上的党政推动作用、社区主体组织的自治作用、社区单位的参与作用三者形成社区管理的整体合力,运作手段上实行制度化、标准化管理。

综上,一个完善的社区管理体制,能够保证理顺社区内党的建设与社区自治的关系、社区行政管理与自治管理的关系、社区政府职能部门与社区组织的关系、社区单位与社区的关系、社区与社区居民的关系。

2.3.3 我国社区管理体制的构建原则

建立与市场经济和现代社会相适应的社区管理体制必须遵循以下原则。

1. "重心下移,立足基层"的原则

"重心下移,立足基层"指的是把社区管理的重心下移至街道办事处和居民委员会层次,立足街道办事处和居委会开展社区建设和管理工作。主要原因有:第一,社区建设要贴近居民群众,要对居民群众的多元化需求做出直接、灵敏的反应,而街道办事处和居民委员会恰恰具备直接面对居民、直接为他们提供服务和实施管理的明显优势。第二,社区建设内容丰富,任务繁重,大大超出了市、区两级政府所能承受的限度,因此,只有依托街道办事处和居民委员会,充分调动他们的积极性和创造性,才能有效推进社区建设与管理。第三,计划经济体制下的"倒金字塔"型:管理层次高,机构设置全,人员配置强,管理资源多,显然与社区建设中的管理体制相反,必须实现管理重心的下移。

2. "条块结合、以块为主"的原则

"条"指的是社区中进行专业管理的各职能部门,"块"指的是进行综合管理的地域性机构,即街道党工委和街道办事处。"条块结合、以块为主"指的是在社区建设管理体制中,职能部门的专业管理与街道办事处的综合管理要结合起来,并且要以街道办事处的综合管理为主。这一原则是由社区建设工作的多样性、复杂性和专业性决定的。社区建设不同于行业或部门工作,它是在一定的社区范围内展开的一项内容复杂、涉及面广、专业性强的系统工程,单靠几个职能部门在各自的"条"上展开专业管理工作往往不能形成合力,难以整合社区建设和社区管理的各种资源;同时,社区建设也离不开各职能部门的专业管理,专业化管理是社区建设的客观要求。因此,在街道办事处的辖区内,既要将各职能部门的专业管理与街道办事处的综合管理结合起来,以街道办事处的综合管理为主;又要统一协调,加强社区内各职能部门的专业化管理,充分发挥职能部门的作用。

3. "党政主导、各方参与"的原则

此原则要求我们在构筑社区建设管理体制时,一方面要维护社区党组织的领导核心地位和区政府、街道办事处的主导地位;另一方面又要充分调动各方面的积极性,广泛吸收社区内各单位和居民代表参与决策和管理过程。社区管理不是单纯的政府行为,也不是单纯的民间活动,而是在党委和政府的领导下整合社区内企事业单位、居民群众和社会中介组织各种力量共同建设社区的过程。

4. "管理与服务相结合"的原则

对于社区建设来说,服务是宗旨,管理是保证,建设是基础。社区管理和社区服务紧密相关,是一项完整的系统工程。随着人民生活水平的提高,社区管理的水平、社区服务的质量同居民的生活、工作与学习的关系日益密切。因此,必须建立有效的管理机制,将相应的管理和服务责任落实到市、区、街道、居委会,形成责任清晰、管理有序、服务完善的社区管理体系,真正寓管理于服务之中。社区建设实践表明,社区建设的管理体制必须充分体现管理与服务相结合的原则。

2.3.4 我国社区管理体制的基本框架

在社区建设过程中,上海、青岛、石家庄等城市在社区建设实践中提出了"两级政府,三级管理,四级落实"的管理体制,即"二三四"管理体制。"两级政府"是指市、区政府;"三级管理"是指市、区和街道的管理,强调街道层面的管理;"四级落实"是指市、区、街道、居委会四级的组织落实。"二三四"管理体制的重点在于加强街道和居委会的建设,关键在于市、区两级政府要逐步放权给街道,建立责权利统一、条块结合、以块为主的社区管理体制。社区管理体制的基本框架是在市一级设立社区管理的领导机构,在区一级建立社区管理的指导机构,在街道一级健全社区协调组织机构,在居委会层次上成立社区委员会。

1. 市一级设立社区管理领导机构

由市委、市政府领导牵头,有关部门和单位参与,主要负责制定、审核全市范围的社区建设规划和工作计划;研究制定社区建设的方针、政策和重大措施;督促、检查全市范围内的社区建设工作;协助市委、市政府推进基层行政管理体制改革,理顺基层条块关系;努力解决社区建设中的政策保证和财力保障等问题;协调有关部门和单位之间的关系,为全市开展社区建设创造条件。

2. 市辖区一级建立社区管理指导机构或协调组织

由区委、区政府主要领导牵头,有关部门负责人和驻区大单位代表参加,负责制定全区性的社区建设规划和工作计划;研究、决定全区社区建设的重大问题;协调有关部门和社区内各种社会力量,积极参与社区建设活动;理顺街道"条""块"关系,充分调动街道办事处开展社区建设工作的积极性;主持开展社区建设"示范工程"。

3. 街道一级建立健全社区协调组织

由街道办事处党政主要负责人牵头,辖区内有关部门、企事业单位、社会中介组织和居民代表参加。其主要职责是贯彻落实上级党委、政府有关社区建设的决定、决议和工作部署;研究、制定街道范围内的社区建设规划和工作计划,并付诸实施;发动、组织辖区内的各种社会力量积极参与社区建设工作,探索实现社区共建的新机制;指导居民委员会和社区中介组织开展灵活多样的社区建设活动。

4. 居委会积极探索社区居民自治与社区内单位有机结合的新途径

可成立由居民选举产生的居民委员会和社区内单位代表共同组成的社区管理委员会,组织开展符合本社区特点的多样化的社区建设活动。

在社区管理体制中,还应加强社区党的建设,切实改善和保证其对社区建设工作的领导;注意在市、区两级社区建立领导机构或协调组织,应依托民政部门负责日常事务;各级社区建设管理机构都应建立健全工作制度和工作程序,实行规范化管理,提高管理效率。

2.3.5 当前我国社区管理体制面临的新形势

从20世纪90年代我国逐步建立社会主义市场经济体制开始,经济体制和政治体制的深入改革给社区管理提出了新的要求。

1. "单位人"向"社会人"转变,为社区带来新的要求和压力

我国原有的单位制、街居制是在计划经济体制下形成并发展的,在计划经济体制下,政府是社会资源的配置主体,人首先是"单位人",劳动者隶属于单位,与单位形成了依附关系。第一,单位承担着对其员工进行教育与有效政治控制的功能;第二,单位是一个资源分配和调控的组织;第三,单位又是一个社会组织,承担着职工的劳动、获取社会资源、医疗、福利、交通以及子女教育等社会职能,是一个"五脏俱全"的小社会;第四,单位也是一个教育组织,承担着一定的意识形态教育功能。这样一种体制,不仅抑制了单位、企业等社会组织追求效益的最大化,也不能满足其"单位人"所有的社会需求。

随着社会主义市场经济体制的建立,资源配置发生了历史性的变化,计划经济体制下大量重复建设的社会企事业组织,经不起市场竞争而大量倒闭,企业停产,事业单位重组减员等,使大量职工下岗,回到社会的基本细胞——社区;原本由政府和企业承担的社会事务同时剥离到社区,如计划生育、养老、低保、离退休党员管理等,均实行属地化管理。社区的社会功能进一步增强,这对当时的社区管理体制和管理模式都提出了新的要求和挑战。

2. 社会的多元化发展对社区提出了严峻挑战

计划经济体制下,人们更多地满足于如何吃饱穿暖,随着经济的快速发展,人民生活质量大幅度提高,对美好生活的向往更加强烈,文化的多元化发展,使得人们的需求和利益多元化,不仅仅要求提供更多的生活基础服务,而且要求提供更加丰富多彩的业余生活、精神生活;不仅追求更加舒适的生活环境,更追求个人利益的实现和被尊重。同时,人们的参与意识、法治意识、民主意识日益增强,越来越多地关注城市和社区的发展,关注社区的公共利益和公益事业,这些都对社区的管理和发展提出了严峻的挑战。

3. 流动人口管理成为社区的重要工作内容

随着城市化的发展,城市外来务工人口和流动人口增加,很多城市社区出现户籍人口和外来常住人口比例"倒挂"现象,而由于身份的限制和一些传统观念的影响,外来人口很难真正融入城市社区,在城市得不到应有的尊重和服务。这样一种现状与流动人口的犯罪、流动人口的计划生育管理等问题又形成了一种恶性循环,直接影响到社区的稳定和发展。因此,流动人口管理已经成为社区必须关注的重要工作内容。

4. 政府与社区的关系亟待理顺

我国的行政管理机制改革与经济体制改革同时并举,它要求政府必须改变原来包揽一切并且错位、越位、缺位现象严重的局面,从"全能政府"向"有限政府"转变,从"管制型政府"向"服务型政府"转变,逐步释放政府的社会职能,而社区将承接那些从政府剥离出来的社会职能。因此,社区应注重协调与政府的关系,进一步明确履行社会职能的范围和责任。

面对这些新变化,党的十九大报告中明确指出:"打造共建共治共享的社会治理格局。加强社会治理制度建设,完善党委领导、政府负责、社会协同、公众参与、法治保障的社会治理体制,提高社会治理社会化、法治化、智能化、专业化水平。""加强社区治理体系建设,推动社会治理重心向基层下移,发挥社会组织作用,实现政府治理和社会调节、居民自治良性互动。"可见,社区在当前社会治理工作中极具重要意义。因此,必须要不断改革和创新社区管理体制和管理模式,以适应新形势对社区的新要求。

2.4 社区管理模式

2.4.1 国外社区管理模式介绍

世界各国对社区管理都采取了与本国社会制度相适应的不同类型管理模式,在此选取代表性国家的社区管理模式进行介绍。

1. 美国模式：居民高度自治的社区管理体制

美国的社区管理和社会制度高度一体化，属于非常典型的社区自治管理体制，即"政府资金资助，社团组织唱主角"。但政府对社区管理并非是失控的、完全放任的，相反，政府牢牢掌握着对社区的宏观调控。城市是美国地方政府的重要分治区，大多数城市的管理体制采用的是"议行合一"或"议行分设"的地方高度自主管理制度，实行民主自治，城市社区更是有诸多类型的自治组织来行使管理职能。地方政府的主要职能就是宏观管理和制度保障，通过制定各种法规协调和引导社区利益主体间的关系并为市民平等参与社区管理提供制度保障。政府和社区没有直接隶属关系，也不向社区派驻组织或机构。居民自治的各种社会团体分别行使社区管理职能，社区管理体制总体上就是政府规划、指导、资助，社团具体实施、运作，居民高度自治和参与的模式。

例如，20世纪60年代约翰逊总统实施的"向贫穷开战"和"模范城市"项目，直接向社区提供福利援助。在20世纪50年代后，随着产业结构的大幅调整，美国许多城市中的传统工业迁移到国外或者偏远地区，从而使富人流向郊区。随之，商业网点和文化教育设施及相关投资也流向郊区，税收的减少、市政经费的紧张，严重影响着美国经济的发展。于是，克林顿当选后，实施了"授权区和事项社区"项目，重振趋于衰落的城市与社区，并倡导建立联邦、州、市政府与私人企业之间的伙伴关系，这对激发社区内非政府组织、非营利组织以及其他社会力量的活力，实现"复兴美国"的梦想起到了举足轻重的作用。

2. 英国模式：政策激活市场的社区管理体制

英国政府实行市场化的社区管理与社区服务，政府把许多社区服务方面的事务都转移给民间团体和私营机构，社区服务出现政府出资、社区办事的局面。政府举办的服务机构、政府资助的社会组织、民间团体举办的非营利性质的服务机构，以及私营的、商业性的服务机构组成了英国的整个社区组织体系。其中，社区服务的主体是社会组织与民间团体举办的非营利性社区服务机构。

总的来说，政府把社区管理看作是一种社会动员的方式，通过动员社会力量，力图有效实施它的社会政策。这种注重通过社区发展解决其面临的社会问题的"成本-收益"型战略，被称为"实用主义"的社区管理战略。政府在其中的作用是宏观调控和政策支持，通过加大社会政策的实施力度，来弥补单纯依靠经济手段的不足，走"政策发展社区"之路。

3. 新加坡模式：政府高度参与的社区管理体制

作为政府主导色彩浓厚的亚洲国家，新加坡的社区管理体制也承袭了政府主导的固有特点，政府行为与社区行为紧密结合。政府对社区的干预较为直接和具体，并在社区设有各种形式的派出机构。新加坡政府部门中设有专门的社区组织管理部门，政府行政力量对社区的组织管理有比较强的影响和控制力。由政府组织自上而下对社区发展进行的管理，职能分明，结构严密，井然有序。

社区管理的对口政府机构是国家住宅发展局，该机构负责社区工作的具体指导，主要包括为社区提供设施、与居委会沟通、发起社区活动、对社区和社团领导人的培训以及对社区相关活动的资金支持。政府对社区的管理参与度较高，对社区管理相关内容会进行直接和具体的干预。相对北美国家而言，新加坡社区居民参与社区管理的意识较弱，社区内设有公民咨询委员会、社区中心管理委员会和居民委员会等组织，在政府的管理和支持下，组织和开展社区有关活动。

新加坡全国不再设市、区政府,社会管理的区域性基本单位是选区,每个选区都设有公民咨询委员会和居民联络管理委员会。公民咨询委员会在选区范围内组织、协调社区事务,募集社区基金,增进社区福利。在新加坡现行的政党政治体制下,选区的社区组织和社会团体实际上是执政党与民众直接接触的最基层的政治实体,主要社区组织的领导成员都不是民选产生,而是由所在选区的国会议员委任或推荐。社区领袖的政府委任制以及国会议员对社区事务的深度参与,使新加坡的社区管理受到执政党和政府强有力的影响与控制。

4. 澳大利亚、新西兰模式:政府半放权的社区管理体制

在澳大利亚和新西兰,除了市政府专设的负责社区管理的官方政策机构外,还有半官方的社区委员会和自治性的社区服务组织。前者由选出的市政府委员及六名有威望和受信任的市民代表组成,权责仅限于选区内,其主要维护本社区利益,在政府和居民中起上传下达的作用;后者则受政府指导或委托,为社区居民提供社会福利服务,并在具体实施各项服务工作中体现自治性。在促进社区发展和管理上,澳大利亚、新西兰政府基本也采取了"政府规划、资助,社区具体实施"的管理模式。

5. 日本模式:政府间接管理的社区管理体制

日本的社区管理中表现出明显的半自治特征,官方色彩与民间自治色彩在社区管理的许多方面交织在一起,政府对社区发展的干预较为宽松,基本上采用间接手段,其主要职能是规划、指导、监督并提供经费支持。

在政府系统中,由自治省负责社区工作,地方政府也设立社区建设委员会和自治活动课堂等相应机构,这些都是带有行政色彩的自治组织。社区管理一方面会在政府的指导监督下进行,另一方面随着日本社会民主化进程的加快,社区自治的趋势也越来越明显,呈现出政府参与和居民参与双重主导的特点。在城市基层社区层面,日本设有町内会和联合会。町内会对社区的各项工作负责,其主要职能包括环卫管理、青少年教育、社区治安、社会福利等。这种组织与西方的私人性社团不同,它更多地具有社区公共组织的性质。

2.4.2 中国社区管理模式介绍

自20世纪90年代中后期开始,我国大、中城市掀起了社区建设的热潮,民政部首先选择在北京、上海、天津、沈阳、武汉、青岛等城市设立了26个"全国社区建设实验区"。通过多年的实践,形成了几种有代表性的城市社区治理模式。

1. 上海浦东模式

上海模式的特色是把社区建设与"两级政府、三级管理、四级网络"的城市管理体制改革相结合,强化街道办事处的权力、地位和作用,将社区定位于街道,形成"街道社区",注重政府在社区发展中的主导作用,强调依靠行政力量,通过"街居联动"发展社区的各项事业。上海市卢湾区五里桥街道按照"两级政府、三级管理"的要求,形成了"以块为主、以条为辅、条块结合"的管理机制和三个层面的组织管理系统,即领导系统、执行系统和支持系统。

1)由街道党工委、办事处和城区管理委员会构成了街道社区建设的领导系统

根据权力下放与属地管理的原则,街道办事处依据法律、法规和区政府的授权,履行相应的"准政府"管理职能,对街道范围的社区建设行使领导、协调、监督等职权,对地区性、群众性、

社会性的工作承担全面责任。同时,建立由街道办事处牵头,派出所、房管所、环卫所、工商所、街道医院、房管办、市容监察分队等单位参加的城区管理委员会。城区管委会定期召开例会,商量、协调、督查城区管理和社区建设的各种事项,制定社区发展规划。

2)在街道内设定了四个委员会,构成执行系统

四个委员会分别是市政管理委员会、社区发展委员会、社会治安综合治理委员会、财政经济委员会。其具体分工是:市政管理委员会对辖区内市容工作实行综合管理;社区发展委员会对辖区内社会发展与建设工作进行管理与协调,它通过对街道内社区保障、社会福利、社区教育文化、计划生育、劳动就业、户籍等方面的管理,全方位、多层次地解决社区居民的生活需要;社会治安综合治理委员会主要是协助街道党工委、办事处领导辖区内的社会治安综合治理工作;财政经济委员会对辖区内街道财政进行预决算,对有关企事业单位、个体工商户等实行工商、物价、税收等方面的行政管理,对街道企业进行综合管理。以街道为中心组建委员会的组织创新,把相关部门和单位包容进来,使街道在对日常事务的处理和协调中有了有形的依托。

3)辖区内企事业单位、社会团体、居民群众及其自治性组织构成了街道社区建设的支持系统

它们通过一定的组织形式,如社区委员会、社区事务咨询会、协调委员会、居民委员会等,对社区管理提供有效的支持。上海模式还将居民委员会这一群众性自治组织纳入"四级网络",抓好居民委员会干部的队伍建设,充分发挥居委会的作用,推动居民参与社区管理,维护社区治安稳定,保障居民安居乐业。

2. 沈阳春河模式

从1998年下半年起,沈阳市在和平、沈河两区试点的基础上,开始在全市展开社区体制改革,重新调整了社区规模,理顺了条块关系,构建新的社区管理组织体系和运行机制,形成了颇具特色的沈阳模式。该模式主要措施包含以下几个方面。

1)明确社区定位

沈阳市将社区定位在街道办事处与规模调整前的居委会之间,这样一方面有利于社区力量的整合,有利于社区资源的优化配置;另一方面,既保证了政府在社区建设的初始阶段对社区工作能够进行有力的指导、支持和帮助,又保证了社区群众民主自治的性质,便于调动和激发社区成员建设社区的积极性。

2)合理划分社区

沈阳市将社区主要分为四种类型:一是按照居民居住地和单位的自然地域划分的"板块型社区";二是以封闭型的居民小区为单位的"小区型社区";三是以职工家属聚居区为主体的"单位型社区";四是根据区的不同功能特点,以高科技开发区、金融商贸开发区、文化街、商业区等划分的"功能型社区"。

3)建立新型的社区组织体系

沈阳市的社区组织体系体现了"社区自治、议行分离"的原则,包括领导层、决策层、议事层和执行层四个层面。

(1)领导层为社区党组织。根据党章规定,设立社区党委、总支和支部。社区党组织由社区党员大会或党员代表大会选举产生,每届任期三年。社区党组织是社区的领导核心,负责宣传和贯彻党的路线、方针、政策,团结和带领社区所属党组织和广大党员、群众,完成社区建设的各项任务;负责做好群众工作,保证社区群众自治的正确方向等。

(2)决策层为社区居民大会或居民代表大会,负责民主选举、民主监督社区管理委员会的

组成人员,动员社区力量参与社区建设,对重大的社区公共事务进行民主表决等。

(3)议事层为社区协商议事委员会。它由社区内人大代表、政府委员、知名人士、居民代表、单位代表等组成,在社区代表大会闭会期间行使对社区事务的协商、议事职能,有权对社区管理委员会的工作进行监督。

(4)执行层为社区管理委员会。它是社区居民大会或居民代表大会的办事机构,也是社区的居民委员会,与规模调整后的居委会实行一套班子、两块牌子。它由社区居民大会或居民代表大会民主选举产生,可以由招选人员、户籍民警、物业管理公司负责人组成,对社区居民大会或居民代表大会负责并报告工作,同时要在政府有关部门及政府派出机关的指导下开展工作,组织社区居民进行自我教育、自我服务、自我管理和自我约束。

沈阳市作为老牌重工业城市,在经济体制转轨中,把社区作为改革后的"生存空间",实现社区自治建设的重大突破,是其制度变迁的重要动力。沈阳模式体现了"社区自治、议行分离"原则,符合现代社会民主政治的发展方向。沈阳模式的最大特点是社区组织体系的建设,按照类似于国家政权机构的设置,创造性地构造社区决策层(社区成员代表大会)、执行层(社区管理委员会)、议事监督层(社区协商议事委员会),从而形成"议行分离、相互制约"的互动运行机制。

3. 江汉模式

武汉市江汉区在学习借鉴沈阳模式的基础上重新将社区定位为"小于街道、大于居委会",通过民主协商和依法选举,构建了社区自治组织,即社区成员代表大会、社区居委会和社区协商议事会。与沈阳模式不同的是,江汉模式没有把社区协商议事会作为社区成员代表大会的常设机构,但明确提出了社区自治的目标,实现这一目标的路径选择是转变政府职能和培育社区自治。

1)理顺社区居委会与街道、政府部门的关系,明确职责

明确居委会与街道办事处的关系是指导与协助、服务与监督的关系,不是行政上下级的关系。重新界定街道各行政部门与社区组织的职责,街道负责行政管理,承担行政任务;居委会负责社区自治,不再与街道签订目标责任状,并有权拒绝不合理的行政摊派工作。同时建立"社区评议考核街道各职能部门"的制度,并以此作为奖惩的重要依据。

2)政府职能部门面向社区,实现工作重心下移

在江汉模式中,区、街政府部门要做到"五个到社区",即工作人员配置到社区、工作任务落实到社区、服务承诺到社区、考评监督到社区、工作经费划拨到社区。

3)责任到人、监督到人

"责任到人、监督到人"主要是为保证区、街政府部门职能转换到位,不走过场,为根治"遇见好事抢着做,遇见麻烦事无人做,遇见责任踢皮球"的顽症而建立的实施机制。通过这些措施,江汉区力图建立一种行政调控机制与社区自治机制结合、行政功能与自治功能互补、行政资源与社会资源整合、政府力量与社会力量互动的社区治理模式。

江汉模式是在沈阳模式基础上的发展,它以转变政府职能为核心,在体制创新中体现"小政府、大社会"的理念。在制度上主要体现在:完成了社区调整划分,社区组织体系得以重构;社区主体组织日趋健全,民间组织逐步发育;社区基础设施逐步完善,空间配置趋于合理;社区服务范围得到拓展,社区服务方式更加多样;社区工作者队伍不断壮大,工资待遇不断提高;政府与社区关系逐步理顺,合作共生的机制逐渐形成。这些为建设和谐社区奠定了良好的基础。

江汉模式不仅重构了社区微观组织体系及其运行机制,而且转变了区、街政府自觉依法行政、社区组织自主管理、社区民众自愿参与相结合的治理模式。

2.5 社区管理模式的发展趋势

2006年10月11日,中国共产党第十六届中央委员会第六次全体会议通过的《中共中央关于构建社会主义和谐社会若干重大问题的决定》指出了未来中国社区工作的方向:"推进社区建设,完善基层服务和管理网络。全面开展城市社区建设,积极推进农村社区建设,健全新型社区管理和服务体制,把社区建设成为管理有序、服务完善、文明祥和的社会生活共同体。""广泛开展和谐创建活动,形成人人促进和谐的局面,把和谐社区、和谐家庭等和谐创建活动同群众性精神文明创建活动结合起来,突出思想教育内涵,广泛吸引群众参与,推动形成我为人人、人人为我的社会氛围。"

2006年11月10日,民政部基层政权和社区建设司副司长陈光耀做客强国论坛,以"社区建设与和谐社会"为题与网友在线交流。他谈到和谐社区的概念:"和谐社区是根据构建社会主义和谐社会的目标和今后我们社区建设工作的总体要求提出的,所要建设的和谐社区的标准是居民自治、管理有序、服务完善、治安良好、环境优美、文明祥和的社区,这是一个总体的基本要求。居民自治就是指社区党组织的核心领导作用得到充分的发挥,社区里的各项民主制度健全、规范,居民群众在基层的经济、政治、文化和其他事务中能够切实当家作主,形成在党领导下的充满活力的居民自治机制。管理有序就是社区各种组织健全,职责明确,体制合理,民主协商机制、社会矛盾纠纷调处机制、共建机制健全,各种家庭、不同人群和睦相处。服务完善就是服务设施、服务项目、服务手段齐全,能够为社区居民高度个性化的需要提供满意的服务。治安良好就是群防群治网络健全,社区安全防范体系完善,社区秩序井然,居民群众安居乐业。环境优美就是社区内建筑、绿化、垃圾分类、污水处理、能源利用等符合环保要求,居民普遍具有较强的公德意识、环保意识,人人养成节约、环保、卫生的良好习惯。文明祥和就是居民群众崇尚学习,群众性精神文明创建活动普遍开展,学习型家庭、学习型楼院普遍建立,居民遵纪守法,邻里团结和睦,文明礼貌,健康、科学、文明的生活方式得到倡导和推行。"

2017年6月12日,中共中央国务院下发《关于加强和完善城乡社区治理的意见》(以下简称《意见》)。《意见》强调,城乡社区是社会治理的基本单元。城乡社区治理事关党和国家大政方针的贯彻落实,事关居民群众的切身利益,事关城乡基层的和谐稳定。《意见》中指出,新时期加强社区建设,提升社区治理能力,需要健全完善城乡社区治理体系,充分发挥基层党组织领导核心作用,有效发挥基层政府的主导作用,注重发挥基层群众性自治组织的基础作用,发挥社会力量的协同作用;需要不断提升城乡社区治理水平,增强社区居民参与能力,增强社区服务供给能力,强化社区文化引导能力,增强社区依法办事能力,提升社区矛盾预防化解能力,增强社区信息化应用能力;要补齐城乡社区治理短板,改善社区人居环境,加快社区综合服务设施建设,优化社区资源配置,推进社区减负增效,改进社区物业服务管理;需要强化组织保障,完善领导体制和工作机制,加大资金投入力度,加强社区工作者队伍建设,完善政策标准体系和激励宣传机制。此次《意见》的发布和实施,为实现党领导下的政府治理和社会调节、居民自治良性互动,全面提升城乡社区治理法治化、科学化、精细化水平和组织化程度,促进城乡社区治理体系和治理能力现代化指明了方向。

从建设社会主义现代化社区的目标出发,我国的社区发展已经出现和将要呈现出更多独具特色的新形式。

2.5.1 服务型社区

社区服务是社区建设的龙头。社区服务的重点将放在面向社会特殊群体的社会救助和社会福利服务,面向社区单位的社会化服务以及面向下岗失业人员的再就业服务和社会保障社会化服务上。社区服务将以坚持网络化、产业化、社会化为方向,以最大限度地满足居民群众的需求为内容,体现大社区、大服务。服务型社区有以下三个主要特点。

1. 服务项目多样化

改变服务内容单一的局面,面向广大居民群众,满足多层次、多需要的要求,为群众办好事、办实事。

2. 服务活动经常化

通过经常组织开展健康有益、丰富多彩的文化、体育、科普教育、娱乐等活动,丰富居民群众精神文化生活,满足群众需求,凝聚人心。

3. 服务手段信息化

通过电脑、网络等现代化办公条件,提高服务效率和服务水平。服务人性化、以人为本将是社区建设的首要原则,真正做到"社区以民为本,民以社区为家"。

2.5.2 自治型社区

扩大社区民主、实行居民自治,是社区建设的根本。自治型社区紧紧围绕民主政治建设和社区居民自治的要求,健全民主制度,规范工作程序,充分发挥城市社区在国家政治和社会生活中的作用,实现自我管理的目标。

2.5.3 学习型社区

党的十九大报告中指出:"办好继续教育,加快建设学习型社会,大力提高国民素质。"学习型社会的基础是学习型社区,通过建设学习型社区,居民的素质可以得到进一步的提高。现在我国一些城市的硬件设施一点也不比国外差,但有些市民的素质却亟待提高,乱扔垃圾,随地吐痰,不讲卫生,公共厕所脏、乱、臭等成为城市发展的一大痼疾。社区是人们生活活动、接受教育和再教育的主要场所,学习型社区可以通过成立社区教育学院,组织开展健康有益、丰富多彩的社区文体、科教等活动,倡导科学、文明、健康的生活方式,崇尚先进、团结互助、扶正祛邪、积极向上的社区道德风尚,形成健康向上、文明和谐的社区文化氛围。

2.5.4 数字型社区

数字型社区就是以电脑和网络为基本工作方式的社区。它是一个全面的概念,并不是简单地将传统的社区管理事务原封不动地搬到互联网上,而是要对其进行组织结构的重组、业务流程的再造和管理模式的重构。其发展目标是实现5个"W":即任何人(whomever),在任何时间(whenever)、任何地点(wherever),采用任何方式(whatever)都可以和任何人(whomever)进行各种信息传递。

通过建设数字型社区,社区管理者可以提高工作水平和工作效率,降低工作成本。数字型社区的建立既可以有效解决社区台账多的问题,也可以减轻社区的工作负担,让社区管理者腾出更多时间,串百家门、知百家情,为社区居民服务。通过网络,社区服务人员还可以了解居民需求,为居民提供方便、快捷的服务。

2.5.5 生态型社区

生态型社区就是可持续发展的社区,是一个天蓝、地绿、水清、空气清新、人际关系和谐、居民安居乐业的社区。建设生态型社区是在以人为本的原则指导下,以打造高效、节能、环保、生态平衡、健康舒适的居所为方向,创造舒适的生活环境;通过完善基础设施、服务设施,有效地利用社区资源和能源;改善居住环境质量,达到人与自然的和谐。通过大力开展社区文化活动,倡导绿色生活,倡导社区居民亲近自然,形成独特的社区文化底蕴;倡导社区居民关怀弱势群体、和谐共处。通过建立健全社区环保制度和群众性的环境监督管理体系,发挥环保志愿团体的作用。教育和引导社区居民自觉按照可持续发展的要求,改变不适合环保要求的生活方式,推行绿色消费,选用清洁能源,配合做好垃圾无害化、资源化、减量化等工作。倡导居民自觉做到节约水电、垃圾分类、爱护绿化、少用一次性制品、拒吃野生动物等。

生态型社区对自然环境、社会环境来说是清洁高效的,对居民来说是健康舒适的,是人、社会、自然三者的和谐共处。

本章小结

1. 社区管理是指在一定的社会条件下,社区基层政权组织与社区居民、社区单位,为维护社区整体利益、推进社区全方位发展,采取一定的方式对社区的各项事务进行计划、实施和有效调控的过程。

2. 社区管理具有区域性、群众性、综合性、规划性、层次性等特征。

3. 实施社区管理应坚持全体利益原则、自治和自助原则、组织和教育原则、协调性原则、前瞻性原则、系统管理原则、法制管理原则和渐进创新原则。

4. 我国社区的发展是随着城市街道的变化而发展起来的,大致经历了建立与初步发展、恢复性发展和从社区服务到社区建设的新时期三个发展阶段。

5. 社区管理体制主要是指社区管理的组织体系及运转模式,即参与社区管理的管理主体的组织结构、职权划分和运行机制的总和。

6. 建立同市场经济和现代社会相适应的社区管理体制必须遵循"重心下移,立足基层""条块结合,以块为主""党政主导,各方参与""管理与服务相结合"等一系列的原则。

7. 社区管理体制的基本框架是在市一级设立社区管理的领导机构,在区级建立社区管理的指导机构,在街道一级建立健全社区协调组织,在居委会层次成立社区委员会。

思考题

1. 社区管理的含义和特征是什么?
2. 我国社区发展经历的阶段有哪几个?
3. 社区管理体制的特点有哪些?

4.社区管理体制的原则有哪些?
5.论述有效面对我国社区管理体制面临新形势的对策或建议。
6.社区管理为什么要遵循一定的原则?

典型案例

武昌社区——"存量优化"下的社区规划

党的十九大报告强调"加强社区治理体系建设,推动社会治理重心向基层下移"。中共中央、国务院《关于加强和完善城乡社区治理的意见》明确提出"完善城乡社区治理体制,努力把城乡社区建设成为和谐有序、绿色文明、创新包容、共建共享的幸福家园"。

2017年2月,武汉市国土资源和规划局联合武昌区政府,以武昌国土规划分局为平台,充分调动街道、社区、居民等多方力量,在武昌区戈甲营、华锦、都府堤、张家湾等社区开展社区规划试点,以社区规划推动社会治理创新,推进幸福社区建设,为广大居民谋福祉。

作为武汉市中心城区,武昌区众多老旧社区基础设施老化、配套设施缺乏、建筑质量堪忧、社区活力不足、城市特色消退,迫切需要提档升级。社区治理也已从早期的"增量发展"逐步转变为"存量优化",更加强调建成环境的管理与维护。

2018年以来,南湖街华锦社区通过居民参与式的理念规划,探索小区品质提升新模式,让居民真正成为社区的主人。在2018年2月份召开的"美好生活从社区规划开始"主题沙龙上,华锦社区的"规划师团队"及其规划作品,得到专家组的一致好评。

2018年2月3日,武昌区举办"美好生活从社区规划开始"主题沙龙暨社区规划培训,该区正式提出将继续推进"社区规划"。与会专家表示,社区规划是以社区为单位进行整体部署与设计,充分发动社区居民广泛参与,力求在编制过程中凝聚共识,最终形成的方案能反映居民共同意志。

早在2017年2月,武昌区充分调动街道、社区、居民等多方力量,在华锦、都府堤、张家湾等8个社区开展社区规划试点,以社区规划推动社会治理创新,推进幸福社区建设,为广大居民谋福祉。目前,8个社区规划已取得一定进展。

华锦社区大门的景观喷泉常年处于闲置状态。2017年,一批草根规划师积极出谋划策,把喷泉利用起来改成广场的建议获得绝大部分居民的支持。经过专业团队与社区规划师的沟通和实地勘察,最后社区规划将喷泉改造成活动场地,还根据居民们的需求设计了舞台,用于社区文艺演出。在南湖街,有87名草根规划师,他们都是常年居住在南湖街各个社区的居民,居民们最渴望改造的地方、社区最需要建设的地方,没人比他们更清楚。

与会专家认为,规划不再是设计师的专利,市民也可以成为"民间设计师",为自己生活的社区描绘蓝图。武昌区2017年启动的社区规划试点工作中,既有较新小区,但存在停车、绿化、配套设施等不足的问题;也有老旧小区,建筑质量较差,环境亟待改善,但文化底蕴深厚。武昌区将社会治理创新与社区规划实践相结合,探索出政府部门、社区居民、规划精英等多群体共同参与编制的路径,助力社区发展多方共治。

问题:
1.结合社区管理的基本原则,分析以上案例的社区规划给社区带来哪些变化。
2.讨论如何帮助社区居民行使好选举权、知情权和监督权。

第3章 社区组织及社区管理主体

学习目标

了解社区组织的含义及其内部结构,掌握社区管理组织、社区政党组织、社区自治组织、社区中介组织、物业管理公司、业主委员会的含义及功能,理解如何加强社区组织建设。

关键概念

社区组织 社区管理组织 社区政党组织 社区自治组织 社区中介组织

导入案例

保利物业发展"三位一体"养老模式,"医养结合"进入发展新阶段

2015年,深圳市保利物业集团管理有限公司总结出了一套"中国式养老"模式,打造"三位一体"的中国式养老。

"三位一体"指的是"居家养老、社区养老、机构养老"同时存在的养老模式,让老人、子女和机构"三者互助",关注老年人传统文化、心理、生理需求,满足中国老年人养老的大部分需求。其中"居家养老"是针对自理、半自理老年人群,由物业服务公司提供"五助"定制服务。

将"养、医、护"相结合,提供专业养老。"养"就是日常照料,"医"指医院看病,"护"则指慢性病或无法治愈的疾病护理问题。"医养结合"是一种有病治病、无病疗养、医疗和养老相结合的新型养老模式,其优势在于整合养老和医疗两方面的资源,提供持续性的老人照顾服务。一方面,保利物业采取医疗"四步走"满足老人全方位"健康生活":一是从功能上内设医务室,满足入住老人的基本医疗需求;二是和医院合作,建立老年健康服务指导中心;三是建立了知名专家医疗顾问团,为入住公寓的老人进行各专业疾病康复及保健养生知识的讲解;四是从内外环境的设计、管理团队的建设、养老服务机构的特点三部分融入"养"的概念,来满足老人"养"的需求。另一方面,保利物业的养老项目都配有专业的后勤保障、餐饮、照护团队以及资深的管理团队,全面梳理、优化、再造核心业务流程,更优质、更畅通地为老人服务,使老人快乐地享受他们的老年生活。

3.1 社区组织概述

3.1.1 组织的含义及发展过程

1. 组织的含义

从管理学的角度,组织是指具有明确的目标导向和精心设计的结构与有意识协调的活动系统,同时又同外部环境保持密切联系的社会实体。组织是管理者建立一个工作关系架构从而使组织成员得以共同工作来实现组织目标的过程。组织过程包括根据人们特定的工作任务将他们分配到各个部门,组织的结果是组织结构的产生,这是一种正式的任务系统和汇报关系系统,通过这种系统,管理者能够协调和激励组织成员努力实现组织目标。组织结构决定了组织能在多大程度上很好地利用组织资源创造业绩和提供服务。

2. 组织的发展过程

组织的发展是一个循环过程,即从孕育期、发展期、成熟期到重整期的过程。每个时期组织表现出的特征都是不同的。

1) 孕育期

孕育期是一个组织从无到有的时期,它或者由内部力量的推动自发形成,或者由外部力量的推动开始建立,更多的是由内外合力共同作用的结果。

孕育期的主要特征:发掘问题和需要,出现组织者,建立意识形态及共同理想,形成雏形组织或小组。

2) 发展期

发展期是指组织产生之后,在内部和外部的推动下,组织结构不断健全,制度和功能不断完善的时期,不过不同时期不同类型的组织发展有快慢之分。

发展期的主要特征:确立组织的长远方向及架构,进行培训工作,扩展并加强活动或服务的形式及内容,加强组织成员的参与性及独立性,开拓与外界的关系。

3) 成熟期

成熟期是指组织发展到一定程度,本身的结构和各项功能均已完善,进入到一个平稳运行的阶段,我们身边的很多组织都处在成熟期,它们为我们提供各项服务。

成熟期的主要特征:组织正式注册及独立,活动及服务多元化,由被动转为主动,社工或组织者退居幕后只作"顾问",此阶段组织已建立起健全的外界联系网络。

4) 重整期

重整期是指随着周围环境和成员需要的变化,组织对自己的结构和功能进行重整以适应新的形势要求的阶段,否则组织就可能会被新的组织所代替。

重整期的主要特征:检讨组织的目标及功能,重新订立方向。

3.1.2 社区组织的含义及内部结构

1. 社区组织的含义

社区组织是指社区内人们为达到共同的目标,有序地形成的一个动态系统的社会共同体。从社会学的角度来说,社区组织是指某社区内主要团体间交互关系的模式,是社区内居民生活上的基本需要。从社会工作的角度来说,社区组织是一种工作过程,将社区各社会机构组织起来,促进其合作努力,使社区内的资源得以充分运用。具体而言,社区组织应包含以下六层含义:

(1) 社区组织有一个共同的目标,任何社区组织的最终目标都是满足本社区内居民的生活需要。

(2) 社区组织内包括不同层次的分工合作,并有相应的权力和责任制度来加以保证。

(3)社区组织具有协调能力,能够在上下层次之间、平行层次之间进行有机协调,使组织内全体成员为一个目标而齐心奋斗。

(4)社区组织是一个开放的系统,它能够不断地与外界进行信息交流,并且从中获得自身改革与发展的动力。

(5)社区组织是一个社会技术系统,它包括结构和技术体系,又包含心理、社会和管理体系。

(6)社区组织是一个整合的系统,它建立在组成它的各子系统的相互依存之上,也离不开与环境的相互作用,因此,社区组织整合了各子系统及其与环境的关系。

2. 社区组织的内部结构

组织结构是指组织各构成部分之间所确定的关系的形式。社区组织结构主要是指社区组织领导者的产生与监察、社区组织的结构特征、资源获得机制、组织间的关系等内容。

1)社区组织的领导者

领导者往往是组织结构内最重要的因素,其产生模式包括轮流式、外部委派式、固定式和由职员充当模式等。社区组织领导者的产生与监察是社区内部结构的重要组成部分。

2)社区组织的结构特征

组织结构是组织内部各部分的组合方式,不同的社区组织具有不同的结构,对应着不同的功能。

3)社区组织资源获得机制

社区组织的正常运行需要各种资源,包括人力、财力、物力等,这些资源在各成熟的社区组织内是通过一套较为完备的机制来获得的。

4)社区组织之间及与其他组织的关系

社区组织与其他组织的关系大致可分为四类:一是交换关系,互相交换自己的资源来更好地完成组织目标;二是权力依赖关系,即下级组织对上级组织的服从关系;三是授权式关系,即由于法律或政策的限制,社区组织需要与另一组织合作;四是联合关系,即社区组织与其他组织建立联盟,以增加资源、增强服务能力及影响力。

5)社区组织的服务对象

社区组织的服务对象通常是社区内成员,有时也会为社区之外的成员提供某些服务。社区组织在提供服务时,一般会担任以下三种角色:一是服务提供者,即社区组织为成员提供各项服务;二是服务生产者,即社区组织直接参与生产,提供服务,以满足社区成员的需要;三是组织者角色,即组织社区成员自我服务。

3. 社区组织体系

社区组织体系是指存在于社区中的各种组织及其相互配合和相互连接的组织关系。在我国城市社区中的组织体系包括政治组织、经济组织、公益组织和文化娱乐组织,并且既有本地居民自身的组织,又有外部组织向社区延伸的组织等。

1)社区中的政治组织

与在整个社会中一样,社区中的政治组织如社区党政组织,在社区公共管理、维护社区公共利益等方面发挥着重要的作用。一方面,社区是当地人的社会生活共同体,因此要求社区政治组织首先要代表本社区居民的政治意愿和共同利益;另一方面,任何一个社区都是一个大社会,或一个国家中的一部分,因此要求社区公共管理体系要纳入整个城市和国家政治体制和公共管理体系之中,并服从后者的管理。这两方面从公共管理和政治体系的角度上体现出了社区的双重性。所以,从组织体系安排上看,社区的政治组织体现了这两个方面的要求。

2) 社区中的经济组织

属于社区所有的子社区中的经济组织有两个层次的含义:一是由社区主办,属于社区所有的组织;二是其他经济组织坐落在一个社区中的机构。前者一般被称为"社区企业",而后者则被称为是"驻社区企业"或"辖区内企业"。在城市社区中,经济组织的情况比较复杂,首先,有大量为居民服务的经济组织,它们为社区居民的日常生活提供各种服务;其次,有社区举办的经济实体,它们扮演着促进社区居民的就业、提高居民收入、促进社区经济发展的角色;再次,还可能存在各类大中小型企业,它们的产权不属于社区内的组织或个人,其业务活动也可能远远超出了社区的范围,但它们坐落在社区之中,与社区居民及其他组织也在不同程度上发生着关系。

3) 社区中的社会服务及文化娱乐组织

除了政治组织和经济组织以外,在社区中还存在着大量的社会服务组织。第一,社区中有部分组织为普通居民提供购物、餐饮、理发、维修、存车等日常生活服务,以及环境卫生、治安保卫、教育、托幼、医疗卫生、心理辅导等方面的服务。第二,在社区中还有一些针对特殊人群的服务组织,如向残疾人、老年人、儿童等特殊群体提供服务的公益性社会组织。部分服务组织具有专门性,即主要提供某种专门的服务,如餐馆只提供餐饮服务;或只针对某些特殊人群,如养老院只为老人提供服务。第三,还有一些服务组织具有综合性,即各组织提供多项服务,如在许多城市社区中都成立了综合性的"社区服务中心",为社区居民提供全面的服务。

除了社会服务组织,许多社区中还有居民文化娱乐组织,以满足社区居民文化娱乐方面的需求。文化娱乐组织一般分两种形式,一类是由某些组织或个人举办的文化娱乐设施,供社区居民使用;另一类是由具有共同爱好的居民自发组织的文化娱乐团体,包括棋牌、书法、艺术、健身等方面的组织,这些组织一般具有非正规性的特征。

4. 社区管理组织体系

所谓社区管理组织就是指担负社区管理职能的社区组织。按照我国当前的情况,在一个社区内担负社区管理职能的社区组织有许多。具体而言,就是指以居民会议、居民委员会为主体,在社区党组织领导和基层政府组织的指导下,与业主委员会、物业公司、社区中介组织等共同构成的网络体系。

社区管理组织体系改革与发展的目标就是正确界定各种社区管理组织在社区管理中的地位和作用,发挥社区党政组织在社区管理中的主导与核心作用,同时大力发展和管理好社区自治组织和社区中介组织,构建"两级政府、三级管理、四级网络"的社区管理新框架。在这里,两级政府是指市、区(县)两级人民政府,三级管理是市、区(县)、街道办事处(乡镇政府)对地方事务的管理,四级网络即居民委员会这一层面,将居委会纳入微型社区网络结构的中心地位,以促进社区自治空间的生长,变小社会为大社会。在此基础上,各地政府和有关部门也不断在社区管理实践中总结经验,积极探索如何构建更合理的符合社区发展需要的新型社区管理体系。

5. 社区管理组织的功能

社区管理组织的功能是指社区管理组织在社区管理和发展过程中所发挥的作用。综合前文所述,社区管理组织的功能包括满足需求功能、整合功能、协调功能、稳定功能、个人社会化功能。

1)满足需求功能

按照马斯洛的需求层次理论,人类的社会需求是多种多样的。结合目前的发展趋势,社区管理组织通过有效的管理和完善的服务满足社区居民的各种需求,正逐步成为满足人们多样化社会需求的社会基本单位。

2)整合功能

社区内的居民之间和组织之间以及居民与组织之间的关系不具备内在、密切的社会关系,但由于他们居住在同一社区内,决定了其共同目标在于形成社会生活共同体。社区管理组织的整合功能主要表现在:它把松散的个人和单位整合成为关系相对紧密的群体或团体,形成具有共同利益的诉求主体。

3)协调功能

社区是人们结成的生活共同体,围绕着人们多层次的社会需求,社区存在着众多的社区公共事务和公共空间、私人事务和私人空间,必然伴随着各种各样的社区活动。社区管理主体需要充分发挥协调功能来化解其中的各种矛盾,统一居民意志,形成有序的行动,协调好各种社区关系。

4)稳定功能

社区是社会的基本构成单位,社区管理组织是社区管理职能实现的载体,与社区居民生活密切相关,它的职能履行情况直接影响到社区是否能够正常运转和社区的稳定,也将会影响社会的稳定。因此,在社区的建设与管理过程中,要积极运用社区管理组织的稳定功能,保持社区的正常工作,消除社区内存在的各种矛盾和不稳定因素,维护社区的稳定。

5)个人社会化功能

社区是个人社会化的重要场所,个人可以在社区中习得各种社会规范,融入社会生活。社区管理组织一方面会直接跟社区中的个人打交道,在这个过程中个人的社会化程度会逐渐提高;另一方面社区管理组织对社区居民生活的满足,对社区稳定和发展所做的工作,也间接促进了社区居民的个人社会化程度的提高。

3.2 社区党政组织

3.2.1 社区党政组织的构成

社区党政组织主要包括社区党组织和街道办事处、乡镇政府以及政府职能部门在社区成立的延伸机构,如派出所、工商局、税务所等。社区党组织是中国共产党在基层社区常设的组织机构,是社区各项工作的领导核心。街道办事处以及政府延伸机构都要在街道党组织的领导、指导或协调下开展工作。乡镇政府作为农村社区的基层组织,在性质上是一种政府管理。随着城市基层管理体制改革的推进,"两级政府、三级管理、四级网络"的体制框架初步形成,社区党组织、街道办事处、乡镇政府在城市管理体制中的基础地位得以确立。

社区党组织中,街道办事处是城市社区的最基层政府机构,其性质和作用较为特殊,下面详细介绍。

1. 街道办事处

1) 街道办事处的形成

1954年,全国人大常委会通过并颁布《街道办事处组织条例》,明确了街道办事处的性质,即街道办事处是市辖区、不设区的人民委员会的派出机关。现行的《地方各级人民代表大会和地方各级人民政府组织法》重申,"市辖区、不设区的市级人民政府,经上一级人民政府批准,可以设立若干街道办事处作为它的派出机关"。

街道办事处一般设有行政办公室、社会治安综合治理办公室(司法科)、经济管理科、民政科、计划生育办公室、城市管理科、文教科(街道文化站)、财务科等。

当然,街道办事处是在街道党委的领导下开展工作的,街道党委是区、县一级党委政府派出到街道办事处的机构,在社区建设和管理中起核心作用。根据区委的授权,街道党委对本街道的政治、经济、行政和文化教育等各项工作实行政治领导,支持并保证行政组织、经济组织和群众自治组织充分行使职权,保证党和政府的各项方针、政策在社区内得以贯彻执行。街道党委一般设立街道办公室、纪工委(行政监察)、组织人事科、宣传统战科、工会、妇联、团工委、武装部。

2) 街道办事处的职能与职责

(1) 街道办事处的职能。作为城市基层人民政府派驻在街道的办事机关,街道办事处具有行政执行性、派出代表性和区域综合性特征,承担着以下五种基本职能。

①沟通。联系政府与居民,向下宣传各项政策、法规,向上反映群众对工作的意见。

②管理。行使政府授权进行的有关行政管理职能,包括市政、福利、经济等。

③服务。为居民生活和企事业单位生产创造良好的社会环境。

④协调。协调辖区内各行业、各部门的工作关系以及上级业务部门与街道各部门的工作关系。

⑤指导。对居委会的日常工作进行指导。

(2) 街道办事处的职责。

①指导、帮助居民委员会开展组织建设、制度建设和其他工作。

②开展便民利民的社区服务。

③兴办社会福利事业,做好社会救助和其他社会保障工作。

④负责街道城市监察管理。

⑤负责开展计划生育、环境保护、教育、文化、卫生、科普、体育等工作。

⑥维护老年人、未成年人、妇女、残疾人和归侨、侨眷、少数民族的合法权益。

⑦组织实施社会治安综合治理规划,开展治安保卫、人民调解工作。

⑧开展拥军优属,做好国防动员和兵役工作。

⑨参与检查,督促新建、改建住宅的公共建筑、市政设施配套项目的落实、验收工作,协助有关部门对公共建筑、市政配套设施的使用进行管理监督。

⑩配合做好防灾救灾工作,管理外来流动人口。

⑪领导街道经济工作。

⑫向区人民政府反映居民的意见和要求,处理群众来访事件。

⑬办理区人民政府交办的事项。

3.2.2 社区党政组织建设的基本途径

1. 不断做好社区党员的发展和管理工作

1) 把社区中从单位中游离出来的党员重新组织到社区党组织中

社区党组织要和社区中各类新经济组织、新社会组织建立联系,对社区内党员实行分类管理,将离退休党员、服务机构党员、民营企业党员、无业或失业党员(包括尚未分配工作的退转军人、毕业学生党员)、下岗职工党员、外来打工者党员,按其居住地、工作性质等编入相应的党总支或党支部。街道党工委可把党支部建到商贸办公楼、金融网点、专业市场和特色商业街等地。有3名以上党员的单位要建立独立党支部,不足3名党员的单位参加联合党支部,它们均隶属于街道党工委。对于没有党员的新经济组织、社团、中介组织,街道党工委派党建联络员进行联系,在这些组织中建立工会、青年团等群众组织,培养发展对象,做到有群众的地方就有党的工作,扩大党的基层工作覆盖面。

2) 在每个居委会建立社区党支部或联合党支部

社区党支部书记与居委会主任同等待遇,并可通过法定的程序兼任居委会主任。社区党组织要在社区工作中发挥领导核心和政治导向作用,成为社区工作坚强的战斗堡垒。同时,还要培养和吸收优秀的居委会干部加入党组织,不断加强和充实社区党组织的力量。

2. 进一步改进社区党组织的领导

1) 转变领导方式

要由纵向的行政管理模式向协调、指导服务的方式转变。要以服务社区、服务群众为第一目标,寓管理于服务之中,通过为社区群众办好事、办实事树立党组织的威信,防止和克服社区党的工作机关化、行政化倾向。

2) 转变活动方式

要由过去的以条为主、条块分割向条块结合的网络化方向转变。要充分利用社区党组织熟悉社情民意、善于组织协调的优势和一切可以利用的资源,为社区单位和居民服务。

3) 进一步理顺党组织与基层组织、居民自治组织的关系

在社区管理过程中要充分发挥社区党组织的领导核心作用,支持和保障基层自治组织依法开展自治活动,逐步向社会主义市场经济条件下以社区自治为主的转变,实现社区群众自我管理、自我教育和自我服务。

3. 健全街道办事处机构

1) 健全依法管理机制

街道内的市、区属机关和企事业单位分别受各自的领导,按条块的指令办事,街道办事处与他们没有行政隶属关系,对他们的管理缺乏政策、法律和法规的依据。国家应尽快出台相应的政策与法律、法规,对街道办事处的职权范围做出明确的规定,使街道办事处对街道内的市、区机关和企事业单位行使管理职能时有法可依。

2) 一些可由企事业单位承担的作业要引进市场机制

目前,在计划经济条件下形成的城市管理作业由政府直接统揽的状况尚未发生根本改变。这种垄断经营不仅助长了行业不正之风,而且也影响了管理效益。相关部门可以适当考虑让出部分街道办事处的职能,比如街道内的经济工作可以引入市场机制,由社会上的专业企事业

单位来承担。

3) 形成条块结合的监督运营机制

针对有关专业管理部门权力过于集中,一些工作人员的工作质量差,存在"吃、拿、要"等不正之风,街道办事处难以进行监督。一方面,需要街道办事处的上层监督部门加强监督工作;另一方面,也需要街道办事处的监督部门与其他专业管理部门的监督部门加强沟通与协作,做到条块结合,使各项监督机制有效运转起来,达到有效监督的良好效果。

3.3 社区自治组织和社区中介组织

3.3.1 社区自治组织

1. 社区自治组织的含义

在党和政府的领导下,在法律规范下,在广大人民群众的参与下,社区有一定的民主自治权利。社区自治组织主要是指居民(村民)代表委员会等社区内居民的群众性自治组织,它也是社区权力组织的基本单元。社区自治组织还包括志愿者协会组织、文化体育类社团等机构。

社区居委会是城市社区自治组织的主体,依法行使社区自治权利,对社区的重大事务进行管理。在实践上,1950年3月天津市按居民居住区域成立了居民委员会。在法律上,1989年12月6日第七届全国人民代表大会常务委员会第十一次通过了《中华人民共和国城市居民委员会组织法》,该法第二条明确规定:"居民委员会是居民自我管理、自我教育、自我服务的基层群众性自治组织。"

2. 社区居委会的组成

《中华人民共和国城市居民委员会组织法》第七条规定:"居民委员会由主任、副主任和委员共五至九人组成。多民族居住地区,居民委员会中应有人数较少的民族的成员。"第八条规定:"居民委员会主任、副主任和委员,由本居住地区全体有选举权的居民或者由每户派代表选举产生;根据居民意见,也可以由每个居民小组选举代表二至三人选举产生。居民委员会每届任期三年,其成员可以连选连任。"

居民会议是社区居民自治的最高权力存在,《中华人民共和国城市居民委员会组织法》明确规定居民会议和居民委员会是仅有的两个能代表居民的组织机构。该法第十条规定:"居民委员会向居民会议负责并报告工作,居民会议由居民委员会召集和主持,有五分之一以上的十八周岁以上的居民、五分之一以上的户或三分之一以上的居民小组提议,应当召集居民会议。涉及全体居民利益的重要问题,居民委员会必须提请居民会议讨论决定。居民会议有权撤换和补选居民委员会成员。"

关于居民会议的举行,该法第九条规定:"居民会议由十八周岁以上的居民组成。居民会议可以由全体十八周岁以上的居民或者每户派代表参加,也可以由每个居民小组选举代表二至三人参加。居民会议必须有十八周岁以上的居民、户的代表或者居民小组选举代表的过半数出席才能举行,会议的决定由出席人的过半数通过。"

3. 社区居委会的职能和职责

1）社区居委会的职能

（1）监理。在政府有关部门的指导下，组织社区成员进行自治管理，搞好社区的卫生、物业、计生、流动人口和治安等项目管理，完成社区成员代表大会、社区议事会制定的管理目标。

（2）服务。组织社区成员进行便民服务，开展以劳动就业为重点的社会事务服务，面向社区特殊群体提供社区福利服务。

（3）教育。引导和组织社区成员开展社区法制、公德、青少年和"两劳"释解人员的教育，开展职业培训、文化娱乐和体育活动。评选文明小区、文明楼院、文明家庭和文明市民，进而形成具有本社区特色的文化氛围，增强社区成员的归属感和凝聚力。

（4）监督。受社区议事指派或社区成员委托，对有关部门和其他社会组织履行社区服务的职责，监督并及时将监督意见向上级机关及部门反馈。

2）社区居委会的职责

（1）执行社区成员代表大会的决定和决议。

（2）听取社区协商议事委员会的意见和建议。

（3）宣传宪法、法律、法规和国家政策，维护社区成员的合法权益，教育社区成员履行应尽的义务。

（4）动员和组织社区成员共筑、共建、资源共享，办理社区公共事务和公益事业，发展便民利民的社区服务行业。

（5）落实城镇居民最低生活保障制度，帮助下岗职工、失业人员再就业，做好优抚救济工作，对社区特困群体开展群众性帮扶活动。

（6）协助有关部门维护社区治安，加强对流动人口和刑满解教人员的管理，调解民间纠纷，搞好社区环境的绿化、净化、美化，协助政府完成计划生育等与社区居民相关的行政工作。

（7）做好社区内老年人、未成年人和妇女的保护工作，关心教育青少年，开展文明健康的文化娱乐活动。

（8）维护社区成员的合法权益，代表社区成员对政府各项职能部门的执法情况，对各公用事业单位的服务工作，对物业公司的经营活动进行监督，及时反映群众呼声，提出意见、建议。

3）社区组织建设的基本途径

（1）创造工作条件。要从组织、制度、设施等方面创造工作条件，实现规范化管理。在组织建设上，根据社区建设的需要，组建社区民主议事委员会，共商社区建设大计，做好社区服务协调工作。在制度建设上，建立和完善民主议事、民务公开和民主监督等制度。在设施建设上，加大资金投入，为社区居委会创造必要的基础条件。

（2）坚持循序渐进。由于我国尚处于社会主义初级阶段，不能满足人民日益增长的物质和文化需求，还受到各种条件的制约。因此，社区实现自治不可能进行跨越式发展、一步到位，要循序渐进、逐步展开。此外，社区党员的自觉参与程度还有待进一步提高，社区治理能力还有待进一步加强，这些内在和外在的因素都决定了社区要稳步推进，必须由表及里、由点到面、由浅入深地扎实展开，切勿操之过急。

（3）推进各方互动。社区居民自治是一个需要整体推进、各方面共同参与的系统工程。一方面需要社区内部人员不懈、努力地工作，为社区自治打好社区自身的基础；另一方面还需要地方政府等上级部门和社会各界都来关心、支持社区自治建设,为社区实现自治创造良好的环境和条件,有条不紊地推进这项系统工程顺利进行。只有大家真正意识到社区是社区人的社区,只有以人为本、优化整合全社区的资源,才能真正做好社区建设。只有坚持政府部门进一步转变政府职能,促进社区内行政调控和社区成员自我调控机制的整合与互动,构建坚强有力的社区自治体系,建立权责统一、条块结合、以块为主的社区管理体系,明确社区自治组织的主体功能,增强其各项功能,才能推动这一项工作不断向前发展。

3.3.2 社区中介组织

1. 社区中介组织的含义

社区中介组织主要是指各类福利性、服务性、中介性组织,如社区福利组织、志愿者组织、慈善组织、社区服务组织或一些行业性组织,如个协、体协、舞协等,又被称为非营利性组织或非政府组织。它形成于18—19世纪的发达国家,在我国还是一种新型的社区组织。社区中介组织主要致力于社会服务和管理,其根本宗旨是满足社区居民的需要,承担着联系政府与民众、依法进行社区治理与服务等多种职能。

2. 社区中介组织的作用

(1)社区中介组织是社区福利服务的推动者和组织者。社区内存在大量的、分散的民间资源,社区中介组织通过有目的、有组织地开展社区福利服务活动,与政府开展的福利服务设施相配合,通过对社区资源进行统筹规划,有组织地发动民众参与来达到整合资源的目的。近年来城市社区内开展的各种居民互助服务、便民服务、志愿服务,如钟点工、家中维修或裁缝等,同政府在社区开办的敬老院、保健站、市民求助中心等一样发挥了重要的作用。社区中介组织开展的各项公益性服务也维护了社会治安与社会秩序,维护了社区环境和社区安全。

(2)社区中介组织是政府与民众的中介者。当社区中介组织成为社区居民参与社会福利的组织者后,它将直接代表民众的利益,与政府及其他各方直接合作,推进社会福利事业,也因此成为社会保障中政府与民众的中介人。

(3)社区中介组织在开展社区服务、社区文化、社区教育等方面发挥着骨干作用。典型调查结果表明,基层社区建设活动的积极分子大部分都局限于社区志愿组织的成员,社区中介组织日益成为社区建设的主体力量之一。

3. 社区中介组织建设的基本途径

(1)要把部分政府机构、部分企事业单位转制成社区中介组织。结合机构改革就是把那些本来承担着中介职能却属于政府系列的部分机构,以及那些直接从事社会福利和社会公益的事业单位,转变成非政府、非营利的社区中介组织。

(2)大力培育现有的社会团体,进一步发挥它们在社区建设中的作用,一是要更进一步调整政府与社会团体的关系,既要提高政府对社会团体的宏观调控能力,更要承认社会团体的独立法人地位,使它们能自主地依法开展公益事业;二是要逐步将政府对社团下拨的"事业费""人头费"改成按项目支持的"项目经费"。在此基础上,把竞争机制引进到社团管理的过程中,运用"项目经费"这个杠杆有效地控制社团服务的质量和内容。

(3)在现有社区群众性组织的基础上,按照社区中介组织的规范,培育若干专门性的社区中介组织,例如志愿者组织、老年人组织、体育卫生组织等。积极发动广大群众进入这些组织,使这些组织逐步走上制度化、专业化轨道,相对独立地开展社区建设活动。

(4)要进一步鼓励和扶持社区中介组织积极参与社区建设,同时要给予政策、法规包括资金、项目、场地、税收等方面的优惠、扶持等,为中介组织参与社区建设事业提供良好的制度条件。

3.4 物业管理公司和业主委员会

3.4.1 物业管理公司

1. 物业管理公司的含义

1)物业和物业管理的含义

所谓物业是指已经建成并投入使用的各类房屋及与之配套的设备、设施和场地。各类房屋可以是住宅区,也可以是单体的其他建筑,还包括综合商住楼、别墅、高档写字楼、商贸大厦、工业厂房、仓库等;与之相配套的设备、设施和场地是指房屋室内外各种设备、公共市政设施及相邻的场地、庭院、干道等。

所谓物业管理是指专门的机构和人员依照相应的合同和契约,对投入使用的各类房屋及与之相配套的设备、设施和场地以经营的方式进行管理,同时对房屋周围区域的环境、清洁卫生、安全保卫、公共绿地、道路养护实施专业化管理,并向业主提供多方面的综合性服务的过程。物业管理的对象是物业,服务的对象是物权所有人和物业使用人,是集管理、经营与服务于一体的有偿劳动,其实行专业化、企业化经营之路,最终目标是实现社会、经济、环境效益的同步增长。

2)物业管理公司的含义

物业管理公司是指具备相应资质条件并按照法定程序成立的从事物业管理服务的经营型企业法人。对物业管理公司这一概念,我们可以从以下几个方面进行理解。

(1)物业管理公司是独立的企业法人。物业管理公司作为一个企业,拥有一定的资金和设备,具有法人地位,能够独立完成管理服务工作,能够独立地承担一定的民事责任。

(2)物业管理公司属于服务性企业。物业管理公司的主要职能是通过优质的服务为业主和租户创造一个舒适、安全、方便、优雅的居住环境和工作环境。物业管理公司本身并不制造实物产品,它主要通过物业的维护、维修、养护、清洁卫生以及直接为业主和租户提供服务来实现自己的工作目标。因此,物业管理公司的"产品"本质上只有一个,那就是服务。

(3)物业管理公司是承担着某些行政管理职能的特殊服务性行业,是社区建设和管理的重要组成部分。目前,我国社区管理体制正处于改革之中,在政府缺乏足够人力、物力和财力的情况下,物业公司在向业主和租户提供服务的同时,也承担了一部分城市管理的职能,如协助各级政府、政法、医疗、公安等部门开展市政管理工作。

2. 物业管理公司的组织机构

根据发展和管理的需要,物业管理公司一般设立以下机构。

1)总经理室

物业管理公司实行总经理负责制,一般设总经理一名,副总经理若干名。总经理室是物业管理公司最高一级的指挥决策机构,对公司一切重大问题做出最后的决策。总经理对公司负全面的责任,副总经理是总经理的助手。

2)主要职能部门

物业管理公司的主要职能部门包括办公室、财务部、公共关系部、工程部、管理部、服务部。另外,物业管理公司可根据其规模等实际状况,增设相应的部门,如设立经营部,经营超市、餐厅、酒吧、娱乐中心与美容中心等;设立产业部,负责产权、产籍(即反映产权现状和历史情况的资料)和图纸档案管理。

3)管理处与公司下属企业

管理处是指物业管理公司管辖下的某一分区或不同物业对象的管理机构,如某大厦管理处实施对所辖楼宇的管理,为大厦内业主和租户提供服务。公司下属企业是指物业管理公司围绕社区管理和社区服务而积极开办的新企业,下属企业在为业主和租户提供服务的同时,广开财源,增加公司收入。

3. 物业管理公司的权利、义务

1)物业管理公司的权利

根据住房和城乡建设部《城市新建住宅小区管理办法》及有关政策,物业管理公司的权利如下:

(1)根据有关法规,结合实际情况,制定小区管理办法。
(2)根据物业管理合同和管理办法对住宅小区实施管理。
(3)根据物业管理合同和有关规定收取管理费用。
(4)有权制止违反规章制度的行为。
(5)有权要求管委会(业主委员会)协助管理。
(6)有权选聘专营公司(如清洁公司、保安公司等)承担专项管理业务。
(7)可以实施多种经营,以其收益补充小区管理经费。
(8)根据实际需要,制订物业的大修计划,并经业主委员会审核同意,申请使用物业维修基金。

2)物业管理公司的义务

物业管理公司在享有上述权力的同时,也必须履行相应的义务,具体如下:

(1)履行物业管理合同,依法经营。
(2)接受管委会和住宅小区居民的监督。
(3)重大的管理措施应交管委会审议,并经管委会认可。
(4)接受房地产行政主管部门、有关行政主管部门及住宅小区所在地人民政府的监督指导。

4. 物业管理公司的服务项目

物业管理公司的业务范围主要包括专项业务、特色业务和多种经营等。具体说来,物业管理公司提供的管理与服务主要包括如下几方面。

1)工程维护管理

工程维护管理是物业管理一项至关重要的工作,它主要是对物业管理及其配套设施,包括房屋建筑、机电设备、供电、供水以及其他公共设施的维修、养护和管理。工程维护管理直接关系到业主的日常生活,所以物业管理公司必须做到防患于未然,要做好经常性的维护和保养工作,确保各种设备的正常运行,为业主和租户提供基本的使用保证。

2)安全管理

安全管理是物业管理的一项基础性工作,也是业主最为关注的一项服务。它主要包括治安保卫和消防安全两个方面,社区的治安保卫要在当地政府职能部门和社区组织指导下,通过保安和门卫巡逻、电视监控等措施来实施防盗、防破坏、防意外灾害事故的管理目标,维护社区正常的生活秩序。小区内实行24小时保安制度,在危及人身安全的地方设置明显的标志和防范措施,并有一支训练有序、工作规范的保安员队伍。与此同时,要加强小区的消防安全管理,除了要做好消防的日常管理外,物业管理公司还要搞好消防设备管理、消防演习、消防知识宣传及火警应急处理等,防止火灾的发生。

3) 环境卫生管理

环境卫生管理是衡量一个社区物业管理质量的最直接指标之一,包括定时收集和清运垃圾,做到日产日清,经常打扫卫生、清洗内外墙,确保社区路面、公共场地的整洁,同时,确保社区内无乱贴、乱挂、乱画现象。

4) 园林绿化管理

园林绿化管理主要包括社区内的道路绿化、公共用地绿化、公共设施绿化及养护管理,注意绿地内的清洁,无黄土裸露,无践踏、破坏、占用的现象,绿树、绿篱无缺株、枯萎现象。

5) 车辆道路管理

车辆道路管理要做到社区内车辆统一停放,凡进入社区的车辆都要集中停放到停车场;要保持辖区内道路、过道的畅通,停车场、行车路线有明显标志,车辆限速行驶,以确保用户车辆的安全和不受损坏等。物业管理公司尤其要注意车辆管理的运行有序,防止出现乱放、乱停车辆的现象,防止车辆丢失、损坏或酿成事故。

6) 其他管理

物业管理公司提供的服务还包括一些特约服务、便民服务和中介服务等。

5. 物业管理公司建设的基本途径

1) 加强物业管理公司的内部建设

物业管理走向市场竞争是未来的发展趋势,物业管理公司要想在今后激烈的市场竞争中占有一席之地,就必须加强内部建设,制订更长远的发展规划,培养职工的竞争意识,全面提高物业管理人员的素质,加强基础管理工作。

2) 搞好物业管理公司的公共关系

物业管理公司同房地产行政主管部门以及市政、绿化、卫生、交通、治安、供水、供气、供热等有关政府部门均有着业务上的指导关系,同房地产开发公司、居民委员会和业主委员会有着千丝万缕的联系。上述组织机构是物业管理公司开展工作的外部环境。因此,物业管理公司要同上述组织机构建立和谐的公共关系,这是物业管理公司健康发展的外部保障。

3.4.2 业主委员会

1. 业主委员会的含义

业主是物业的所有人,业主委员会是在物业管理区域内代表全体业主对物业实施自治管理的组织。

业主委员会是城市社区居民参与社区管理的又一新的组织形式。随着住宅的市场化和商品化,越来越多的居民不再是单位住房的租客,而是房屋物业的所有人。因此,生活区的卫生状况、环境质量、配套设施等都与他们的生活息息相关,他们开始要求自主地决定社区的事务。

在这种情况下,业主委员会也由此诞生。

2. 业主委员会的产生与构成

业主委员会是由业主大会或业主代表大会选举产生的。业主委员会成员从业主中选举产生,每届任期两年,可连选连任。

业主大会由物业管理区域内全体业主组成,业主人数较多时,应当按比例推举业主代表,组成物业管理区域内的业主代表大会。业主大会或业主代表大会做出的决定,应当经全体业主过半数或全体业主代表过半数通过。业主委员会下面可根据情况设立业主小组。业主委员会应当自选举之日起15日内,持有关文件向所在的区县房地产管理部门办理登记。

3. 业主委员会的权利与义务

1) 业主委员会的权利

业主委员会代表该物业的全体业主,有一定的社区管理权力,其权力基础是对物业的所有权。业主委员会最基本的权力是对该物业有关的重大事项拥有决定权,这种权力通过业主公约和业主委员会章程予以保证。业主委员会的权力有以下几方面:

(1) 召开业主大会或者业主代表大会,报告物业管理的实施情况。

(2) 选聘或者解聘物业管理企业,与物业管理企业订立、变更或者接触物业管理服务合同。

(3) 设立物业维修基金,负责该基金的筹集、使用和管理。

(4) 审定物业管理企业提出的物业管理服务年度计划、财务预算和决算。

(5) 听取业主、使用人的意见和建议,监督物业管理企业的管理服务活动。

(6) 监督公共建筑、公共设施的合理使用。

(7) 业主大会或者业主代表大会赋予的其他职责。

2) 业主委员会的义务

(1) 筹备并向业主大会报告工作。

(2) 执行业主大会通过的各项决议,接受广大业主的监督。

(3) 贯彻执行并督促业主遵守物业管理及其他有关法律、政策规则,协助物业管理企业落实各项工作,对住户开展各种宣传教育活动。

(4) 严格履行物业管理委托合同,保障物业各项管理目标的实现。

(5) 接受政府行政管理机构的监督指导,执行政府管理部门对物业的管理事项提出的指责和要求。

(6) 业主委员会做出的决定不得违反和抵触法律、法规政策,不得违反业主大会的决定,不得损害业主公共利益。

4. 业主委员会建设的途径

(1) 重视对广大业主的宣传教育,使其逐渐形成为"成熟的消费者",提高业主参与管理和服务的意识和能力,明确其职责和义务,提高业主的主人翁意识和参与管理的积极性。

(2) 聘请专家,积极寻求咨询。对已经成立或即将成立的业主委员会,可聘请有关管理部门、物业管理咨询机构、专家学者作为顾问,提高业主委员会的决策水平。

(3) 举办学习培训班,组织业主委员会成员进行学习,提高思想觉悟和业务水平。

(4) 组织研讨交流,参与课题研究。业主委员会要向有经验、工作先进的其他组织学习,并组织研讨交流活动。针对实际过程中出现的新问题、新难点深入分析,从理论和实践两方面进行研究,提出方案,完善机制。

3.4.3 物业管理公司与业主委员会的关系

物业管理公司和业主委员会都属于物业管理机构,二者合作使专业化管理与业主自治相结合,共同管理一定范围内的物业。二者不同的是,物业管理公司受业主委员会的委托来管理业主的物业,而业主委员会代表业主的利益来管理物业。这在客观上决定了它们之间的特定关系。

1. 法律上的平等关系

业主委员会与物业管理公司是委托与受托的关系,是聘用与受用的关系。在法律上,业主委员会有委托或不委托、聘用或不聘用某个物业管理公司的权利,物业管理公司也有接受或不接受委托、受聘或拒聘的权利。两者并无隶属关系,不存在领导与被领导的关系,也不存在管理与被管理的关系,它们在法律地位上是平等的。

2. 经济上的交换关系

物业管理公司提供有偿的物业管理服务,在提供一定的物业管理服务时应获得相应的报酬。同样,业主在享受这些管理服务时必须支付相应的费用。物业管理公司与业主之间的这种经济关系是通过物业管理委托合同来确立的。合同签订后,双方分别承担相应的权利与义务。物业管理公司按合同规定的要求提供相应的管理服务,向业主委员会及广大业主负责,并在日常工作中接受他们的监督;业主委员会应协助物业管理公司开展工作,并按时缴纳合同规定的各项费用。双方在经济上不仅是平等的,同时也具有交换关系。

3. 工作上的合作关系

物业管理公司在管理物业的过程中要经常和业主委员会产生联系,业主委员会为了业主的利益也要和物业管理公司打交道。一般来说,委托合同规定了物业管理公司和业主委员会的权利和义务,如物业管理公司有权要求业主委员会协助管理,有义务把重大管理措施提交业主委员会审议;业主委员会有权审议物业管理公司制订的年度管理计划和管理服务的重大措施,有义务协助物业管理公司落实各项管理工作,这都是双方合作关系的表现。

3.4.4 物业管理公司与居民委员会的关系

1. 组织性质不同

物业管理公司与居民委员会是两个性质不同的组织。居民委员会是社区居民的基层群众自治性组织,属于政治范畴;物业管理公司是从事物业管理服务的经营性企业法人,是十分明确的商业性组织,属于商业范畴。按照社区有关法律规定,居民委员会有权对物业公司的工作进行监督,组织产权人和使用人对物业公司进行评议和决定是否解聘。

2. 履行职能不同

鉴于物业管理公司的服务性管理企业性质,其履行的职能主要在其经营的专业领域,即对物业公司及其配套设施的维护和管理;而社区居民委员会的主要职能则体现在社区文化建设、家政服务、治安、拥军优属服务、社会救助等方面。二者权责分明、依法活动、相互促进,有助于社区的不断发展和进步。

本章小结

1. 社区组织是指社区内人们为了达到共同的目标,有序地形成的一个动态系统的社会共同体。当前我国的社区管理组织体系,是在一定环境中产生的以社区党政组织为核心,由社区党政组织(社区党组织、街道办事处和乡镇政府)、社区自治组织、业主委员会和社区中介组织共同构成的社区管理组织系统。

2. 社区党政组织主要包括社区党组织和街道办事处、乡镇政府以及政府职能部门在社区设立的延伸机构,如派出所、工商局、税务所等。社区党组织是中国共产党在基层社区常设的组织机构,是社区各项工作的领导核心。社区党政组织中,街道办事处是城市社区的最基层政府机构,承担着沟通、管理、服务、协调、指导等基本职能,担负着许多重要职责。

3. 社区中介组织主要是指各类福利性、服务性、中介性组织,如社区福利组织、志愿者组织、慈善组织、社区服务组织或一些行业性组织,又被称为非营利性组织或非政府组织。它们是社区中介组织、社区福利服务的推动者和组织者,政府与民众的中介者,在开展社区服务、社区文化、社区教育中发挥着骨干作用。

4. 物业管理公司是指具备相应资质条件并按照法定程序成立的从事物业管理服务的经营型企业法人,享有制定小区管理办法等权利,履行物业管理合同规定等义务,提供工程维护管理等服务。

5. 业主委员会是在物业管理区域内代表全体业主对物业实施自治管理的组织,享有召开业主大会或者业主代表大会等权利,履行向业主大会报告工作等义务。

 ## 思考题

1. 社区党政组织的构成是什么?其基本建设途径有哪些?
2. 街道办事处的职能与职责有哪些?
3. 社区自治组织的含义是什么?其基本建设途径有哪些?
4. 社区居委会的职能与职责有哪些?
5. 社区中介组织建设的基本途径有哪些?
6. 物业管理公司与业主委员会的关系是怎样的?

 ## 典型案例

解密万科物业"睿服务"体系
——互联网基础上的物业管理新模式

万科物业是万科企业股份有限公司下属控股子公司,成立于1990年。截至2017年底,万科物业已布局中国69个具有发展潜力的大中城市,服务项目共计2356个,合同面积近4.6亿平方米,服务394万户家庭,超1174万人口,在管资产突破6万亿元。20年前,万科盖第一个住宅小区之时,王石提了三条:"游泳池的水要干净,不能丢自行车,地上不能有烟头。"从兑现这三句大白话开始,万科物业发展出共管模式、酒店式服务、无人化管理、邻里守望模式等,并在每个小区不遗余力地推动成立业主委员会,多年来这些创新为物业同行所关注并借鉴,并为行业的持续发展提供了探索经验。今天,随着移动互联网的普遍应用,人们的交流方式和渠道发生了根本变化,而传统的物业管理模式因成本的快速上升与收入天花板之间的矛盾日益加剧,万科物业抓住了互联网快速发展的机遇,借力移动互联网等技术手段,打造出了一套它独有的物业"睿服务"体系。

"FIT"模型体系

万科物业"睿服务"体系基于以"易化""智能""信托"为导向的"FIT 模型"管理,主要借助于信息科技。在物业管理行业,原有的作业信息记录和传达大部分依靠电子邮件,还有一部分仍旧停留在纸笔记录的阶段。万科在硬件设置和软件系统上投入了较大的精力,将设施设备与后台系统连接,可以将现场的情况直接传达,实现信息的即时记录与传达。

基于移动互联网的物业服务定制系统——"睿平台"

万科物业从软件系统和硬件设施两个维度搭建连接社区住户与服务人员、设施设备与工作人员的"睿平台",不断地变革服务体系。自2011年起,万科物业对社区里的人、房、物进行了一遍系统的梳理。在"睿平台"的帮助下,后台的管控者会清楚地知道每一个小区有多少保洁面积、哪位保洁员在哪个区域工作……"睿平台"让每一位物业的员工以一个个小微个体的形态与物业总部的云形态保持着关系。

"合伙人"制的管理中心

信息技术的变革,让信息在基层员工到管理层间点到点、端到端即时传递,也使得传统企业的管理机制更为去中心化、扁平化。万科物业逐渐开始由职业物业管理师组成的管理中心对物业项目进行管控。职业物业管理师来自负责社区物业管理的项目经理,随着移动信息技术的发展,项目经理通过"睿平台"可实现远程可视化管理,在IT系统的辅助下对社区形成网络矩阵式管理。

问题:
1. 案例中涉及的社区管理主体包括哪些?
2. 请思考一下,案例中万科的社区管理呈现出了哪些特点?

第4章 社区管理者

学习目标

通过本章的学习,了解社区管理者的含义与特征,掌握社区管理者的一般素质要求和具体素质要求,了解社区管理者的培训目的、种类、内容和社区组织的人员配备过程和原则等。

关键概念

社区管理者　社区管理者的素质　人员配备

导入案例

四川省成都市清波社区居民参与社区治理

清波社区所在的青羊区地处成都市中心城区,辖14个街道75个社区。总人口约100万,其中外来人口约46万。清波社区地处城郊接合部,共有住户约12000户。其中,本村拆迁安置居民约1200户,尚未拆迁居民约300户,外社区安置居民约1000余户,新建楼盘入住(新)居民约1300户,外来人口约5400人,物管公司9个。清波社区是城乡统筹进程中复合型农村新型社区,居住对象涉及原本村居民,外街道、外社区拆迁安置来的新市民以及购买商品楼盘的外来人口等3万余人。

实现社区事务的"社会协同,公众参与"。参与能力增强项目实施前期,对工作团队成员、社区全体干部、议事会和监事会成员进行了4次"参与式方法"的培训,之后则以开展活动为载体,为居民参与搭建提升参与能力的舞台。以社区居委会主导为前提,通过活动组织方式的创新,推动社区居委会的角色转换,小组活动由社区居委会组织、居民被动参与,转变为社区居民自我组织、社区居委会服务、志愿者组织提供志愿服务,初步实现了社区公益活动的居民主动参与、自我管理与自我服务。建立了社区公民组织,原有社区组织腰鼓队、舞蹈队、乐器组、太极拳队4个组织的成员不断增加,并新发展了5个社区组织:养身武舞、主体茶馆、爱心超市(和妇女编织坊合并)、清波歌会、教育志愿者服务队,这些组织按照各自的方式,有序开展工作。

形成有效的社区治理结构,提升社区经济活力。通过培训,议事会、监事会成员责任意识加强,民生项目听取居民意见更加落实。议事会、监事会成员、居民小组长和党小组长、社区干部深入居民家中,听取意见,按照"两上两下三公开"程序开展工作,真正给居民"赋权",使民生项目与居民需求对接,居民参政议政主动性增强。民生项目实施中,财务公开,民生项目经费开支由7名监事会成员代表考察项目完成情况,集体同意,集体签字才能报销,使民生项目更加透明,居民的知晓率、参与率、满意率提高。

山东省烟台市海阳市东村街道社会组织参与社区治理

东村街道辖区面积75平方公里,常住人口9.3万人,城市社区为海政社区、兴海社区及北山社区三个主社区。其中,海政社区辖区面积4.55平方公里,共有8个居民小区,住户约6550户。兴海社区辖区面积1.5平方公里,共有9个居民小区,住户约5210户。北山社区辖区面积0.78平方公里,共有13个居民小区,住户约3435户。东村街道城市社区建设于2005年,街道站在构建和谐城区的高度,围绕"创新、完善、发展"这一主题,全力推进城市社区建设工作,使社区建设取得了长足进步。东村街道现共有海政、兴海、北山三个城市社区,涵盖了街道城区的全部范围,社区办公场所、设施、人员已基本配备到位,社区功能逐步完善,社区建设各项活动正蓬勃开展。

从东村街道社会组织职能领域的覆盖面来看,涵盖了工商服务业、社会服务、教育、科学研究、文化娱乐、体育、卫生、生态环境等各个领域,同时伴有街道扶持成立的社会组织,活动类型多样,覆盖范围广泛。其中,服务类占据了最大比例,约为43%;其次占据份额较大的为文化娱乐、体育活动,为23%;教育及科学研究约占8%左右;宗教、法律、卫生、环境等方面也均有涉及。可见,海阳社会组织已基本形成多门类复合型的社会组织体系,为拉动海阳市经济、社会、文化的全面发展及丰富社区生活创造了条件。

4.1 社区管理者概述

4.1.1 管理者的含义

管理者是负责掌握组织资源的使用以达到组织目标的人。他们通过协调其他人的活动达到与别人一起或通过别人实现组织目标的目的。管理者的工作可能意味着协调一个部门的工作,也可能意味着监督着几个单独的个人,还可能包含协调一个团队的活动。

我们通常将组织中的管理者分为基层管理者、中层管理者和高层管理者三类。基层管理者是最底层的管理人员,他们的职责是对组织中的非管理人员进行日常的监督管理;中层管理者处于基层管理者和高层管理者之间,他们的职责是找出运用组织的人力和其他资源与实现组织目标的最佳方法与途径;高层管理者对组织的所有部门负责,他们承担着为整个组织制定计划和目标的责任。

4.1.2 社区管理者的含义

社区管理者就是通过对社区资源的合理分配使用,协调社区中的各个部门、机构和社区居民,一起实现社区工作目标的人。

社区管理者主要由社区居委会成员及助理人员、社区性公共服务机构(如社区服务中心、卫生中心、文化站、治保会、老年公寓等)中的管理人员两类人员构成。社区居委会成员及助理人员主要负责制定社区工作的有关政策、法规、规划,指导、检查、监督社区工作的开展,研究社区发展中的问题,做好组织、协调工作;社区性公共服务机构中的管理人员主要针对社区公共服务机构中的人员配备、工作分派等工作实施监督、检查,并为机构各种活动的开展提供所需资源。

社区中的低保干事、卫生监督员、治安保安员等属于基层管理者,社区卫生主任、计划生育主任、青少年教育主任等属于中层管理者,社区主任、书记都属于高层管理者。

4.1.3 社区管理者的特征

(1)大部分人员在社区基层组织或机构中从业,其工作或职业是社区事业和实际生活的重要组成部分。

(2)从事的主要是社区管理及服务性和福利性工作,不以营利为基本目标。

(3)掌握一定的专业知识和方法,这些专业知识和方法包括结合本地经验或情况发展起来的(如民政工作、管理知识等),也包括国际通则所认定的(如社会工作)。

4.2 社区管理者的素质要求

社区管理者的素质是指社区管理者在社区管理工作过程中获得的,在从事社区管理工作过程中经常起作用的那些内在要素的总和。它是社区管理者从事社区管理工作的基本条件,鉴于社区管理者是在社区这样一个特殊环境中承担管理技能的人员,因此社区管理者既要满足一般管理者的素质要求,又要满足社区管理工作对社区管理者所提出的具体要求。

4.2.1 一般管理者的素质要求

作为管理人员,社区管理者也应满足一般管理者的素质要求。这些共性的素质要求主要包括从事管理工作的欲望、必要的管理技能、良好的道德品质和健康的身体素质等四个方面。

1. 从事管理工作的欲望

所谓从事管理工作的欲望是指人们希望从事管理的主观要求。一个社区管理者的工作成效与他是否具有强烈的管理愿望有着密切的关系。一个人只有抱着强烈的管理愿望,才能积极地去学习与管理和事务有关的知识和技能,才能将其所有的才干都发挥出来,从而真正成为一个合格的社区管理者。

2. 必要的管理技能

一个合格的管理者必须具备一定的管理技能,主要包括技术技能、人际技能和概念技能在内的各项管理技能等,尽管这些技能的相对重要性因职位在组织中的层次不同而有所差异,但这些技能是任何管理者都必须具备的。掌握一定的技术技能才能与社区中的某些专业技术员进行有效的沟通,才能对其所辖范围内的各项管理工作进行指导;拥有人际关系协调技能才能处理好与高层管理者、同级管理者以及下属的人际关系,要学会善于说服上级领导,学会同其他部门的同事紧密合作,同时掌握激励和挖掘下属的积极性和创造性的能力,理解正确指导组织成员开展工作的能力;任何管理者都会面临一些复杂的环境,因此管理者必须用概念技能才能看到组织的全貌和整体,并认清各种因素之间的相互联系,抓住问题的实质,做出正确的决策。

3. 良好的道德品质

能否有效地影响和激励社区管理者的工作积极性,不仅取决于职权的大小,而且在很大程度上还取决于个人的影响力,形成个人影响力的因素就是管理者个人的道德品质修养,如思想品德、工作作风、生活作风、性格气质等。管理者只有克勤克俭、廉洁奉公、工作认真、生活正派、平易近人、言而有信才能赢得下属的尊敬和信赖。

4. 健康的身体素质

管理活动既是脑力劳动又是体力劳动，而且劳动的强度很高。作为一名优秀的社区管理者，尤其是高层管理者，只有具备健康的体魄和充沛的精力，才能适应工作的要求，才能有效地完成社区各项管理工作。

4.2.2 社区管理者的具体素质要求

社区管理者从事的是社区管理工作，工作内容的特殊性决定了社区管理者必须具有特殊的素质才能圆满完成社区管理任务。对社区管理者的具体要求主要体现在工作态度、知识结构和技能三个方面。

1. 工作态度

由于社区工作注重的是以奉献为中心的利他主义，因此为社区居民服务就成为社区管理者的一项重要工作内容。管理者在工作中所持有的工作态度是极为重要的，可以直接影响到工作的成败。以下关于社区管理工作态度的要求是十分必要的。

1) 奉献精神

社区管理者在进行社区工作时，出发点是奉献而不是索取。一般而言，社区管理者的重点工作对象是遭遇困难的社区居民，他们在接受管理者帮助的过程中，能够回报给社区管理者个人的可能仅仅是肯定和赞扬。因此社区管理者在工作过程中是不可能立即获得物质报酬的，这就要求社区管理者具有奉献意识，热爱社区工作，把工作对象视为亲人。

2) 忍辱负重

社区管理者的工作对象是处于困难之中的社区居民，他们正常的社会生活受到了一定程度的破坏，所以工作对象的观念、意识可能比较偏激，情绪波动较大，甚至可能恣意宣泄出来。社区管理者很可能会成为"出气筒"，所以在开展工作的过程中，经常会遭到抱怨和误解，"好心得不到好报"，这就要求社区管理者做好忍辱负重的精神准备，任何时候都要冷静、理智地与工作对象交流，不能感情用事。

3) 敬业负责

社区管理者的奉献精神和忍辱负重的态度正是源于作为社区管理者的职业态度和事业心以及推动社会进步的职业追求。只有热爱自己的事业，持有对工作负责、对服务对象负责的态度，才能有效开展管理工作，才能够发挥专长，营造文明和谐的社区与和谐的社会。

2. 知识结构

社区管理工作内容繁杂，工作对象多种多样，因此社区管理者要具备广博的知识，才能胜任社区管理工作，这些知识主要包括政治理论知识、管理知识、专业知识、法律知识和公关知识等。这些知识可以帮助社区管理者深刻分析问题的性质、产生的原因、变革的规律以及解决策略，社区管理者的知识面越宽，就越能使自己的思维敏捷，提高工作效率。

1) 政治理论知识

政治理论知识是指马克思主义的基本理论，马列主义、毛泽东思想、邓小平理论以及江泽民"三个代表"重要思想、科学发展观、习近平新时代中国特色社会主义思想是指导我们事业的理论基础，是各项工作的指南，当然也是社区管理工作的指导思想。社区管理者之所以需要具有一定的马克思主义理论知识,是由社区管理工作必须服从于社会主义现代化建设这个大局所决定的,也是由管理者提高认识和解决社会问题的能力,做好本职工作的需要所决定的。

在我国,社区管理工作是社会主义现代化事业的一部分,它是通过解决社会生活中的许多实际问题,满足人民群众需要,促进社会经济发展和社会主义制度完善的一项工作,其根本目的是促进社会物质文明和精神文明建设。在社会转型时期,新事物、新问题层出不穷,我们要在工作中坚持社会主义方向,要在总结实践经验的基础上,探求社区管理的科学理论,研究社会中的实际问题。

2)现代科学管理知识

现代科学管理知识包括社会行政管理、组织行为管理、社区经济管理、科学的思想政治工作以及计算应用等内容。随着国民经济的不断发展,发展社区经济已成为社区的主要任务,社区经济的发展迫切需要一批懂经济、会管理、有经验的人才;同时,现代管理正朝着信息化、系统化、科学化的方向迅猛发展,计算机的普及对社区管理者提出了新的要求,只有懂得现代科学管理知识,才能够更好地开展社区管理工作。

3)专业知识

社区管理者应是其本身所直接从事的工作的行家里手,要使自己成为分管那部分工作的行家里手就需要在具备一定文学、历史、社会学、政治学等文化基础知识的基础上,具备一定的专业知识,具体包括以下内容:

(1)与社区工作有关的大政方针。必须明确与整个社区工作有关的大政方针,以便掌握全局,正确处理局部与全局的关系。

(2)业务知识。要熟悉自己分管的那部分社区工作,包括工作理论、工作方针、政策、法规及工作程序和方法。

(3)专业实践知识。要熟练地从事自己分管的那部分社区工作,就要求社区管理者不仅会说(懂理论、懂政策),而且还要会操作、能实践。

4)法律知识

为了适应我国社会主义现代化建设的发展,适应改革开放的新形式,社区管理工作必须从依靠政策办事,逐步过渡到既依靠政策又依靠法规办事的轨道上来,使社区管理工作"法制化"。为此,社区管理者必须拓展法律知识,做到依法办事。

社区管理者要履行为国家分忧、为百姓解困这一特殊使命,就必须坚持党的领导,通晓并坚持社会主义的法制规范,不仅要掌握宪法这部国家的根本大法,还要掌握《刑法》《民法》《婚姻法》《兵役法》《诉讼法》《行政法》《城市居民委员会组织法》《婚姻登记管理条例》《城市生活无着流浪乞讨人员救助管理办法》等法律法规,以便更好地开展社区管理工作。例如,行政法规知识对社区管理者而言意义非常重大,因为社区管理工作涉及许多有关部门,只有在各有关部门协调、配合下,社区管理才能不断地向前发展。要处理好各种社会关系,社区管理者必须懂得相关部门的行政法规知识,如人事、劳动、司法、文教、卫生等行政管理法规,因为这些行政法规规定了该行政机关的组织形式、职责权限、活动原则、管理制度和工作程序等,是该行政机关实施行政管理活动的重要法律依据。

5)公关知识

社区管理者掌握一些必备的公关知识有助于其更好地开展工作。

(1)社区管理者与社区服务对象之间的联系度,必须通过公共关系来增强。我国城市社区管理工作的服务对象非常广泛，除了鳏、寡、孤、独、老、残外，还包括其他社区居民。面对如此广泛的服务对象与复杂的工作内容，做好社区管理工作的关键之一就是服务者与被服务者之间要相互理解与合作。这种理解和合作并不是坐在办公室里就能做到的，只有通过公共关系，加强调查研究和沟通才能达到。

（2）要提高社区工作的社会效益和经济效益，必须通过公共关系取得有关方面的协调和合作。一方面，社区工作往往涉及多部门、多系统、多方面，所以广泛联系社会各界，发动社会各界，取得社会各界的理解、支持与合作，对开展社区工作是十分必要的；另一方面，社区工作的开展与社会问题的解决都需要一定的物质资源，社区管理者建立广泛的关系，就可以充分利用各种社会资源，从而促进社区工作的开展与社会问题的解决。

3. 技术能力要求

技术能力主要是指社区管理者与工作对象交往或帮助工作对象与其他人交往时所使用的各种能力，如工作能力、处理问题与解决问题的能力等，这些能力尤其与社区管理者的工作经验有关。具体而言，社区管理者应具有以下几方面的能力。

1）组织协调能力

社区管理的工作目标之一是将居民动员、团结起来，形成社区的凝聚力，同心同德实现社区的发展目标。因此，对社区管理者而言，组织协调能力就显得尤为重要。社区管理工作中，组织协调能力的运用主要体现在以下几方面：一是帮助社区解决问题，社区管理就是通过社区管理者与社区居民的接触，鼓励全民参与社会事务，参与解决社区问题，增进社区归属感；二是挖掘社区资源，通过社区管理者的协调，使社区资源更有效和公平地运用于社区。社区工作以人为本，在不同的历史阶段内的每个人都有各自不同的奋斗目标，这些目标之间往往并不十分协调，甚至会出现矛盾和冲突，社区管理者的任务就是善于发现，调动和发挥每个人的特点和积极性，把社区不同要求的居民和单位恰当地组织起来，保证社区这个大系统内的各要素都处于良好的配合状态，以获得更高层次的整体合力，有效地实现社区建设的整体目标。

2）社会交往能力

由于工作的需要，社区管理者往往接触各种不同年龄、性别、民族、背景、职业的居民，并与他们建立关系，了解他们的问题和需要，把他们组织起来共同研究、策划和推进工作。不同阶层、不同职业群体的社区居民的生活方式也有相当大的差异，所以要求社区管理者具备与各类社区成员交往的能力，此外，为了更好地开展社区管理工作，社区管理局还必须与社会资源占有者打交道，包括政府有关部门的官员、辖区企事业单位的领导以及那些富有的捐款人等，这些都需要具有特殊的交往能力。此外，社区管理工作的开展要经历不同的工作阶段，而工作过程也会时时受到各种因素的影响，随着居民态度、行为的改变，交往的方式和技巧也要发生变化。

所以说，社区管理是一项复杂的工作，会涉及很多问题，例如利益冲突问题、人际关系问题、法律问题、合作与协商问题、与社区内各类组织和单位的关系等。社区管理工作的开展也相当复杂，不但要求问题得到解决，更重要的是要推动社区居民通过活动和工作得到发展和成长，这些都要求社区管理者具有较强的社会交往能力。

3）应变创新能力

应变力是一种在事物发展的偶然面前善于随即处置的能力，客观事物本身就是复杂多变的，尤其是在新事物、新问题层出不穷的今天，随机应变的能力就是要能够适应不断变化的社会,特别是在执行上级决议和实施方案的过程中随时注意情况的变化和信息的反馈,不失时机地调整方案。

创新力是指在实践中,充分利用自己的聪明才智,发现新事物、研究新事物,解决新矛盾、开拓新途径、产生新思想和物质成果的能力。我国当前的社区管理工作,在很大程度上是一种开拓性、创造性的活动,具有创新能力的社区管理者能够从别人习以为常的事物中发现矛盾,提出问题。进而产生强烈的探索动机,经过联想、反想、推理,获得独特而新颖的认识,以这种认识指导社区工作,使社区工作突破常规,别开生面。

4)社会调研能力

社会调研能力就是在掌握社会调查研究基本理论的基础上,能够深入实际,运用科学方法探究客观事物及其规律的能力。社会调查研究是我党的优良传统之一,作为社区管理者,更应该具备调研能力,因为关于社区工作的政策、方针的酝酿和制定,有相当部分是从调研开始着手的,作为基层工作人员,社区管理者通过调查研究,综合分析社会生活中存在的一部分问题,写出调研报告。一方面可以报送上级机关,为上级领导部门制定政策提供依据;另一方面也可以依据党和政府既有的方针、政策,提出解决问题的措施和办法,并在工作实践中贯彻执行,推动社区工作良性发展。社会调查能力具体表现在社会研究课题的设计与组织能力、运用社会调查方式的能力、收集资料和整理资料的能力三个方面。

5)文字表达能力

文字表达能力就是将自己的实践经验和决策思想,用文字表达的方式使其系统化、科学化、条理化的一种能力。社区管理者具有较高的文字写作能力,能帮助自己更好地总结经验教训,抓好作风方面的典型,推动社区工作的开展,同时也使自己比别人更迅速地处理各种公文和材料,从而提高工作效率。

6)口头表达能力

口头表达能力就是将自己的思想、观点、意见和建议运用最生动、最有效的表达方式传递给听者,对听者产生最理想的影响效果的一种能力。社区管理者面对的是不同职业、不同年龄、不同层次的社区居民,在与这些复杂人群打交道的过程中,社区管理者绝大多数时间都是通过自己的语言来宣传政策、阐明观念、教育居民的。这种能力包括三方面内容:一是在各种会议上的演讲能力;二是对不同对象的说服能力;三是面对复杂情况的答辩能力。

7)运用现代信息技术的能力

新技术革命的浪潮已经将人类社会推入信息时代,以微电子技术为基础,作为信息时代支柱的计算机技术已经成为现代办公的主要手段。人们借助计算机进行公文和信息处理,进行收集、交换、处理信息的工作,可以迅速提高工作效率,因此掌握现代信息技术,具备使用计算机技术的能力,是现代社区管理者能否胜任社区工作的重要标志之一。

4.3 社区管理者的教育和培训

4.3.1 社区管理者培训的目的

社区管理者培训的基本目的在于"使人适事",即通过培训使社区管理者在各方面能够适应所任职位的要求。根据侧重点,这一目的又可以分为以下四个具体目的。

(1)传递信息。通过培训社区管理者可以使其了解本社区在一定时期内的状况,熟悉本社区的特点。

(2)改变知识。通过培训社区管理者可以使其初步了解本社区文化,接受本社区的价值观念,按照本社区中普遍的行动准则来从事管理工作。

(3)更新知识。通过培训社区管理者可以使其及时补充和更新科学、文化与技术知识。

(4)发展能力。通过培训社区管理者可以使其提高自身决策、用人、激励、沟通等方面的管理能力。

4.3.2 社区管理者培训的种类

社区管理者培训的种类很多,我们可以从不同的角度对其分类。

1. 按培训的对象分类

根据培训的对象不同,社区管理者的培训可以分为在职的管理人员培训和即将任职的管理人员培训两种类型。其中,即将任职的管理人员培训又称职前教育,它是指为把社区管理者介绍到社区中去,向他们提供成为合格的社区管理者应具备的知识、技能和态度等所展开的一系列教育活动。借助社区管理者的职前教育,可以使即将任职的社区管理者减少焦虑感,消除不安情绪,增加归属感,从而可以尽快融入社区中。

2. 按培训的方式分类

根据培训方式的不同,社区管理者培训可以分为在职培训和脱产培训两种类型。这两种培训类型特点不同,适合承担不同的培训任务。

1)在职培训

在职培训即通过日常的管理工作实践来锻炼和培训社区管理者的方式。与脱产培训方式相比,该方法具有简便易行、费用较为经济、培训内容与实际运作结合紧密的特点,因此,它较为适合对社区管理者进行态度改变与技能培养的培训。在职培训方式的具体形式主要有管理职务轮换、委以助手职务和设置临时职务等形式。

(1)管理职务轮换。即让社区管理者依次分别担任同一层次不同职务或不同层次相应职务的培训形式。该方法能全面培养管理者的能力,开阔其眼界,促使其认识自身的优缺点,使管理者按其所长确定其合心意的管理职位。这样不仅可以使管理者掌握社区的管理全貌,而且可以培养他们的协作精神与系统观念,使他们明确社区系统体系的各部分在整体运行与发展中的作用,从而在解决具体问题时,能自觉地从系统的角度出发,处理好局部与整体的关系。

(2)委以助手职务。即通过安排有培养前途的社区管理者担任主管领导的助手,使其在较高层次上了解并通过授权参与各项高层管理工作的培训形式。社区通过设置助手职务不仅可以减轻主要负责人的负担,使其专心致志于重要问题的考虑和处置,而且还具有培训和提拔管理人员的好处。

(3)安排临时职务。当社区中的某个部门的主要管理人员由于出差、生病或度假等原因而使某个职务在一定时期空缺时,则可考虑让受训者临时担任这项工作。安排临时性的代理工作具有与设立助理职务相类似的好处,可以使受训者进一步体验高层管理工作,并在代理期内充分展示或迅速弥补他所缺乏的管理能力。

2)脱产培训

脱产培训即社区管理者暂时脱离工作岗位,专门到有关培训机构接受培训的方式。与在职培训方式相比,该方式具有系统性强、能较为全面地接受管理理论和管理方法等特点,因此,它较为适合对管理人员进行社区管理相关知识的更新和补充的培训。其具体形式包括管理人员定期脱产轮训、到高等院校接受正规教育等方式。

4.3.3 社区管理者培训的内容

从中国政治、经济和社会的发展看,社区管理者的培训应着眼于以下几个方面。

1. 社会政策的分析能力

近年来,随着我国社会保障制度的完善,政策的执行已基本落实在街道和居委会层面,以最低生活保障制度为例,目前城市贫困家庭的实际经济状况的调查和审核都由社区承担。此外,还有许多新的社会政策也不断出现,因此要求社区管理者掌握社会政策并具有分析能力,学习从不同的角度分析社会政策的优劣,以便更好地执行社会政策,并为社区居民争取更加合理的政策。

2. 基层动员的能力

社区管理者应积极了解我国政治形势的发展和政府行政体制的运作,学习与各种单位、团体打交道的技巧,以便能争取更多的政府与社会资源来支持社区建设工作。社区管理者也应协助社区居民委员会强化其"自治"功能,广泛动员居民参与社区事务,提高社区自治组织的政治参与和监察的能力。

3. 综合社会服务的能力

社区管理者的主要工作对象是弱势群体,这一群体多抱有悲观、认命的心态,为此,社区管理者要深入了解他们的需要,协助解决他们的实际生活困难,为他们争取更多的社会支持,倡导社会互助和关怀的精神,教育社区居民建立关怀社区的重要性。在我国,社区主要是一个"服务平台",社区管理者要能进入社区开展工作,开展社区康复、社区矫治、社区青少年和社区老人多元化服务,帮助这些工作对象关心社区、参与社区事务,并组织他们争取权益,提升他们的社区意识。

4. 社区管理价值观

社区管理工作强调对社会的责任,其中涉及一些价值体系和意识形态,如平等、公正、民主、人权、参与、自觉等,社区管理者对社区管理工作价值观、意识形态的认识有助于促进社区管理者的个人成长和社区管理工作使命感的建立。如果社区管理工作的教育只强调知识和技巧的传播,忽视了社区管理工作价值观的灌输,培养出的社区管理者只是一些懂得如何去做的技术人员,他们对社区管理工作的投入程度将会大打折扣,也势必会造成社区管理者的流失。

4.4 社区组织的人员配备

人是社区最重要的、最宝贵的资源,是决定管理工作成败的关键因素之一。社区在构建了社区管理体制之后,还必须解决好社区组织的人员配备问题。科学地进行社区组织人员配备,努力实现整个组织中的各职位人与事的最佳结合,对保证社区管理工作高效运转具有重要作用。

人员配备就是用合格的人员对于社区组织结构中的职位进行填充和不断填充的过程。这里的"填充"指的是用合格的人员对于社区现有的职位空缺进行的安置;"不断填充"或称为"再填充",指的是为实现人与事的最佳组合而对社区组织内现有职位的人员进行的调整,包括提职、降职与调职等活动。

4.4.1 人员配备的过程

人员配备的过程就是由社区管理者的"填充"和"不断填充"及其相关活动构成的统一体。它主要包括以下几个步骤。

1. 确定配备人员的要求

配备人员的要求就是指拟配备人员的类型、数量和素质等方面应具备的条件,它是实施人员配备活动的依据,也是检查人员配备、选拔活动效果的根本标准。因此,进行社区人员配备活动,必须首先准确地确定需要配备人员的要求。

2. 人员选拔

人员选拔即社区管理者的"填充",也就是根据配备人员的要求从应聘人员中挑选出称职的人员,并明确其职务活动。

3. 人员培训

人员培训是对即将任职的或在职的社区管理者进行的教育、培养与训练活动。通过人员的培训,可以使社区管理者更加适合职位要求,从而更好地履行岗位职责。

4. 人员考评

人员考评是对社区管理者履行职责的实际状况进行的考核与评价活动。通过人员考评,可以了解和把握个人主管的实际情况,从而为人员培训与调整提供依据。

5. 人员调整

人员调整即"不断填充",也就是对现有职位的人员所进行的提职、降职、调职、辞退等活动。通过持续的人员调整,有利于实现人与事的最佳结合。

4.4.2 人员配备的原则

1. 职务要求明确原则

人员配备的目的是以合适的人员去完成组织结构中规定的各项任务。若职务不明确,人员配备就没有依据,就不能以合适的人员去充实这些职位,就不能做到因事设人,就不能发挥个人所长,也不能做到量才录用、人尽其才;同时,职务不明确,就无法了解人员在组织中某个特定职务的相对重要性及其任务,也就无法考评他所取得的成果,也无法对人员有目的地进行培训。

2. 责、权、利一致原则

人员必须有足够的权力才能担当相应的责任,才能实施它的计划,这个权力很大程度上表现的是自主程度。职责就是人员的工作任务,同样也是他的义务。职责是考评有相应权力的人员的主要内容,因为职务必须是由人来填补的。显然,在规定职责时不许把那些诱导人们去工作的诸多因素,如新晋地位、权力、自主权限和完成职责的可能性考虑进去。人员也必须得到与其权、责相应的待遇,既包括物质上的也包括精神上的。这种"利"不仅是人员完成任务的保证,也是对其本人及其周围的人的激励因素。只有权、责、利相一致,才能使人员紧盯目标,竭尽全力地去完成组织赋予它的使命,真正发挥人员的作用,从而避免"有职无权"、职责不明的现象和权、责、利不相符的情况。调动人员的积极性,应是实现社区组织目标的重要环节。

3. 用人之长原则

一个人只有在最能发挥才能的岗位上,才能干得最好,才能使组织获得最大的收益。因此,在进行人员的配备时,必须根据职务的明确要求寻找合适的人选。并不是指那些在各方面都完美无缺的人,而是相对于特定职务而言候选人的长处适合这个特定的职务。

4. 不断培养原则

与现在提倡的终身教育一样,社区中的高层管理者必须注意对基层管理者和中层管理者的培养,本人也要寻求培养的机会和进行自我培养以适应社会的发展,这是人员配备过程中始终要牢记的。

4.4.3 人员配备中应注意的问题

概括来说,社区的人员配备主要包括四方面的内容,即识别人、培训人、使用人和评价人。但这四个方面不是相互孤立的,而是相互交叉、相互影响的。

1. 识别人

选人者本身要具有较高的素质和相应的人才选拔的专业知识,否则人才的选择与鉴别将无从谈起。选人者要避免以下不足:

(1)武大郎开店——高的一概不要。这是在社区选拔人才过程中经常出现的现象,一些社区主任由于自己年龄偏大、学历偏低,特别害怕高学历的年轻人进来会取代自己,因此在选拔过程中以各种方式极力阻挠。这种嫉贤妒能的行为,会造成极大的人才浪费。

(2)瞎子摸象——盲目地选人。选人者本身由于受到自身素质的限制,对人才标准缺乏正确认识,盲目、被动地乱选一通,往往选来的人才并不是社区所需要的。

(3)一味求数量——被选者多多益善,有更大选择余地。这样固然有助于选到满意的人员,但应注意信息过多不仅会造成时间浪费,也会经常产生疏漏,或者干扰正确的决策。

(4)被选者的结构层次失衡,某一方面的人才过于集中,而其他方面却无人可选。要充分考虑社区管理者队伍的知识结构、专业结构、年龄结构,根据社区自身的特点,确定合理的人才需求,确保队伍结构的合理性,使人才配置达到最优。

2. 培训人

培训人的工作相当复杂,在培训人的过程中,应注意以下几点:

(1)区分不同的培训对象,坚持因材施教;

(2)突出实用性,联系社区的实际工作;

(3)避免培训完的人不从事相应工作,造成浪费。

3. 使用人

(1)要量才使用,避免"大材小用"或"小材大用"。做到将合适的人,在合适的时候,安置到合适的位置,调动人才的积极性,充分发挥出每个人的最大潜能。

(2)工作丰富化。定期重新分派工作,避免因工作的单调重复而让社区管理者失去乐趣。

(3)多劳多得,优质优价。要促使社区管理者不仅对过程负责,更要对结果负责,鼓励他们积极工作,根据工作质量的好坏给予一定的奖励或处罚,如可以适当地发放一些奖金或者带有奖励性质的活动实施奖励。

4. 评价人

作为一个合理的管理人员评价系统应具备以下要求:

(1)一致性。一致性是指评价指标必须与社区组织的目标相一致。因为评价指标是被评价人员的"指挥棒",如果期望被评价人员的行为与素质符合实现组织目标的要求,就必须使评价指标与组织的目标相一致。

(2)完整性。完整性是指评价指标必须能够全面反映被评价人员的行为与绩效的情况。缺乏完整性的指标只能反映被评价者的活动及其影响的局部。绩效指标缺乏完整性也会使组织成员"愚弄"系统,采取那些更有利于改进局部指标的行动而不去追求组织整体指标的最优。

(3)可控性。可控性是指评价指标应尽量是被考评人员的努力可以影响的指标。如果考评指标受到"外部"因素的影响比较大,人们的努力就会被这些不可控因素所压倒,进而失去了努力工作的信心。

本章小结

1. 社区管理者就是通过对社区资源的合理分配使用,协调社区中的各个部门、机构和社区居民,一起实现社区工作目标的人。

2. 社区管理者的素质是指社区管理者在社区管理工作过程中获得的、在从事社区管理过程中经常起作用的那些内在要素的总和。社区管理者的素质包括一般要求和具体要求,其中一般要求包括从事管理工作的欲望、必要的管理技能、良好的道德品质和健康的身体素质,具体要求包括工作态度、知识结构和技术能力要求。

3. 社区管理者培训具有传递信息、改变态度、更新知识、发展能力的功能。社区管理者培训的内容包括社会政策的分析能力、基层动员的能力、综合社会服务的能力、社区管理价值观。

4. 人员配备就是用合格的人员对社区组织结构中的职位进行填充和不断填充的过程。人员配备的过程主要包括确定配备人员的要求、人员选拔、人员培训、人员考评和人员调整等几个阶段。人员配备的原则包括职务要求明确原则、用人之长原则、不断培养原则和责、权、利一致原则。

思考题

1. 一个优秀的社区管理者的素质应包括哪些方面?
2. 社区管理者培训的内容有哪些?
3. 社区管理人员配备的原则是什么?

典型案例

吉林省长春市宽城区群英街道办事处
——街道办事处的全方位服务管理模式

群英街道办事处区域开发较早,原中东铁路宽城子车站就在办事处管区二道沟一带。

1898—1946年,该区域分别为俄国附属地和日本"满铁"附属地;几经变迁,1960年正式成立"群英人民公社";1980年撤销公社体制,将"群英人民公社"改名为"群英街道办事处",沿用至今。现辖区内有全国知名物流企业"长春钢材中心交易市场"、国内仪表行业龙头企业"长春锅炉仪表程控设备股份有限公司""广西北生药业长春市凯旋制药分公司"等全国知名企业;群英还拥有长春市第四中学、长春市朝鲜族中学、铁路中学、铁北医院等6所教育医疗机构;春城游泳馆、新龙洋海水游泳馆、君子兰公园等全市大型群众健身休闲娱乐场所也坐落于此。

1. 社区教育文化工作

以2015年为例,群英街道办事处为街道文化站和社区活动场所全部铺设地胶,所属5个社区80%的社区用房面积用于为居民服务和开展活动场所。劳动节期间在宽城区文化馆的支持和协助下举办了"群英街道促和谐求发展'百姓大舞台'大型会演"活动,参加人数500余人,所有节目均由各个社区选送,给辖区居民带来了一次丰盛文化盛宴。此外,街道办事处利用市创业学校对社区内的下岗失业人员进行岗位技能培训及相关业务培训,取得了较好的效果。开展送课进校园活动,根据现阶段青少年的发展特点,群英街道办聘请了法理学教授,多次到社区开展道德法制报告。

2. 社区治安工作

在社区内形成了警民结合,军民结合,群防群治的治安防范网络。建立上下贯通,纵横交错,全方位、多层次的治安防范网络系统,从居民到家庭、到队伍,扎扎实实做好群众教育工作,减少和预防各类案件和事故的发生。

群英街道办为了加强平安创建工作,一是加大宣传力度,营造浓厚氛围。在火车站、学校、居民活动广场及重点路段等人员密集场所开展平安创建工作宣传,进一步提升了人民群众的安全感和满意度。如2015年6月14日在宽城区万达广场开展"三官一律"宣传活动,向居民发放宣传手册200余份。二是加强矛盾纠纷排查,截至目前,群英街道办依托百姓说事点共排查调解各类纠纷112起,调解率99%,成功率达98%。三是加强法律宣传教育,全街共举办妇女儿童维权、农民工维权、残疾人普法等各类普法活动15次,其参与人员共计1200余人。四是制作宽城区社会服务管理、平安建设网格公示板303块,将网格长、综治协管员、网格民警电话进行公示,张贴在每栋居民楼外侧,方便居民了解。

3. 社区服务工作

群英街道办事处在各个社区办公楼内设有一站式办公大厅,并尽最大可能实现政务公开,方便居民,提高工作的透明度。社区内设市民创业学校,对下岗再就业人员进行技能培训,全年培训40人,人力资源市场为下岗再就业人员提供就业岗位102个,实现就业505人。社区内设有医疗服务站,为社区居民提供了就近就医的便利,实现了小病不出社区。社区设有阳光超市、捐助站,积极做好"扶贫""助残"工作,并且对外地人员也尽可能给予帮助。除此之外,社区还内设有多功能娱乐室、文体活动室、图书室、书画室、党员之家、健身室等以便于居民活动。

另外,基层党组织在社区服务工作中也贡献出巨大力量。近年来,长春市宽城区以社区党建网格化管理为平台,精心打造"红马甲"党建服务品牌,培育有区域特色的党建工作载体,基层党组织精细服务取得成效。

4. 社区党建工作

群英街道办力求让所有社区的党员同志都能在社区建设中发挥其应有的作用;努力扩大

党组织在社区的影响力;加强党与群众的联系;树立党组织的威信;提高社区党组织的中心地位;从而坚固党的执政能力。在社区辖区内有机关、事业单位党员,有企业党员,还有流动党员,群英街道办从系统的管理理念思考,把这些党员放在社区这个大系统中来,创建能使每个党员都能在社区发挥作用的双向互动式组织结构的管理机制,实行分类管理。

问题:
1. 案例中的街道委员履行了哪些职责。
2. 请结合实际,思考现实生活中街道委员会还有哪些职责。

第5章 社区环境管理

学习目标

通过本章学习,掌握社区环境的概念及社区环境的构成;掌握社区环境污染的含义、种类及危害,了解治理社区环境污染的对策与措施;掌握社区环境建设与管理的主要内容;了解目前我国社区环境建设与管理工作存在的主要问题及进一步加强社区环境建设与管理工作的措施与方法;了解绿色社区的概念、功能、构建要素以及建构途径。

关键概念

社区环境　社区环境污染　社区环境建设与管理　绿色社区

导入案例

武汉市百步亭花园社区

始建于20世纪90年代中期的武汉市百步亭花园社区,经过多年的探索和努力,形成了"建设、管理、服务"三位一体的社区管理模式,创新了"党的领导、政府服务、居民自治、市场运作"的社区运行机制,实现了管理服务完善、治安秩序良好、生态环境优美、人际关系亲密、社会风尚文明、群众安居乐业的可持续发展,创建了一个具有中国特色和地域特点的幸福和谐、文明祥和的社会主义新型社区。

武汉市百步亭花园社区总面积7平方公里,规划入住人口30万,社区坚持"以人为本、以德为魂、以和为贵、以文为美"的理念方针,坚持居民自治的管理方法,独创建设、管理、服务"三位一体"的百步亭式社区管理模式,被评为全国社区建设示范社区。一直以来,百步亭花园社区贯彻实施绿色生态的理念,按照可持续发展的理念,综合考虑社区的生态效益,合理规划布局,社区文明和谐,人际关系良好,服务管理完善,基础设施齐全,群众安居乐业,真正让居民买得安心、住得放心、生活得舒心。社区内有商业街铺、快餐食堂、集贸市场、大型酒店、大型健身房、中小学校以及幼儿园等。百步亭花园社区采取"企业服务社区"的管理方式,组建安居物业公司,对社区进行直接管理,致力于打造一个"绿色社区、安全港湾、温馨家园"。社区环境管理包括社区人居环境管理、社区生态环境管理、社区人文环境管理以及社区制度环境管理。在社区人居环境管理建设中,包括居住系统管理、社区社会系统管理以及社区基础设施环境管理。社区生态环境管理包括大气环境管理、社区绿地管理以及水环境管理。社区人文环境管理主要包括年文化、亭文化等文化环境管理、文体活动管理以及人文教育管理。社区制度环境管理是必不可少的,建立社区物业管理制度以及社区服务制度环境管理。百步亭花园社区得益于创新体制,社区环境管理才得以发展,才更好地创建成为和谐社区。

5.1 社区环境概述

5.1.1 社区环境的含义

1. 环境的概念

理解环境的概念是学习社区环境的前提和基础,环境是指围绕着某一事物并对该事物会产生某些影响的所有外界事物,是相对并相关于某项中心事物的周围事物。我国《环境保护法》第二条规定:"本法所称环境,是指影响人类生存和发展的各种天然的和经过人工改造的自然因素的总体,包括大气、水、海洋土地、矿藏、森林、草原、野生动物、自然遗迹、人文遗迹、自然保护区、风景名胜区、城市和乡村等。"

2. 社区环境的含义

所谓社区环境是相对于作为社区主体的社区居民而言的,它是社区主体赖以生存以及社区活动得以产生的自然条件、社会条件、人文条件和经济条件的总和。它可理解为承载社区主体赖以生存及社会活动得以产生的各种条件的空间场所的总和,它属于物质空间的范畴。

人们对社区环境的理解有广义和狭义之分。广义的社区环境可以理解为一般意义上的社区环境,即把社区作为主体,研究社区的外部环境状况对社区的影响;狭义的社区环境可以理解为特殊意义上的社区环境,即把居住在某一特定社区的居民作为主体,研究社区范围内一切与居民生活密切相关的各种环境因素对社区的影响。本书中所讨论的社区环境是指狭义的社区环境。

5.1.2 社区环境的构成

1. 广义的角度

从广义的角度看,社区环境是指"社区的外部环境",社区环境由社区自然环境与社区社会环境两个方面构成。

(1)社区自然环境。社区自然环境是社会之外非人工造成的环境。它包括大气环境(气温、雨量、气流)、水环境(海洋、江河、湖泊、地下水)、土壤环境(沙土、黏土、砾石)、生物环境(花卉、草地、树木、动物、微生物等)和地质环境(矿产)等。

(2)社区社会环境。社区社会环境是随着社区物质文化生活水平的不断提高而创造出来的社会经济基础和上层建筑的环境条件的总和。它包括政治环境(政治制度、政治气氛、法制及政府的政策、方针、路线等)、经济环境(经济制度、经济结构、经济发展水平、投资环境)和社会环境(建筑园林、公共文化设施、服饰、社会心理、价值观、艺术道德、宗教、习俗及生活方式)。

2. 狭义的角度

从狭义的角度看,社区环境是指影响社区居民生活的环境因素,社区环境由社区自然环境、社区社会环境和社区人文环境三个方面构成。

(1)社区自然环境。社区自然环境包括社会绿化环境、社区地理位置、社区清洁卫生环境和社区环境保护四个方面。

(2)社区社会环境。社区社会环境包括社区生活环境、社区治安环境以及社区精神文明建设等。

(3)社区人文环境。社区人文环境包括社区文化环境、社区人际关系和生活习惯等。

5.1.3 社区环境污染及其危害

1. 社区环境污染的含义

社区环境污染是指由于某种物质或能量的介入,使社区环境质量恶化的现象。能够引起社区环境污染的物质被称为污染物,如二氧化硫等有害气体,铅、汞等重金属等。污染物质对社区环境的污染,有一个从量变到质变的发展过程,当某种能造成污染的物质的浓度或其总量超过社区环境的自净能力,就会产生危害,社区环境就会受到污染。能量的介入也会使社区环境质量恶化,如热污染、噪声污染、电磁辐射污染等。

社区环境污染既可由人类活动引起,如人类生产和生活活动排放的污染物对社区环境的污染;也可由自然的原因引起,如社区土壤中某种元素的含量偏多会污染社区的土壤与水体,危害社区居民健康。本书所指的社区环境污染主要是指人类活动造成的污染。

2. 社区环境污染的种类及其危害

1)大气污染及其危害

大气污染通常是指由于人类活动或自然过程引起某种物质进入大气中,呈现出足够的浓度,达到足够的时间,危害了人类的舒适、健康、福利或环境的现象。与大气污染有关的,导致城市社区大气变化的一个突出问题是"热岛效应"——城市市区的气温明显高于郊区的热聚焦现象。一般情况下,城乡水平气温差为 2~3℃,大气污染的危害还表现在其他许多方面。

(1)危害人体健康。大气污染对人体的影响,首先是感觉上不舒服,随后是生理上出现可逆性反应,再进一步就会出现急性危害症状。大气污染对人的危害大致可分为急性中毒、慢性中毒、致癌三种。

(2)危害工农业生产。大气污染物对工业的危害主要有两种:一是大气中的酸性污染物和二氧化硫、二氧化氮等对工业材料、设备和建筑设施的腐蚀;二是飘尘增多给精密仪器、设备的生产、安装调试和使用带来的不利影响。大气污染对工业生产的危害,从经济角度来看就是增加了生产的费用,提高了生产成本,缩短了产品的使用寿命。大气污染对农业生产也造成很大危害,酸雨可以直接影响植物的正常生长,又可以通过渗入土壤及进入水体,引起土壤和水体酸化、有毒成分溶出,从而对动植物和水生生物产生毒害,严重的酸雨会使森林衰亡和鱼类绝迹。

(3)影响天气和气候。颗粒物使大气能见度降低,减少到达地面的太阳光辐射量,尤其是在大工业城市中,在烟雾不散的情况下,日光比正常情况减少 40%,高层大气中的氮氧化物、碳氢氧化合物和氟氯烃类等污染物使臭氧大量分解,引发的"臭氧洞"问题成了全球关注的焦点。从工厂、发电站、汽车、家庭小煤炉中排放到大气中的颗粒物,大多具有水汽凝结核或冻结核的作用,这些微粒能吸附大气中的水汽使之凝成水滴或冰晶,从而改变了该地区原有降水(雨、雪)的情况。人们发现在离大工业城市不远的下风向地区,降水量比四周其他地区要多,这就是所谓的"拉波特效应",如果微粒中夹带着酸性污染物,那么在下风地区就可能受到酸雨的侵袭。大气污染除对天气产生不良影响外,其对全球气候的影响也逐渐引起人们关注。

2)水污染及其危害

随着工业化的兴起和发展,人类的生产与生活活动向水体中排入大量的污染物质,这些污染物质使水体的物理性质、化学性质或生物群落组成成分发生变化,从而降低水体的使用价值,这种现象称为水污染。社区的水污染源主要是生活污染、工业污染、交通污染和农业污染,水污染的危害表现在许多方面。

(1)危害人体健康。水是人体机体主要的组成成分,人体的一切生理活动,如营养输送、温度调节、废物排污等都要靠水来完成。人引用被污染的水或吃了污水污染的食物,就会危害健康。如饮用水中氟含量过高,会引起牙齿珐斑及色素沉淀,严重时会引起牙齿脱落。相反,含氟量过低时,会发生龋齿病等。人畜粪便等生物性污染物处理不当,也会污染水体,严重时会引起伤寒、霍乱、痢疾等细菌性肠道传染病和某些寄生虫病。

(2)影响工业生产,如水质恶化会影响工业产品的产量和质量。

(3)影响农业、渔业生产。农用用水的质量对农作物生长发育的影响,不仅表现在数量上,而且也表现在质量上。使用受污染的天然水或直接使用污水灌溉农田,就会破坏土壤品质,影响农作物的生长,造成减产,甚至颗粒无收。水也是水生生物生存的介质,当水受到污染,就会危及水生生物生长和繁衍,并造成渔业大幅度减产。

3)固体废弃物污染及其危害

城市固体废弃物俗称垃圾,主要包括食品垃圾、普通垃圾、建筑垃圾、清扫垃圾等。一般来说,城市每人每天的垃圾量为1~2千克,其多寡及成分与社区居民的物质生活水平、习惯、废旧物资回收利用程度、市政建设情况等有关,如国内的垃圾主要为厨房垃圾。有的城市,固体废弃物中炉灰占70%,以厨房垃圾为主的有机物约占20%,其余为玻璃、塑料、废纸等。固体废弃物污染对社区环境的污染主要包括水体、大气、土壤三个方面的污染。

(1)对水体的污染。固体废弃物进入水体会影响水生生物的繁殖和水资源的利用,甚至会造成一定水域内生物的死亡。堆积的废物或垃圾填埋场等经雨水浸淋,其浸出液和滤涸液也会污染水体。

(2)对大气的污染。堆积的固体废物和垃圾中的尘粒随风飞扬,臭气四溢,污染大气。

(3)对土壤的污染。固体废弃物及其滤出或滤涸液中所含的有害物质会改变土壤结构和土质,影响土壤中微生物的活动,妨碍植物生长,有时还会在植物体内积蓄,在人畜食用时会危及人畜健康。

4)噪声污染及其危害

声音是人类传递信息的一种载体。随着人们生活和生产活动的多样化,出现了一些妨碍人们正常生活与工作、令人们感到不愉快的声音,人们称为噪声。噪声对人们的生活和工作环境造成的不良影响,谓之噪声污染。社区噪声污染的来源主要有工业噪声、建筑施工噪声、交通噪声、生活噪声等方面,噪声污染的危害很大。

(1)影响人的听力。长期在强噪声环境下工作,人的听力将会受到影响,甚至损伤而失聪。

(2)影响人的心理。吵闹的噪声使人厌恶、烦恼,精神不集中,会降低人们的工作效率,妨碍人们的休息和睡眠等。在强噪声环境下,容易掩盖危险信号,分散人的注意力,发生工伤事故。据世界卫生组织估计,美国每年由于噪声的影响而带来的工伤事故、怠工和低效率所造成的经济损失将近40亿美元。

(3)影响人的生理。如果人们暴露在140~160 dB的高强度噪声下,就会使人的听觉器官发生急性外伤,引起鼓膜破裂流血,螺旋体从基底急性剥离,致双耳完全失聪。长期在强噪声下工作的工人,除了耳聋外,还有头昏、头疼、神经衰弱、消化不良等症状,并导致高血压和心血管疾病等。噪声还会使少年儿童的智力发展缓慢，对胎儿也造成危害。

（4）影响人的睡眠。噪声影响睡眠的质量和数量，连续噪声可以加快熟睡到浅睡的回转，使人熟睡的时间缩短，突然的噪声可使人惊醒。140 dB 的连续噪声可使 10％的人受到影响；70 dB 时可使 60％的人受到影响；突然噪声达 40 dB 时，使 10％的人惊醒；噪声达 60 dB 时，可使 70％的人惊醒。

（5）影响人的交谈、工作和思考。噪声能掩蔽谈话声音而影响正常交谈、通信，也能遮蔽警报信号，影响安全。

3. 治理社区环境污染的对策

1）加强社区环境保护的宣传力度，提高各类社区主体的环保意识

（1）提高各级干部的社区环保意识，要利用社区党校、社区夜校、社区科普中心等社区教育阵地，把社区环境保护纳入干部教育培训的内容之中；要通过各种宣传媒体，及时向广大干部宣传国家的环境保护方针、政策、法律、法规制度，增强危机感和责任感，使各级领导树立"要金山银山，也要绿水青山"的科学发展观，自觉把环境保护摆到重要位置，自觉贯彻执行环境保护的法律、法规。

（2）提高公众的社区环保意识和"创模"（创建环保模范城区）的知晓率。积极推动创建"绿色社区""绿色学校"活动的开展，进一步提高中小学、幼儿园环境教育的普及率。要通过环保宣传栏、有奖问答、文艺表演等形式，宣传社区环保知识，宣传绿色消费，发动多方力量参与社区环境保护工作，使社区居民了解环境保护法律、法规和环保工作的基本常识。

（3）提高企业严格执行环保法律、法规和相关政策的自觉性。要开展政府部门和企业之间的对话，明确市、区产业发展与调整的重点领域、行业和产品种类，为产业布局和企业投资提供指导性意见。对新引进企业实施高标准、严要求的环保政策，防止新的工业污染的产生。制定鼓励发展产业名录及实施限制和限期淘汰产业名录，引导社区集体企业采用新工艺、新技术以降低原材料和能源的消耗，减轻社区环境污染。

2）加强对社区内环境污染的监控力度，减少污染的排放

（1）防止固体废弃物污染社区环境。禁止社区居民随便丢弃包装制品垃圾、垃圾袋等，防治"白色污染"；禁止居民乱倒生活垃圾和装修垃圾；实行垃圾收集袋装化，由保洁人员集中清理；建立垃圾堆放设施。

（2）防止污水污染社区环境。禁止社区居民向室外倾倒生活污水和粪便；禁止损坏社区污水处理设施和化粪池设施；禁止向地下水管道排放杂物，防止堵塞造成污水溢流；禁止社区内从事饮食业、服务业的经营者向室外排放污水，造成社区环境污染。

（3）防止废气污染社区环境。住宅小区物业管理企业要加强集中锅炉排放烟尘的治理，配备除尘设备，推广使用少污染的环保式锅炉；禁止任何单位和个人在住宅区内随便堆放大量的煤炭、废渣、石灰、水泥、沙石等，防止粉尘污染周边环境；禁止在社区内焚烧生活垃圾、装修垃圾、沥青、废塑料等，防止有害气体污染社区环境；禁止在社区内露天设煤炉经营快餐业和烘烤业，防止煤烟、油烟污染社区环境；加强对社区内饭店、洗浴中心排烟除尘设备的检查，对不达标、不具备排烟除尘设备的禁止开业；加强对社区内排污设施、化粪池设施的维护和管理，防止泄漏造成恶臭气污染社区环境。

（4）防止噪声污染社区环境。加强社区内歌舞厅、练歌房、酒吧、公共娱乐场所和居民家庭音响设备的管理，禁止噪声超标排放，干扰居民休息；禁止在夜间从事建筑工程施工和居民家

庭装饰施工,避免噪声影响居民睡眠;禁止汽车司机在居住区内鸣笛等。

3)大力兴建治污工程,缩小污染物的污染范围

对工业废水、生活污水要采取以水治水、死水变活、一水多用的方针,兴建污水处理的配套工程,治理社区的水污染问题。对不经处理或处理不达标而排放废水的企业、单位及个体户,要按照《环境保护法》的相关条款严加惩处。对城市垃圾的处理,要在城区街道两侧和居民区设置必要的果皮箱、密封式垃圾容器,以有效地收集垃圾,实现城市垃圾的集中处理。对新建、扩建、改进项目,严格执行环境影响评价制度和"三同时"(即环保设施和主体建设同时建设、同时施工、同时投入使用)审批制度,对不符合环保要求的项目实行"一票否决",禁止上马。

4)健全社区环境的管理体系,强化环境保护的责任意识

(1)完善社区环境管理的体制。将社区分配管理,明确环卫人员的分工范围和任务,做到责任到人、考核到人,由社区居民直接对本社区环卫工作人员的工作业绩进行年终评价,避免吃"大锅饭"、职责不清、相互推诿现象的发生。通过行政管理告知制度解决管理权和执法权相脱节的问题,由街道、社区向职能部门告知,协调好社区、环卫、城管、街道之间的职责分工,齐抓共管,形成合力,创造良好的市容环境。

(2)强化责任意识。城市管理是一项庞杂的工程,仅仅依靠城管队伍难以独立完成,要建立健全城管、规划、国土等部门多方面联合的工作例会制度、联络员制度、重点地区联合巡查制度、重大案件审会签制度、办案反馈制度等,在查处违法建设工作中,注重借助规划、国土、供水、供电、供汽、工商、环卫等相关部门的力量,经常互通信息,密切协作,形成查处违法建设的强大合力。

5.2 社区环境管理概述

5.2.1 社区绿化环境建设和管理

1. 社区绿化环境建设

社区绿化包括数量和质量两个指标,数量可以用绿化率表示,即社区中各类绿地的总面积占社区占地面积的比率,如北京市规定新建小区绿化率应在30%以上。绿化质量则需以园林设计、绿化树种等来考评。

社区绿化环境建设主要包括社区绿化植物种类的选择和植物种植的设计两方面。社区绿化植物主要有树木和花本两大类,我国土地辽阔,自然条件存在很大的差异,为了提高社区绿化质量,充分发展社区绿化的效益,各地在选择社区绿化植物种类时,应充分考虑每个社区的自然条件,特别是气候、水文和土壤条件。同时要结合绿化植物(树木、花草)的生态特征,因地制宜地进行规划。社区植物种植设计包括树木造景设计和草木花卉造景设计两个方面。树木的造景设计从形式上看,可以分为自然式配置和规划式配置两种。自然式配置以模仿自然、强调变化为主,具有活泼、愉快、优雅的情调。从形式上看,有孤植、丛植、群植等;规划式配置多以某一轴线为对称或成行排列,以强调整齐对称为主,它能给人以强烈、雄伟、肃穆之感,从形式上看,有对植、行植等。在社区绿化中,还常用各种草木花卉来创造形形色色的花池、花坛、花镜、花台、花箱等花卉群体装饰图案,他们多布置在公园、交叉路口、道路广场、主要建筑物之前和林荫大道、滨河绿地等风景视线集中处,能发挥装饰美化的作用,对活跃环境气氛、启迪人

们的思想都有重要的意义。

2. 社区绿化环境管理

1）加强宣传教育，防止社区绿化的人为破坏

要采取各种形式向广大社区居民进行护绿宣传教育，使人人都关心和爱护园林绿地。要制定相应的社区绿化管理制度，并在适当位置以宣传栏的形式公示，使社区居民遵守。要在开放式的绿地周边适当布置护绿警示牌，提醒居民不要践踏绿地，防止人为破坏绿地现象的发生。

2）加强对园林绿地的日常养护管理

要加强园林绿地的日常养护管理工作，对绿化植物定期浇水、除草、松土、施肥、整形修剪、防治病虫害、防风防冻等。要组建绿化管理队伍，配备绿化管理人员，购置绿化专用车辆、器具和物资，明确驻社区各单位在社区绿化管理中的职责任务，努力做好各自承担的社区园林绿地的日常养护，以巩固社区绿化成果。

5.2.2 社区清洁卫生环境建设和管理

1. 社区清洁卫生环境建设

社区清洁卫生环境建设的内容非常广阔，包括环境卫生队伍建设、环境卫生制度建设及环境卫生基本设施建设。三者中，环境卫生基本设施建设又是最具体、最重要的。因为环境卫生基本设施的建设，是做好城市社区环境卫生工作的基础。环境卫生基本设施建设又包括环境卫生公共设施建设、环境卫生工程设施建设和环境卫生作业场所建设三项内容。

环境卫生公共设施建设是指建立和设置公共厕所、化粪池、垃圾容器、垃圾房、果皮（废物）箱、配备环境卫生专用车辆（如洒水车、清扫车、垃圾清运车等）等。环境工程设施建设是指建立和设置垃圾转运站（房）、垃圾粪便无害化处理场、垃圾焚烧炉、废物粉碎机、废水脱干机、贮粪池、专用车辆停放场、洒水（冲洗）车供水器、车辆清洗站等。环境卫生作业场所建设是指环境卫生工作人员作业和休憩场所的设置，如环卫工人吃饭休息用房、环卫工具保管仓库用房等。

2. 社区清洁卫生环境管理

（1）成立"社区环境卫生管理联席会"。"社区环境卫生管理联席会"由政府有关部门、社区居委会、物业公司、民间组织、居民代表等组成，其职责是负责社区环境卫生管理工作和环境教育等工作。

（2）充分发挥家庭在社区清洁卫生环境管理中的作用，家庭作为社区的细胞，在社区清洁卫生环境管理中具有十分重要的意义，它不仅是社区清洁卫生环境建设的主体，更是社区清洁卫生环境的受益者。社区清洁卫生环境的建设与管理离不开每个家庭的积极参与，只有每一个家庭的绿色环保观念树立起来了，整个社区的绿色环保观念也就能树立起来。在社区清洁卫生环境管理中，应鼓励家庭积极参与，并带来具体的实施绿色环保的方案。

（3）多渠道筹集环卫经费。有足够的环卫经费是保证环境卫生质量的前提，为此，应积极想办法多方筹集环卫资金，一要全额收足经批准的规定费用，教育店主、单位和社区居民按规定缴纳相关环卫费，所收取的费用要做到专款专用，按照收支两条线的要求严格监督使用。二要加大政府的投入，市、区和街道各级都应重视社区清洁卫生环境建设，不断增加清扫补助经

费。三要鼓励社会各界资助环卫事业。四要根据共驻共建的原则,按照共同投资、共同受益的整体要求,争取辖区单位的投入。五要根据市场化原则,引入资金,在确保投资者根本利益的基础上,保证社区能够得到综合效益,确保社区清洁卫生环境有较大改观。

5.2.3 社区文化环境建设和管理

1. 社区文化环境建设

社区文化环境是指社区文化产生和运行的条件,社区文化赖以进行的文化设施设备,现代社区文化的存在、变化和发展所造成的文化氛围。目前,对社区文化环境的建设主要体现在对社区文化设施的建设上。社区文化设施主要包括剧场、影院、音乐厅、马戏杂技场、博物馆、图书馆、展览馆、艺术馆、文化宫、青年宫、少年宫、俱乐部、体育场馆、书店、公园、游乐场、风景区、游泳区、名胜古迹、城市绿地、科技馆、老干部活动中心、残疾人活动中心、青年之家、少儿活动中心、文化站、文化室、文化广场等。加强社区文化设施的建设要从以下几个方面考虑:

(1)考虑整个社区居民的需求,科学合理地配置文化设施和设备。只有这样,才能达到最大限度地满足社区居民文化需要的目的。

(2)根据社区的财力、物力和人力来合理规划,切不可盲目攀比。

(3)建设体现自己社区特色的文化设施和设备。只有这样,才能满足不同社区居民的不同需要。

(4)从社区文化系统的总任务、总目标出发来考虑,强调各类文化设施、设备的相互配合、相互协调,对文化设施和设备的使用进行适当调整、全面规划,以求得发挥社区现有文化设施、设备系统的最优化的效果。

(5)运用经济手段调动社区文化设施设备经营者的积极性,充分提高社区文化设施和设备的使用率,使他们最大限度地发挥应有的效益。

2. 社区文化环境管理

社区文化环境管理的内容主要有以下几方面:

(1)对社区文化市场的管理。要防止一些含有封建的、黄色的、落后内容的书籍、报刊等流入社区,腐蚀社区居民的思想观念、价值观念和生活方式;同时,也要防止有害的西方文化的涌入和传播。

(2)对社区文化设施的管理。要对文化设施和设备进行保管和维修,严格管理制度,有些设施和设备要尽可能地修旧利废、改造使用,最大限度地提高文化设施和设备的使用率,尽可能地延长文化设施和设备的使用期限。

(3)对社区文化活动的管理。保证社区文化活动能够为全体社区居民创造良好的精神生活条件,以满足社区居民不断提高的精神生活需求,从而实现社区文化活动与社区经济发展、物质文明发展同步,与社区政治发展相适应,与社区居民生活相协调,与居民的教育水准、文化素质相一致的目标。

5.2.4 社区治安环境建设和管理

1. 社区治安环境建设

社区治安环境建设是指在政府和公安部门的领导下,通过建立健全社会治安组织机构,依靠社区人民群众,预防、发现和控制各种犯罪活动,预防、查处各种治安灾害事故、治安案件和各种违反治安管理行为,保障社区内人民群众生命财产安全,为社区人民群众创造一个安定和谐的生活和工作秩序而开展的一系列治安管理工作。社会治安建设的内容主要包括三个方面。

(1)社区治安组织机构建设。它包括公安派出所和治安巡逻队建设、物业管理企业设立的保安组织建设、街道及社区居委会设立的治保会组织建设。

(2)社区治安设施建设。它包括治安岗亭建设、门卫建设、围墙建设、围栏建设、消防设施建设、停车场设施建设等。

(3)社区治安装备建设。它包括设置报警器、设置防盗门、远距离控制门锁、设置安全磁卡控制锁、设置闭路电视监视器和为治安管理人员配备必备的保安器具等。

2. 社区治安环境管理

社区治安环境管理是指在政府和公安机关的领导下,在街道、区居委会及物业管理企业的配合支持下,依照国家法律、法规,依靠社区人民群众,对社区治安秩序进行的行政管理和组织活动。社区治安环境管理的内容包括社区公共秩序管理、社区居民危险品管理、社区居民户口和身份证管理、社区道路交通管理、社区消防管理等。社区治安管理的目的是维护社区治安秩序,保证社区公共设施、设备安全和社区居民的生命财产安全,为社区居民创造一个安定、和谐的生活环境,促进和谐社区的建构。其具体任务是预防、发现、打击各种社区犯罪活动,预防、查处各种社区治安灾害事故,预防、处罚违反社区治安管理的行为。

5.2.5 社区生活环境建设和管理

1. 社区生活环境建设

社区生活环境建设是指社区基本生活设施的建设与社区综合服务设施的配套建设。社区基本生活设施的建设与管理的内容包括:供电、供煤气、排水、供暖设施的完善与日常管理;邮政、电话、有线电视设施的建设与管理;公共场所照明设施的建设与管理;公共交通服务设施的建设与管理;道路设施的建设与管理等。社区综合服务设施的建设与管理包括:商业、饮食、服务、金融等经营设施的建设与管理;停车场的建设与管理;公共活动场所的建设与管理等。

2. 社区生活环境管理

社区生活环境管理是以上述两大类社区生活环境的组成要素为对象进行的一项综合管理活动。其内容是非常具体的,如供气设施的管理就包括三个方面的内容:一是办理添装、移装、改装、迁装、过户、校表,定期检修等业务。二是设立管理部门与专业人员进行24小时服务,排除用气故障。三是宣传节约用气、安全用气知识及违章处理,保证用户安全、节约、方便地使用煤气。加强社区生活环境的建设与管理,能使社区居民的日常生活顺利进行,让社区居民能安居乐业;同时也能延长物业的使用寿命,提高社区经营效果。

5.3 社区环境管理的实施

5.3.1 社区环境管理存在的主要问题

1. 社区绿化环境管理存在的主要问题

(1)对社区环境绿化重视不够。部分社区特别是位于城市中心地带的社区,由于土地及物业出租收益高,对绿化工作没有给予应有的重视,主要表现在两个方面:一是不愿意提供绿化土地,认为"寸土寸金",土地用于城市绿化太可惜。二是社区绿化率低,没有达到国家规定的绿化标准。三是绿化资金不足。

(2)绿化管理跟不上。有些社区由于缺乏足够的绿化管理资金,加上没有配备专人从事社区绿化管理工作,因此,就算是绿化已进入社区,过一两年之后也就成了残枝败柳。

2. 社区清洁卫生环境管理存在的主要问题

(1)环卫经费不足。社区环卫经费的主要来源是社区的环卫经费投入和社区居民上缴的卫生费,但目前社区普遍存在环卫经费投入偏少、卫生费收缴率低、外来流动人口卫生费收取困难等问题,这些都是导致社区环卫经费不足的主要原因。

(2)环卫配套设施不足。环卫配套设施是搞好社区清洁卫生环境建设与管理工作的物质基础,但目前不少社区存在环卫配套设施不足的问题。例如,公厕不足造成附近居民如厕难;缺少垃圾堆放点和垃圾堆放设施,大部分垃圾收集容器是敞口垃圾池、露天垃圾桶甚至箩筐,不能形成封闭隔离等。环卫设施的严重不足制约了社区环卫保洁水平的提高。

(3)环卫设施布局不合理。搞好社区环卫工作,除了要有足够的环卫设施外,还需合理布局环卫设施,但现在我国很多社区存在环卫设施布局不合理的现象,如部分社区在人流集中的街道或十字路口的附近没有设置垃圾桶,这样就无法从根本上解决随意丢弃垃圾的问题。

(4)部分社区居民环境卫生意识差。部分居民对有关社区清洁卫生环境建设与管理的法规知之甚少,环境卫生意识差,这突出表现在:拒绝交纳环卫清洁费,部分社区居民缺乏良好的卫生习惯,存在随地吐痰、垃圾乱扔乱倒的现象等。

3. 社区文化管理存在的主要问题

(1)社区娱乐、休闲设施与场所不完善。部分社区缺乏必要的活动场所,比如有些社区的小孩在小区绿地上踢球这个老大难问题一直得不到解决,其根本原因就是社区缺乏必要的体育活动场所。

(2)社区文化设施布局不合理。合理布局与配置是充分发挥社区文化设施、设备功能的重要原则。如果社区文化设施、设备总量可以满足社区居民的文化需要,但布局与配置不合理,同样也达不到满足社区居民文化需要的目的。这就要求文化设施、设备的分布要考虑社区居民的居住密度、文化程度及年龄、职业结构等因素,目前我国很多社区在文化设施设备的建设方面没有充分考虑以上因素。

(3)社区文化设施没有体现继承性、时代感和民族特色。社区文化设施、设备是人类文化发展变更的象征和见证,它应当鲜明地反映出该社区文化的历史传统、民族特点和时代特色。社区文化设施、设备只有凝固了该社区的历史文化传统和民族特色,才能使本社区居民感受到自豪感和亲切感,才能对外来人产生强烈的吸引力。但有的社区根本就没有考虑这些因素,在很大程度上还带有盲目性。

4. 社区治安环境管理存在的主要问题

(1)社区治安防控体系不健全。良好的社区治安,是社区居民和辖区内单位进行正常生活和工作的必要条件。为此,各社区应建立以社区治保会为主体、专职和义务巡逻队为骨干、社区单位和社区居民广泛参与的群防群治网络。目前很多社区的社区警务工作做得很不够,没有发挥好社区治安的防控作用,社区纠纷、社区犯罪和社区治安灾害事故时有发生,给社区居民带来了不必要的生命与财产损失。

(2)社区警务工作的方法欠科学。为适应新形势下的社区治安工作,提高公安部门的工作效率,社区警务工作应尽量利用现代化的技术手段,探索科学的社区警务工作方法。但目前仍有不少社区的警务工作在方法上缺乏科学性,如没有开发使用电子警务系统,社区治安情报信息收集不及时、不准确等。

(3)缺乏必要的社区治安设施与设备。社区治安设施与装备是维护社区治安秩序的物质基础,是搞好社区治安管理工作的必要条件。目前我国很多社区缺乏必要的设施与装备,如有的社区连最基本的社区治安岗亭都没有设置,较多社区没有设置治安报警设备,治安管理人员也没有配备必要的保安器具,这些都严重影响了社区治安管理工作的开展。

5. 社区生活环境管理存在的主要问题

(1)社区基础设施不到位,譬如相当一部分居住小区停车位不够或根本就未设置停车场,从而使部分有车族将车停在人行道上或索性停在绿地上,这样做既不安全,也不便于管理。

(2)社区生活环境的规划不合理,如有的社区道路规划没有体现"以人为本"的原则,相当一部分道路只讲究"横平竖直",没有考虑方便行人,因此小区绿地屡遭行人践踏,形成了"踏坏了补,补了又踏坏"的恶性循环。

5.3.2 加强社区环境管理的措施和方法

1. 着眼长远,统筹规划

社区环境建设与管理是一项复杂的、事关社区居民长远利益的系统工程。在社区环境建设过程中,要把建设环境优美、舒适宜人的城市社区作为社区环境建设与管理的目标,做好各项工作。

(1)制定社区环境建设的长期规划。要在深入调研的基础上,根据城市建设的总体目标,吸纳国内外城市社区环境建设的先进经验,充分考虑未来城市发展的人口规模、城市发展速度及城市环境承受力等因素,充分发挥各方面的聪明才智,集思广益,制定社区环境建设的长期规划。制定规划时,特别要克服那种一两个部门关起门来搞规划的"闭门造车式"的决策方式,只有这样才能使规划符合社区的实际,才能使规划变为现实。

(2)统筹兼顾,着眼长远。社区环境建设既要考虑各种类型居住小区的不同情况,制定不同的发展规划,又要注重对现有的各个居住小区的各种配套设施的不断完善,做到统筹兼顾,同时,要着眼长远,不能只顾眼前利益。

(3)注重基础设施与配套设施的建设。要按照社区建设的总体要求,完善社区道路、活动场所、垃圾收容与处理等各项基础设施,同时也要搞好包括园林绿化、给水排水、垃圾处理、通信、电力等配套设施的建设。此外,还应注重社区绿化建设,在规划与建设小区时,要留足绿化用地,使绿化率达标。

2. 依法整治,严加管理

(1)严格执法。各有关部门要加大执法力度,严格用法律、法规去规范社区环境建设与管理工作,做到有法必依、违法必究。对新建的居住小区,要按照城市建设的总体规划与要求,对开发商在小区园林绿化、基础设施建设等方面严加管理;对不符合法定要求的居住小区一定要加大执法力度。规划、建设及城管部门要按照各自的职能要求,履行好自己的职责,切实把好审批关。对违章搭建、乱停车、私自将绿地改作他用等破坏小区环境的行为,要依照社区管理的有关规定,加大执法与处罚的力度。

(2)加强管理。一要发挥好社区居民委员会的作用,特别要发挥好社区居民委员会在小区卫生管理、门前"三包"责任制的落实以及爱绿护绿意识的教育和管理、协调、督促、监督等方面的作用。二要发挥好小区业主委员会的作用,有关部门要注意对小区业主委员会的选举、职能的发挥等方面给予必要的指导,充分调动业主委员会在小区环境建设与管理中的积极性与主动性。三要发挥好物业管理公司的作用,有关部门要依照有关法律、法规的规定,建立一套规范物业管理公司的运行机制,对那些不适应新时期社区环境建设发展要求的物业公司采取淘汰制度。要逐步建立物业公司资质审查与考评制度,把物业公司纳入法治化管理的轨道,实现社区物业管理工作的良性循环和可持续发展。物业管理公司也要进一步加大自身的建设与管理力度,强化服务意识。

3. 建立健全社区环境管理机制,提高管理效率

完善社区环境建设与管理工作的运行机制是加强社区环境建设与管理的重要一环。区、街道办事处市容管理部门负责社区的市容管理,街道市容科要依据社区的设立情况,将街道所辖范围划分成若干市容监察责任区。原则上,一个社区为一个市容监察责任区,一个责任区下派一名市容监察队员实行包点、包片,行使市容监察职能。每个社区将市容环境包片责任队员的照片、姓名、联系方式和主要责任内容及服务承诺在责任区内上墙公示。这样既告知了社区居民,又方便群众投诉。责任区市容监察队员受区、街道市容监察部门领导,接受社区群众监督。市容监察队员每年向社区代表大会报告工作,接受评议。评议结果作为个人年度考核的重要依据。建立健全社区环境管理机制,就能提高社区环境建设与管理的工作效率。

4. 精心设计活动载体,提高社区环境管理的工作实效

开展社区环境建设与管理工作,需要设计一些活动载体。设计活动载体要注意以下几方面:

(1)注重多样性。社区环境建设与管理内涵的丰富性,决定了活动载体的多样性。如"志愿者服务活动""绿化工程活动""街巷卫生竞赛活动""创楼道卫生、比里弄整洁活动"等,这些都是开展社区环境建设与管理的有效载体。

(2)讲究特殊性。活动载体的设计要充分考虑本社区的实际情况,充分发挥本社区的优势,形成本社区环境建设与管理的特色。

(3)追求实效性。活动载体的设计要找准社区群众思想的脉搏,把握社区环境建设中的重点、热点和难点问题。活动载体要触及社区干部和广大群众的兴奋点、想象力,激发他们投身于社区环境建设与管理活动的积极性。开展各种活动要防止出现轻内容、重形式的形式主义,要让社区群众在社区环境建设与管理中得到真正的实惠。

(5)讲究科学性。活动载体的设计要遵循科学性原则,运用科学的方法,提出设计构思、设计方案。设计内容要明确、鲜明,设计方案要新颖、实在,要具有可行性和可操作性。按照上述要求精心设计活动载体,才能达到提高社区环境建设与管理工作实效的目的。

5.4 绿色社区的建设

5.4.1 绿色社区概述

1. 绿色社区的概念

绿色社区是指以环境意识构建为内涵,以可持续发展为外延,用绿色生活方式来营造天人合一的、自然的、理想的家园。绿色社区是社区环境伦理化的结果,包括"硬件"和"软件"环境建设两方面的内容。"硬件"建设是指社区基本环境状况,这里既包括社区的环境规划和环境质量水平,也包括为维护良好社区环境所建立起的社区环境管理体系,诸如前文所述的各种社区污染治理机制的建立等。所谓"软件"建设是通过对社区居民持续的环境教育形成良好的环境文化氛围,把环保变成一种生活方式、一种社区文化,其核心在于社区范围内良好环境意识的构建,强调人的意识和思维方式的转变。其中,环境意识的构建是绿色社区的核心。

与一般社区相比,绿色社区体现了环境保护、社区凝聚和环境教化的功能。环境保护功能体现了社区环境生态化以及环境利用的可持续原则。社区凝聚功能体现在良好的社区环境会使得人们选择长期定居,产生"社区如家"的归属感,而良好和谐的人际关系、平等公正的社区环境和安全稳定的社区秩序,又会使社区的凝聚力得到加强,营造出一种和睦相处的社区氛围。而环境教化的功能则体现在良好的环境文化氛围对社区居民环境意识的提高,以及平等和谐的社区环境对人的心灵的净化和陶冶。因此,与一般社区相比,构建绿色社区是实现构建资源节约、环境友好型和谐社会的最终发展目标。

2. 绿色社区的功能

(1)倡导绿色生活。绿色社区大力倡导绿色生活,使环境保护成为一种生活方式、一种社区文化、一种人人可以参与的行为和时尚。绿色生活可以减缓资源消耗,减轻环境污染,造就与自然和谐的生活环境,也有助于培育"绿色市场",推动环保业和建筑业、公交业、绿色食品业、回收业等相关行业的发展。

(2)进行环保教育。绿色社区重视社区环境保护事业,建立社区居民自我教育、自我管理机制,使居民在日常生活中接受持续不断的环境教育,提高环境意识。

(3)监督环境执法。绿色社区建立以社区为基础的公民环保参与机制,发挥社区居民的监督执法作用,保障公民的环境权益。

(4)提供政策建议。绿色社区以联席会制度、听取群众意见等方式,建立政府与公民的沟通渠道,以便居民参与政策建议。

3. 绿色社区的构建要素

(1)构建绿色社区的硬件要素。绿色社区的硬件要素主要是指社区里的各种环保设施,它是一个系统的、全面的概念。它的根本含义在于对自然资源的较少损耗,以及对自然生态平衡的较少破坏。新建居民区应在建筑设计、建筑过程中考虑环保要求,使新建成的居民区一开始就具备绿色社区的硬件条件,而已建社区可以根据自己的情况实施垃圾分类,搞好社区绿化,使用节水龙头、节能灯等。

绿色社区构建的硬件要素可以分为以下几个方面:

①建筑要求。绿色社区的建筑要求是绿色建筑,要采取环保建材和环保涂料,在采光方向、房体保温、通风等方面都符合环保要求。

②绿化状况。绿色社区绿化状况的要求是要采用多种绿化方式,小区绿化覆盖面积应占小区总面积的30%。绿色社区的一个很重要的外部特征是要有足够的、合理的绿化面积,其作用是显而易见的。第一,绿地可以美化环境,看起来舒适,让社区居民保持心情舒畅;第二,绿地还可以起到减落风沙、减弱噪声、增加空气湿度、保持水分、杀灭细菌、吸收尘土、净化空气、夏季消暑降温等作用,有利于社区居民的身心健康;第三,社区绿地同时也是社区居民的交往空间和活动场所,居民走出家门,在绿地空间里活动和休息,既增进了邻里的交往,又扩大了"家"的范围,有利于增强社区居民的邻居感和认同感。

③能源结构。绿色社区要求用环保清洁能源替代容易造成污染的非环保能源,要节约能源,循环利用,这是创建绿色社区的一个重要内容。

首先,在能源构成方面,一方面居民的日常生活要尽量使用环保的清洁能源,如电能、太阳能、风能、地热能、天然气等,尽量减少或替代容易造成污染的非环保能源,如煤等,避免所使用的能源对社区环境和周围环境造成污染和破坏;另一方面,要尽量使用可再生和可分解的能源,减少对不可再生能源的使用,如减少塑料制品尤其是一次性饭盒和塑料袋的使用。

其次,在使用能源的过程中,要注意节约,尤其是注意节约用水和用电,尽量使能源能够循环利用,使单位能源的效能达到最大化。在节水方面,社区绿地浇水应采用喷灌或滴灌的方式,而不是传统的漫灌。在居民家庭中,也要提倡节约用水和循环用水,养成良好的用水习惯。另外,在节水措施中值得推广的是中水回用。所谓"中水"指的是生活污水经过处理后达到规定的水质标准,可在一定范围内重复使用的非饮用水。在节电方面,要使用节能灯具,社区居民要养成节约用电的习惯。

④废物处理。绿色社区在废物处理方面的要求是:设置生物垃圾处理机、分类垃圾桶,大的居民区可以建立社区自己的垃圾分类回收清运系统。对生活废弃物进行科学环保的处理,这是创建绿色社区的重要保障。

首先,要在社区内合适的位置放置一定数量的垃圾桶,使居民不会因为没有垃圾桶或者垃圾桶太远,而把垃圾直接倒在楼下或到处乱倒。垃圾桶的位置设置要人性化,垃圾桶的形状要与周围环境相统一,应做到垃圾完全进垃圾桶。垃圾桶要有专人定时、及时清理。

其次,垃圾桶要分类摆放,做到垃圾分类回收。垃圾可分为可回收垃圾、不可回收垃圾、有害垃圾等类别。可回收垃圾(又称有机垃圾、参与废弃物、湿垃圾,包括瓜果皮、蔬菜、剩饭菜、变质食品等)、不可回收垃圾(又称无极垃圾、可再生废弃物、干垃圾,包括废纸、废塑料、废金属、废橡胶、废玻璃、废织物等)、有害垃圾(又称危险废弃物,包括废电池、废荧光灯管、废水银温度计、废油漆桶、过期药品、废旧电脑用品等)要分门别类地放在不同的垃圾桶里。垃圾分类回收可以避免垃圾间相互污染,提高资源再利用率,实现节约资源、垃圾减量等目标,也可以减少对其填埋的土地和周围环境的污染。

最后,有条件的社区可以在社区内设置生物垃圾处理机、垃圾分类回收清运系统等,把产生的垃圾直接在本社区内处理掉,防止在垃圾运输途中发生二次污染。要防止社区内焚烧树叶和生活垃圾等污染环境的现象发生,在废物处理过程中,尤其要注意白色塑料垃圾和有毒有害垃圾的处理,二者要与其他的垃圾严格区分开来,单独处理,防止对其他垃圾和周围环境造成污染。

(2)构建绿色社区的软件要素。

①建立以联席会为核心的环境管理体系。绿色社区的核心要素是社区环境管理体系,是社区自治的重要组成部分。环境管理体系不必独立于社区管理机构而另外设立,而应将环境的管理纳入居委会日常管理工作中。环境管理体系要有明确的目标和职责,有必要的机构、人员、资金、设施保证,有环保宣传和具体环保行动,有自查、纠正和改进机制。

联席会是绿色社区环境管理体系的核心,主要负责社区的环境管理和具体实施。根据其管理主体的特点,联席会大致可分为三种模式。

第一种模式是政府有关部门、民间组织与物业公司共同参与的社区环境管理。由政府有关部门(包括精神文明办、环保局、环卫局、街道办事处)、民间环保组织、居委会和有关企业(物业公司)组成联席会。联席会成员各尽其责:精神文明办主管社区总体环境文明建设;环保局负责社区环保和污染控制事务;环卫局承担垃圾分类回收的宣传、垃圾分类的硬件设施和清运工作;街道办事处和居委会负责有关社区环境的行政性事务以及组织各种环保活动;物业公司从事有关物业方面的管理;民间环保组织负责对居民环境意识的教育培训,引导公众积极参与环保事业。这种模式的特点是:由于政府部门的参与,加强了社区环境管理的力度,能够有效地协调与周围单位所发生的环境问题。

第二种模式是以居委会为主的社区环境管理。居委会经常开展环境宣传教育活动,组织各种环保活动,实施垃圾分类等;民间组织则起到策划、推动、协助与沟通的作用。其特点是通过居委会实施环境管理,组织居民参与各种环保活动,倡导居民选择绿色生活方式来实现绿色社区自我教育、自我管理和公众参与的目标。

第三种模式是以物业公司、业主委员会为主的社区环境管理。它要求物业公司有较高的环保意识和环境管理能力,能够主动与环保部门和环保组织联系,开展环保活动,选择绿色生活方式。这种模式从房地产开发开始,房地产公司就将绿色环保建筑理念贯穿于设计、施工、管理的全过程,使社区一开始就具备较高水平的环保设施。在业主入住后,物业公司和环保组织合作,建设绿色社区软件体系。此外,绿色社区的环境管理体系还应包括一系列规章制度,规章制度要简明扼要、切实可行。建立和健全规章制度是创建绿色社区活动顺利开展的根本保障。

②环境监督体系。环境监督体系应以联席会为核心,以社区志愿者队伍和社会有关部门为辅助,保证社区居民全员参与。联席会主要负责环境监督机制的建立和贯彻实施,引导和监督社区居民的环保行为,听取收集并有专人处理居民群众的环保建议和意见。

社区志愿者队伍和社会有关部门,如精神文明办、环保局、环卫局、街道办事处、民间环保组织等也是环境监督体系的重要组成部分,可以引导和监督社区居民的环保行为,听取和收集社区居民的意见和建议,并反馈给联席会。

社区居民及社区环保行为的主体,也是社区环境监督体系的主体。其监督作用表现为:

首先,关心环境质量。如了解在社区宣传栏公布的空气质量、水、植被、垃圾等综合情况;参观环境展览、垃圾填埋场、污水处理厂,了解空气、水源水质的监测情况等。

其次，监督环境执法。绿色社区的居民作为一个生活于共同的生态环境、有着共同环境权益的群体，是帮助和监督环境执法的基层力量。他们既可以举报有法不依的违法者，又可以监督执法不严的执法者，从而将公众参与环境执法监督落到实处。同时，居民在这个过程中也可以逐渐学会用法律来调停和解决一切环境问题引起的争端。

再次，参与政策建议。定期参加居民听证会，了解和讨论有关的环保政策。社区居民（无论是科学家、教师、企业家、学生还是家庭主妇）可以通过多种沟通渠道和交流机制表达他们对环境问题的见解、建议，反映各方面的问题。

最后，监督联席会。联席会作为社区环境管理体系和环境监督体系的核心，在社区的环保活动中发挥着重要作用，联席会在进行环境管理和监督的同时，也要受到社区居民的监督。

③社区服务体系。环保志愿者是社区环保的主干力量，他们积极组织和参与各种环保活动，并负有带头争做绿色家庭以及带动其他家庭的责任。志愿者队伍的负责人作为绿色社区联席会的成员，应主动参与社区环境管理，并通过出色的工作业绩来激发居民对绿色社区的整体认同感，建立亲密、和睦、和谐的邻里关系。社区里的孩子是一支积极的力量，可以对他们进行培训教育，组织他们参加形式多样的环保活动。在绿色社区建设实践中，宣传教育孩子，孩子带动家庭，家庭影响社区，已被证明是一条环境教育的有效途径。组织孩子志愿者队伍还可以与校园环保结合起来，社区附近的中小学也可以和社区联起手来，学校的环境教育与环境教育实践可以走进社区，社区开展环保活动也可请学校来参加。

社区环保志愿者要组织和参加社区绿色行动。社区绿色行动亦称绿色生活行动，是指从我做起，带动全家，推动社会，改变以往不恰当的生活方式和消费模式，重新创造一种有利于保护环境、节约资源、保护生态平衡的生活方式和行动，是道德高尚和行为文明的体现。每一个人都是环境污染的制造者，也是环境污染的受害者，更是环境污染的治理者。因此，要积极开展社区"绿色生活实践"活动，倡导新的绿色生活方式，提高社区居民的文明素养。比如通过展览讲解，向居民普及环保知识，实现生物垃圾、非生物垃圾等分类投放；为家家户户安装节水龙头；倡导使用节能灯等。开展绿色生活实践活动并不是要有社区居民纯粹为了经济目的而去卖废品和节约水电，而是要唤起社区居民对自然的感情和关怀他人、关心未来的责任感。社区绿色行动一旦确定，就应被不折不扣地实施，做到言必行、行必果。项目选择和安排不要贪多求全，仍坚持先主后次、先易后难的原则。每个项目应分别指派专人负责，制订详细实施方案，明确分工责任和权限，依靠社区绿色志愿者动员广大居民积极参与。社区绿色行动要持之以恒，形成环保传统。

4. 构建绿色社区的途径

（1）建立新型的消费观。现代经济学把物质消费分为满足"需要"的消费和满足"欲求"的消费。"需要"是指生活必需的东西。而"欲求"是指必须之外，追求心理上的各种满足，是一种无止境的追求。正如丹尼尔·贝尔所述：欲求超过了生活本能，进入心理层次，它因而是无限的要求。"欲求"消费观念的后果，一方面直接影响着人们的行为选择方式，在市场经济条件下，无止境的物质追求更加速了行为个体的经济逐利性，使人们为实现经济获利或效用最大化的目标而不择手段，导致无度的利用乃至掠夺自然资源、肆意放任污染、无视环境问题和和谐问题等外部性行为的发生，从而造成环境的破坏和矛盾的产生。另一方面，欲求消费的无止境直接产生的后果是资源的耗竭、生态的破坏，导致人们的生存环境持续恶化。因此，需要进行消费方式的革命，实现消费方式从不可持续向可持续转变，由欲求消费观向基本消费观转变。

（2）建立和谐的环境伦理观。环境保护意识如果成为社区公德，那么破坏环境的行为就会受到社区成员的共同鄙弃。环境伦理的形成源自人们对其他环境行为的认同,认同是人们在交往活动过程中,被他人的感情和经验所同化,或者自己的感情和经验足以同化他人,彼此间产生内心的默契,是社会行动者被结构化和组织化后,为其行动目的所做的象征确认。合法性认同是行动者意义的来源,也是行动者经由个别化的过程而建构的,所建立的意义是产生公民社会。地域、互动、认同是公认的构成社区的基本要素,社区居民可以为了共同的利益而产生集体行动。环境认同建立在人们对美好生态环境的热爱和向往,对日益恶化的生存环境的恐惧和愤怒的精神情感的基础上,通过相互间或对所能感知的环境问题进行思想交流,或对所能参与的环保活动进行行为互动,来实现建构美好环境的象征确认,进而建立保护环境的公民社会。社区参与环境保护是对千家万户居民教育化、组织化的过程,可以促进整个社会环保意识和力量的形成,实现所有环保资源的充分发掘和培育。绿色社区是构成环境建设最基本、最适宜的社会空间,这是生态环境保护的长治久安之策。

本章小结

1.人们对社区环境的理解有广义和狭义之分。广义的社区环境是指"社区的外部环境"。狭义的社区环境是指"影响社区居民生活的环境因素",即社区的内部环境。本书中所讨论的社区环境是指狭义的社区环境。

2.社区环境污染主要是由人类活动造成的,其主要类型有大气污染、水污染、固体废弃物污染与噪声污染,他们都严重危害人类健康与工农业生产。治理社区环境污染的主要对策有:加强社区环境保护的宣传力度,提高各类社区主体的环保意识,加强对社区内环境污染的监控力度,减少污染的排放;大力兴建治污工程,缩小污染物的污染范围;健全社区环境的管理体系,强化环境保护的责任意识。

3.社区环境建设和管理的内容主要包括社区绿化环境建设和管理、社区清洁卫生环境建设和管理、社区文化环境建设和管理、社区治安环境建设和管理、社区生活环境建设和管理五个方面。

4.目前,我国社区环境管理工作还存在不少问题,今后应立足现实,着眼长远,进一步完善社区各项基础设施建设,加大整治力度,努力营造优美、舒适的社区环境,为建设和谐社区打下坚实的基础。

5.绿色社区是指以环境意识构建为内涵,以可持续发展为外延,用绿色生活方式来营造天人合一的、自然的、理想的家园。

思考题

1.社区环境的含义是什么?简述社区环境的构成。
2.简述社区环境建设和管理的主要内容。
3.联系家庭或学校所在地的社区实际,谈谈社区环境污染的主要表现和治理对策。
4.简述绿色社区的构建途径,并谈谈你对绿色社区的理解。

典型案例

广州市转制社区

广州市转制社区的前身是"城中村"。广州市(老八区)原来共有139个城中村,从1997

年5月,石牌街道办事处对石牌村进行撤村改制的制度变革试点,到2005年广州市的城中村改制完毕,这种改制是"带有一种'半强制'下的合作"。由于转制社区从农村转制而来,体制性障碍未能最终破解,只挂有城市之名,却无城市之实。转制社区在改制完成后出现了很多问题,环境卫生管理是诸多问题中的一个。转制社区环境卫生管理的现状及存在问题,广州市经过2007年创建国家卫生城市冲刺年的实践,加大了对转制社区环境卫生事业的投入,社区卫生环境发生了明显的变化,为整体提升全市市容环卫长效化管理带来了挑战和机遇,也积累了经验。改变了转制社区中存在的脏、乱、差等问题和社区卫生总体状况较差等状况。随着人民生活水平的快速提高,大家对居住、生活环境的要求越来越高。为进一步提高转制社区环卫保洁水平,提高市民工作、生活质量,必须采取切实可行的措施,加强转制社区环境卫生管理工作。第一,政府加大投入,建立转制社区环卫资金保障机制,完善环卫设施建设;第二,加强转制社区环卫规划,健全环境卫生监管体制;第三,进一步明确职责,落实转制社区环境管理责任制;第四,深化体制改革,强化作业服务市场的培育,积极探索环卫保洁市场化运作机制;第五,加强宣传教育,进一步提高转制社区居民的环境卫生意识,共建绿色文明社区。

问题:

1. 结合案例,谈谈你所在社区环境管理的具体措施。
2. 谈谈你对环境卫生管理中坚持"以人为本"的看法。

南华西街创建"绿色社区"

21世纪是注重人与环境和谐发展的绿色时代,新世纪的广州要建设成为"最适宜创业与居住的山水生态城市",海珠区委、区政府也要求大力加强社区建设工作,因此,大力推进"绿色社区"建设,加强环境保护,为市民营造一个文明、和谐的社区环境是时代要求。

南华西街是一条有200多年历史的岭南古街,巷窄楼矮、空间局限,本地环境资源薄弱,创建"绿色社区"的任务十分艰巨和复杂。本地发扬南华西街的优良传统:开拓进取、勇于创新,以"敢为天下先"的劲头,在广州市老城区率先开展创建"绿色社区"活动。在市、区环保局的指导和帮助下,对照"绿色社区"考评标准,南华西街在软件和硬件方面加大了建设力度,开展了一系列创建工作。加强基础设施建设,对道路、学校等进行建设,成立南华西街"绿色社区"环保学校,并进行"绿色从生活开始"等环保知识教育的专题讲座,开设环保图书阅览专栏,在街道网站中开设"绿色社区"园地,社区内开展"绿色社区"多姿多彩的活动,创建一种绿色生活的环境氛围,开展环境宣传教育工作。健全环境管理体系,成立创建机构、监督体系,建立以社区为基础的公众环境参与机制,设立多个环保意见箱,发挥居民的监督作用,保障公民的环境权益。监督体系有力地保障了环保目标落实,充分体现了群众对环保的权益,使居民积极参与"绿色社区"建设。针对街道内空间狭小、可绿化用地不够的状况,充分利用居民阳台、天台将绿化向立体空间延伸,并因地制宜在小区内建立了多个园林景点,增加绿化面积。再加上建立垃圾分类系统、污水处理系统、节能和新能源等设施,综合整治社区环境以及规范管理建筑工地等措施的实施,南华西街社区的环境得到了保护与发展。

问题:

1. 在社区环境建设方面,南华西街有哪些成功的经验?
2. 本案例对日常社区管理有哪些启示?

第6章 社区卫生服务管理

学习目标

通过本章的学习,掌握社区卫生服务的概念、对象、基本特点及发展社区卫生服务的意义,掌握社区卫生服务的主要内容、主要任务与基本方法、机构设置的基本条件、申办程序及其基本功能,了解社区卫生服务管理的主要内容以及当前我国社区卫生服务面临的主要问题和对策。

关键概念

社区卫生服务　社区卫生服务机构　社区卫生服务管理

导入案例

城市赵庄社区

随着全国城市经济的发展和各城市建成区的不断扩张,城中村问题成为各个城市的普遍现象。"城中有村,村中有城;村外现代化,村内脏乱差"的城中村现象广泛存在。城中村主要分布在城市建成区的边缘和城乡接合部地区,这些地区城市化进程相对滞后,人口密度大,外来人口相对集中,违法建设和私搭乱建现象严重,市政基础设施匮乏,房屋破旧,环境脏乱,社会管理混乱,公共安全隐患多。其中肥城市赵庄社区改造工作动手早、规模大、质量高,已取得了积极进展。城中村改造是新城街道办事处的一项重要任务。过量外来人口聚居,居住者犯罪率高,存在较大的安全和治安隐患,基础设施很不配套,人居家环境相对较差,"城中村"的存在越来越影响到城区卫生建设、治安等人居环境,必须加以改造。出现的问题主要有违章建筑多、治安管理难度大、大气问题、污水问题以及绿化问题。在社区环境整治中,第一,进行充分的民意调查,尊重民众的观点;第二,注重社区文脉延续,增进社区交流,传承社区文化;第三,对基础设施进行改造,设置活动场所,增加社区居民交流;第四,落实社区治安管理工作;第五,加强生态节能,与低碳技术相结合,引进先进技术,增加绿化面积,保护社区环境。肥城市通过社区环境整治,成功完成了城中村改造,建设了美丽和谐的社区环境。

6.1 社区卫生服务概述

6.1.1 社区卫生服务的含义

1. 社区卫生服务的概念

社区卫生服务是指在政府领导、社区参与、上级卫生机构的指导下,以基层卫生机构为主体、全科医生为骨干,合理使用社区资源和适宜技术,以人的健康为中心、家庭为单位、社区为范围、需求为导向,以妇女、儿童、老年人、慢性患者、残疾人等为重点,以解决社区主要卫生问题、满足基本卫生服务需求为目的,融预防、医疗、保健、康复、健康教育、计划生育技术服务为一体的有效、经济、方便、综合、连续的基层卫生服务。

2. 发展社区卫生服务的意义

(1)发展社区卫生服务是提供基本卫生服务、满足人民群众日益增长的卫生服务需求,是提高人民健康水平的重要保障。社区卫生服务覆盖广泛、方便群众,能使广大群众获得基本卫生服务,也有利于满足群众日益增长的多样化卫生服务需求。社区卫生服务强调预防为主、防治结合,有利于将预防保健落实到社区、家庭和个人,提高人群健康水平。世界卫生组织认为,社区卫生服务可以解决居民80%以上的健康问题。

(2)发展社区卫生服务是深化卫生改革,建立与社会主义市场经济体制相适应的城市卫生服务体系的重要基础。社区卫生服务可以将广大居民的多数基本健康问题解决在基层。积极发展社区卫生服务,有利于调整城市卫生服务体系的结构、功能、布局,提高效率,降低成本,形成以社区卫生服务机构为基础,大中型医院为医疗中心,预防、保健、健康教育等机构为预防、保健中心,适应社会主义初级阶段国情和社会主义市场经济体制的卫生服务体系新格局。

(3)发展社区卫生服务是建立城镇职工基本医疗保险制度的迫切要求。社区卫生服务可以为参保职工就近诊治一般常见病、多发病、慢性病,帮助参保职工合理利用大医院服务,并通过健康教育、预防保健,增进职工健康,减少发病,既保证基本医疗,又降低成本,符合"低水平、广覆盖"的原则,对职工基本医疗保险制度长久稳定运行起重要的支撑作用。

(4)发展社区卫生服务是加强社会主义精神文明建设、密切党群干群关系、维护社会稳定的重要途径。社区卫生服务通过多种形式的服务为群众排忧解难,使社区卫生人员与广大居民建立起新型医患关系,有利于加强社会主义精神文明建设。积极开展社区卫生服务是为人民办好事、办实事的德政民心工程,充分体现了全心全意为人民服务的宗旨,有利于密切党群干群关系,维护社会稳定,促进国家长治久安。

6.1.2 社区卫生服务机构和人员

1. 社区卫生服务机构

社区卫生服务机构是社区卫生服务工作的主要载体,它是非营利性、公益性的医疗卫生机构,主要由社区卫生服务中心和服务站组成。社区卫生服务中心和服务站的设置,应当以当地规划和群众需求为根据。社区卫生服务中心一般根据街道办事处所辖范围设置,可由基层医院(卫生院)或其他基层医疗卫生机构改造而成,社区卫生服务中心服务区域过大的可下设适

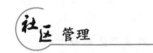

量的社区卫生服务站。

2. 社区卫生服务人员

全科医生是社区卫生服务人员的主体,全科医生是指接受全科医学专门训练的具有全科医学知识结构和诊疗思维的医生。全科医生是综合程度较高的医学人才,主要在基层承担预防保健、常见病多发病的诊疗和转诊、患者康复和慢性病管理、健康管理等一体化服务,被称为居民健康的"守门人"。目前,我国全科医生的培养和使用尚处于起步阶段,全科医生数量严重不足,因此2011年6月我国提出建立全科医生制度,这有助于形成以全科医生为主体的基层医疗卫生队伍,提高社区卫生服务水平。

6.1.3 社区卫生服务的对象

社区卫生服务的对象是社区内的全体居民,包括健康人群、亚健康人群、高危人群和患者。

1. 健康人群

健康人群是社区卫生服务的对象之一,随着人们对健康的逐步认识和重视,健康人群将会成为社区卫生服务的主要对象。最早人们普遍认为,"没有疾病就是健康"。20世纪末兴起的安康运动(wellness movement)将健康评价范围扩大为躯体、社会、情绪、智能、心灵(精神)及环境六个维度。

2. 亚健康人群

亚健康又称为次健康,是介于健康和疾病之间的中间状态,所以大多数人又将其称为第三状态。处于该状态的人群的特征是:虽然没有明显的疾病,但呈现出体力降低、反应能力衰退、适应能力下降等。国际和国内调查表明,亚健康人群约占总人口的60%。

3. 高危人群

高危人群是指明显存在某些有害健康因素的人群,其疾病发生的概率明显高于其他人群。高危人群包括如下人群:

(1)高危家庭成员。凡是具有以下任何一种或多种标志的家庭即为高危家庭:单亲家庭,吸毒、酗酒者家庭,精神病患者、残疾者、长期重病者家庭,功能失调濒于崩溃的家庭,受社会歧视的家庭。

(2)存在明显危险因素的人群。危险因素是指在机体内外环境中存在的与疾病发生、发展及死亡有关的诱发因素。

4. 重点保健人群

重点保健人群是指由于各种原因需要在社区得到系统保健的人群,如儿童、妇女、老年人、疾病康复期人群及残疾人等需要特殊保健的人群。

5. 患者

患者包括常见病患者、出院需继续在社区治疗和康复的患者、已确诊的慢性病患者、需要在社区急救的患者、可在社区接受临终关怀的患者等。

6.1.4 社区卫生服务的特点

1. 全民性

社区卫生服务的出发点是整个社区的居民,也就是说社区卫生服务以社区内全体居民为服务对象。具体来说,其服务对象包括上述五大类型,即健康人群、亚健康人群、高危人群、重点保健人群和患者。只有真正实现社区卫生服务的全民性,才能完成世界卫生组织制定的全球卫生发展策略,达到人人享有初级卫生保健的目标。

2. 综合性

社区卫生服务并非单纯的治疗疾病,而是通过服务提高人群的健康水平。其服务内容涵盖医疗、预防、保健、康复和健康促进等领域,并且涉及生理、心理和社会文化等各个方面。在诊疗方面,提供一般的内、外、妇、儿科、皮肤科、眼科、五官科、口腔科、理疗、中医及老年病、慢性病、职业疾病的防治及一般精神疾病的诊治。在预防保健方面,提供婚前检查、计划生育指导和优生咨询、孕产期保健、计划免疫、单位体检和社区居民的周期性健康检查及心理咨询、医疗咨询、健康教育、家庭医疗护理等。

3. 连续性

社区卫生服务为服务对象提供的是一种"从生到死"的全过程服务。首先表现为对人生的各个阶段提供服务,包括孕期、产期、新生儿期、婴幼儿期、少儿期、青春期、中年期、老年期直至临终濒死期的服务。其次表现为对疾病的各个阶段提供服务,从健康危险因素的监测,到机体最初出现功能失调,再到疾病发生、发展、演变、康复的各个阶段(包括患者住院、出院或请专科医师会诊、转诊等不同时期),社区卫生服务机构都对患者负有不间断的责任。再次表现为对各种健康问题负责,无论新、旧、急性或慢性问题,社区医护人员都要照顾到,并维护患者的健康,满足其完整的健康需求。

4. 可及性

可及性首先表现为社区居民就地、就近接受服务,居民不出自己的居住区或者不必去较远的地方就能享受到社区卫生服务;其次表现为居民经济上的可接受性,社区卫生服务的价格相对比较便宜,往往可以省去一系列可做可不做的检验费用,符合中低收入居民一般性医疗支出的承担能力;再次表现为服务者与服务对象之间具有关系亲密、情感互动的特征,他们之间生活或工作在同一社区,彼此不断往来,由熟悉发展为相互信任,在社区卫生技术人员为社区居民提供服务的过程中势必产生情感互动,这有利于取得良好的服务效果。

6.2 社区卫生服务的内容和方法

6.2.1 社区卫生服务的内容

1. 社区预防

社区预防是社区卫生服务机构在政府领导、社区参与、上级卫生机构的指导下,广泛宣传、动员社区成员,采取综合措施,预防和控制疾病,保障和促进社区居民健康水平的过程。社区预防工作的内容十分丰富,包括卫生宣传、计划免疫、预防接种、疫情报告、疾病监测、防疫保健、爱国卫生、社区居民健康检查和健康状况评价、控制社区不良生活方式以及协助卫生执法部门实施卫生监督、监测等。其工作重点有以下方面:

(1)疫情报告。疫情报告是传染病管理系统的重要信息,也是制定传染病防治措施的依据。社区卫生服务人员应按有关规定迅速、全面、准确地报告疫情,如2003年的"非典"疫情报告。

(2)预防接种和计划免疫。前者又称人工免疫,是预防传染病最有效的措施。后者是指根据传染病的疫情监测和人群免疫水平,按照科学的免疫程序,有计划地利用疫苗进行预防接种,以提高社区居民的免疫水平,控制乃至消灭相应传染病的预防措施。

(3)疾病监测。疾病监测是指长期系统地观察某种疾病的发生和传播,调查其各方面的影响因素,确定其变动趋势和分布动态,及时采取防治对策和措施,并对防治效果和经济效益做出评价,以达到控制和消灭疾病的目的。

(4)环境卫生指导。人类的健康与环境状况息息相关,因此,社区卫生服务人员要把保护社区环境、改善社区环境卫生作为社区预防的重点工作之一。

2. 社区医疗及护理

社区医疗及护理是社区全科医生和社区护士在其医学理论的指导下,运用适宜的中西医技术,为社区居民提供基本医疗服务的过程。社区全科医生是社区卫生系统从事全科医疗工作的基层医生,其职责是面向家庭,亦可称为家庭医生。社区护士是社区卫生服务机构中的护士,其主要职责是进入家庭,为患者提供护理服务,评估患者或家庭存在的健康问题,按护理对象的特点及健康问题,给予护理技术指导与帮助,并提供心理精神支持,其内容包括:

(1)开展常见病、多发病、诊断明确的慢性病的治疗并根据患者的病情需要,及时做好转诊、会诊等协调性服务。

(2)为社区居民建立健康档案,及时掌握居民及家庭的健康背景资料。社区居民健康档案的建立有两种方式:一种是个别建档,即在个别家庭成员来就诊时建档,然后通过多次临床接触和家访,逐步完善个人和家庭健康档案;另一种是全社区每家每户建档,这需要社区卫生服务人员深入社区每个家庭,收集个人及家庭的基础资料。

(3)提供急诊服务和现场急救。

(4)提供家庭出诊、家庭护理、家庭病床等家庭卫生服务。

(5)开展缓和医疗,为临终患者及其家族提供周到的、人性化的服务。缓和医疗又称临终关怀,是一种以临终患者为中心的关怀服务,社区医疗工作的重点是慢性病、地方病、职业病的防治。

3. 社区保健

社区保健是社区卫生服务机构协同有关部门,根据社区居民的文化和社会特点以及存在的卫生问题和健康需求,制订和实施社区保健计划,并进行检查评价的过程。社区保健的重点是儿童、妇女和老年人,其中,儿童保健的主要工作有:新生儿访视及护理指导,母乳喂养咨询及指导;婴幼儿早期教育,辅食添加及营养指导,生长发育评价;学龄前儿童心理发育指导及咨询,生长发育监测,托幼机构卫生保健指导;与家长配合对学龄儿童开展性启蒙教育和性心理咨询;儿童常见病、多发病及意外伤害的预防指导等。妇女保健的主要工作有:开展婚前卫生咨询与指导,进行婚前医学检查宣传,开展婚后卫生指导与生育咨询;了解孕妇的基本健康状况和生育状况,早孕初查并建册,开展孕妇及其家庭的保健指导;开展产后家庭访视,提供产后恢复、产后避孕、家庭生活调整等方面的指导;提供更年期有关生理和心理卫生知识的宣传、教育与咨询,指导更年期妇女合理就医、饮食、锻炼和用药,配合上级医疗保健机构开展妇科病症的筛查。老年保健的主要工作有:了解社区老年人的基本情况和健康状况;指导老年人进行疾病预防和自我保健,指导意外伤害的预防、自救和他救。

4. 社区康复

社区康复的主要范围有精神疾病患者及智障患者康复、身体残疾人康复(包括肢体伤残康复、小儿麻痹后遗症治疗、白内障复明)、聋儿语训、低视力康复、精神病防治康复、智力残疾预防和康复、残疾人用品用具服务以及肿瘤康复。

社区康复服务的主要形式有:与残联系统共同开展残疾人康复服务,建立残疾人档案,定期为社区内需要康复训练的残疾人制订康复训练计划,记录康复训练情况;负责社区康复员及残疾人亲属的康复技术培训,普及复知识;做好恢复期患者康复服务;做好慢性病康复服务。

5. 社区健康教育

"知识就是健康",社区健康教育就是传授健康知识。社区健康教育的目的是使社区居民能够亲自确定自己的健康问题,并在依靠自己的力量以及获取社会、家庭及他人的帮助和支持下,学会采用文明的、最佳的生活方式,改变不健康的行为及心理,以积极有效的健康行为促进身心健康。社区健康教育的主要内容包括:向社区居民宣传、普及医药科学知识;宣传、讲解国家的有关卫生法规和政策;对育龄夫妇进行计划生育、优生优育和妇女卫生教育;向社区居民介绍食品卫生与合理膳食知识;对社区居民进行良好行为和生活习惯教育;开展健康咨询活动,逐步转变社区居民"无病即健康"的传统观念;实施家庭护理指导,提高社区居民的自我服务与保健能力。

6. 社区计划生育技术服务

计划生育技术服务是社区卫生服务机构向社区居民宣传生育知识,开展遗传咨询,提供婚前检查、产前检查,传授节育方法以及相应医疗服务的过程。其主要内容包括:宣传避孕及节育知识、优生优育知识和妇幼保健知识,开展遗传咨询;提供婚前检查、产前检查;为育龄夫妇提供上环、取环、输卵(精)管结扎、人工流产手术服务,并坚持术后回访;为育龄夫妇讲解各种避孕药具体的使用方法和适宜对象,帮助他们选择安全有效的避孕药具;为育龄夫妇提供计划怀孕检查,发现计划外怀孕者,采取补救措施;为不孕症夫妇提供治疗信息或提供转诊服务;治疗节育手术并发症、后遗症;等等。

6.2.2 社区卫生服务的任务

1. 提供基本卫生服务,满足社区居民日益增长的卫生服务需求

社区卫生服务是以社区为范围,以社区居民的需求为导向,以社区居民为对象,以解决社区主要卫生问题、满足社区居民基本卫生服务需求为目的,为社区居民提供"六位一体"的有效、经济、方便、综合的基层卫生服务。它具有覆盖广泛、贴近居民、方便居民的特点。社区卫生服务能为社区居民提供适宜的医疗卫生技术,使社区居民获得基本的卫生服务,能在一定程度上满足社区居民日益增长的卫生服务需求。

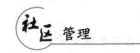

2. 提高社区居民健康水平，延长寿命，改善生活质量

社区卫生服务机构通过对社区居民采取一系列服务措施，包括给各类人群提供促进健康、预防疾病，各类人群的系统保健和健康管理，疾病的早期发现、诊断、治疗和康复，优生优育等各项服务，达到提高社区人口素质和社区居民健康水平、延长平均寿命、改善生活质量的目的。

3. 营造健康社区

通过社区健康教育与促进，使社区的每一个成员和每一个家庭都养成良好的生活习惯和健康行为，在社区创建良好的自然环境、社会心理环境和精神文明建设环境。紧密结合社区服务和社区建设，创建拥有健康人群与健康环境的健康社区。

6.2.3 社区卫生服务的方法

社区卫生服务的方式、方法是灵活多样的。社区卫生服务发展至今天，已至少拥有下述几种方法：一是在社区卫生服务中心和卫生服务站开展各项工作。二是上门服务，送医送药入户，即通过卫生服务小分队、医生联系卡、24小时电话预约等方式为社区居民提供卫生服务。三是居民选择医生签订社区卫生服务合同书，根据合同内容提供定期和不定期的医疗卫生服务。四是实行社区医生责任制，一名医生负责若干楼院或几个居民小区的全面卫生服务工作。五是医疗咨询热线服务，开通热线电话，提供各类医疗咨询以及联系住院、出诊、建立家庭病床等服务。六是双向转诊服务，社区卫生服务机构与大中型医院建立双向转诊服务机制，保证社区居民得到连续的、经济的医疗服务等。在实施社区卫生服务的过程中，应根据社区居民的具体情况，灵活选择服务方法。

6.3 社区卫生服务机构的建设和管理

社区卫生服务机构是指在城市范围内设置的，经区(市、县)级政府卫生行政部门登记注册并取得《医疗机构执业许可证》的社区卫生服务中心和社区卫生服务站。为保障居民公平享有安全、有效、便捷、经济的社区卫生服务，必须加强对城市社区卫生服务机构设置与运行等方面的管理，以提高社区卫生服务机构的服务能力和服务质量。

6.3.1 社区卫生服务机构的建设

社区卫生服务机构建设包括社区卫生服务中心与社区卫生服务站的建设。社区卫生服务中心原则上按街道办事处范围设置，以政府举办为主。在人口较多、服务半径较大、社区卫生服务中心难以覆盖的社区，适当设置社区卫生服务站或增设社区卫生服务中心。

1. 社区卫生服务机构的申办

1) 申请条件

申请设置社区卫生服务机构应具备以下条件：符合本地医疗机构设置规划；符合国家规定的医疗机构基本标准；有合适的场所；有必要的资金。

2) 申请材料

(1) 设置申请书。向当地卫生行政机构提出书面申请是工作的第一步，"设置申请书"不需要太复杂，只要表达出设置社区卫生服务机构的意愿即可。

(2)社区卫生服务机构设置的可行性报告。

3)申请程序

(1)申请。向县、区级以上卫生行政部门(县、区卫生局)提出申请;卫生行政部门审查同意后,填写"医疗机构执业申报表";卫生行政部门验收合格后,发给"中华人民共和国卫生机构执业证书"(包括正本和副本);取得"执业证书"后,可凭执业证书向有关部门办理其他手续(如收费许可证、在银行设立账户等)。

(2)登记。申请执业登记应具备以下条件:有设置社区卫生服务机构的批准书;符合社区卫生服务机构的基本标准;有适合的名称、组织机构和场所;有与其开展业务相适应的经费、设施、设备和专业卫生技术人员;有相应的规章制度;能够独立承担民事责任。

(3)检验。领取执业许可证时应核对:类别、名称、地址、法人代表;所有制形式;注册资金;服务方式;诊疗科目;房屋建筑面积、床位;服务对象;职工人数;执业许可证登记号。

2. 社区卫生服务机构的基本标准

1)基本设施

业务用房使用面积不应少于60平方米,布局合理,至少设有诊室、治疗室药房、输液观察室、健康教育宣传栏等设施,符合国家卫生学标准,并体现无障碍设计要求。

根据社区卫生服务功能、居民需求、社区资源等设置适宜数量的床位。

具备开展社区预防、保健、健康教育、计划生育、医疗、康复等工作的基本设备以及必要的通信工具。

配备常用药品和急救药品。

2)管理制度

社区卫生服务机构应建立健全各项规章制度。具体来说,管理制度包括以下内容:人员职业道德规范与行为准则;人员岗位责任制度;人员培训、管理、考核与奖惩制度;技术服务规范与工作制度;服务差错及事故防范制度;服务质量管理制度;财务、药品、固定资产、档案、信息管理制度;医疗废物管理制度;社区协作与民主监督制度;其他有关制度。

3)基本功能

社区卫生服务机构必须为辖区内全体居民提供有效、经济、方便、综合、后续的基本卫生服务,包括公共卫生服务与基本医疗服务。

(1)社区卫生服务机构应提供以下公共卫生服务:

①卫生信息管理。根据国家规定收集、报告辖区有关卫生信息,开展社区卫生诊断,建立和管理居民健康档案,向辖区街道办事处及有关单位和部门提出改进社区公共卫生状况的建议。

②健康教育。普及卫生保健常识,实施重点人群及重点场所健康教育,帮助居民逐步形成有利于维护和增进健康的行为方式。

③传染病、地方病、寄生虫病预防控制。负责疫情报告和监测,协助开展结核病、性病、艾滋病、其他常见传染病以及地方病、寄生虫病的预防控制,实施预防接种,配合开展爱国卫生工作。

④慢性病预防控制。开展高危人群和各类慢性病病筛查,实施高危人群慢性病病例管理。

⑤精神卫生服务。实施精神病社区管理,为社区居民提供心理健康指导。

⑥妇女保健。提供婚前保健、孕前保健、孕产期保健、更年期保生妇女常见病预防和筛查。

⑦儿童保健。开展新生儿保健、婴幼儿及学龄前儿童保健,协助对辖区内托幼机构进行卫生保健指导。

⑧老年保健。指导老年人进行疾病预防和自我保健,进行家庭访视,提供针对性的健康指导。

⑨残疾康复指导和康复训练。

⑩计划生育技术咨询指导,发放避孕药具。

⑪协助处置辖区内的突发公共卫生事件。

⑫政府卫生行政部门规定的其他公共卫生服务。

(2)社区卫生服务机构应提供以下基本医疗服务:

①一般常见病、多发病诊疗、护理和诊断明确的慢性病治疗。

②社区现场应急救护。

③家庭出诊、家庭护理、家庭病床等家庭医疗服务。

④转诊服务。

⑤康复医疗服务。

⑥政府卫生行政部门批准的其他适宜医疗服务。

6.3.2 社区卫生服务机构的管理

1. 社区卫生服务机构管理的含义

社区卫生服务机构管理是综合运用管理学理论、方法和技术,对开展社区卫生服务的人、财、物、信息、时间和空间等资源进行的科学管理。其目的是通过组织、计划、协调和控制等环节,使社区所拥有的卫生资源充分运用起来,使其发挥最大效率、取得最大效益,实现社区卫生服务的目标。

2. 社区卫生服务机构管理的体制

卫健委负责全国社区卫生服务机构的监督管理。区(市、县)级以上地方政府卫生行政部门负责本行政区域内社区卫生服务机构的监督管理。当地卫生行政部门是社区卫生服务的主管部门,负责计划、组织、管理、监督、指导和评价工作。凡设置社区卫生服务机构或开展社区卫生服务,必须经过当地卫生行政部门审批,从事社区卫生服务的专业技术工作人员,必须具有卫生行政部门认可的卫生专业技术人员资格。除卫生行政部门外,其他相关的职能部门应根据自己的职责,重视和加强对社区卫生服务的支持和监督。社区卫生服务机构执业须严格遵守国家有关法律、法规、规章和技术规范,加强对医务人员的教育,实施全面质量管理,预防服务差错和事故,确保服务安全。

3. 社区卫生服务机构管理的内容

1)社区卫生服务机构的资源管理

社区卫生服务资源是指提供社区卫生服务过程中需要的全部要素,包括社区卫生服务的人力、经费、设施、装备和药品等。社区卫生服务资源管理就是综合运用行政的、经济的、法律的、政策的和规划的管理方法与手段,对社区卫生服资源进行合理的配置。对社区卫生服务资源实施科学化、规范化管理,将会使整个社区卫生服务的工作处于最佳状态,有效地提供社区卫生服务,发挥卫生资源的最佳效率,获得最大的社会效益和经济效益。社区卫生服务资源管理包括社区卫生服务人力管理、财力管理与物力管理。

(1)社区卫生服务人力管理。其内容包括人员的招聘、配备和使用,人员的培训,人员的考核和奖惩等。

(2)社区卫生服务财力管理。它又称为财务管理或经费管理,它是对社区卫生服务机构有关资金的筹集、分配、使用等财务活动所进行的计划、组织、指挥、协调和考核等工作的总称,是社区卫生服务资源管理的重要组成部分。社区卫生服务财力管理的内容包括预算管理、收入与支出管理、财务分析与财务监督等。

(3)社区卫生服务物力管理。它是指对社区内自然资源的开发、利用和物质资料的分配、流通等进行计划、组织、指挥、控制的过程,如对医疗设备的管理就是一个从编制计划、可行性论证、落实资金、选型洽谈、订购、验收及安装调试到使用的管理过程,主要包括对社区卫生服务机构固定资产、低值易耗品、药品、卫生材料等物力资源的管理。社区卫生服务物力管理的目的在于:按照自然规律和经济规律的要求,以社区卫生服务发展目标为出发点,从动态和静态的结合上研究社区卫生服务物力资源的运动规律,合理组织物力资源的开发和利用,以达到社区卫生服务资源的合理配置,盘活资源存量,减少积压,加快物资使用周转率,增加资金利用效率,降低卫生服务成本,提高服务质量,满足社区居民的医疗卫生服务需求。

2)社区卫生服务机构的信息管理

当今社会是一个信息化社会,开展社区卫生服务同样也离不开信息,社区卫生服务信息管理是对社区卫生机构可用的数据、信息和知识资源进行有效的开发,就是把社区卫生服务管理过程作为管理信息的收集、加工、处理、应用和反馈的过程。通过信息为管理服务,将管理决策建立在信息充分利用的基础之上。由此可见,社区卫生服务信息管理有双重含义,可分别理解为"社区卫生服务信息的管理"和"社区卫生服务的信息管理"。前者指对社区卫生服务信息进行的管理,包括信息的收集、加工、处理、存储、传输和反馈等;后者是指社区卫生服务的一种管理方式或模式。社区卫生服务信息管理的内容主要有两个方面:一是社区卫生服务信息的来源、收集和处理;二是社区卫生服务信息的利用。由此可见,开展社区卫生服务的信息管理过程,实际上也就是一个向管理信息化靠拢的过程。加强社区卫生服务信息管理,区(市、县)及设区的市政府卫生行政部门应建立信息平台,为社区卫生服务机构提供本地相关大中型医疗机构的专科设置、联系方式等转诊信息,支持社区卫生服务机构与大中型医疗机构建立转诊协作关系。社区卫生服务机构对限于设备或者技术条件难以安全、有效诊治的患者应及时转诊到相应医疗机构诊治。对医院转诊患者,社区卫生服务机构应根据医院建议与患者的要求,提供必要的随访、病例管理、康复等服务。

3)社区卫生服务机构的营销管理

与现代市场营销一样,社区卫生服务也必须树立正确的营销观念,那就是以人为本,以健康为中心,以需求为导向的营销理念。社区卫生服务机构的营销管理就是在这样的理念指导下,对社区卫生服务机构整个营销活动及过程的管理,包括社区卫生服务市场需求量的估计与预测管理、社区卫生服务项目决策管理、社区卫生服务定价决策管理、社区卫生服务销售决策管理及社区卫生服务质量监控等内容。通过管理,旨在规范社区卫生服务机构的营销活动,从而真正体现出社区卫生服务的公益性。

4)社区卫生服务机构的质量管理

社区卫生服务机构管理的一个核心内容就是质量管理,社区卫生服务质量是社区卫生服务的生命线。没有质量,社区卫生服务机构就不能生存和发展。社区卫生服务机构的质量管理就是根据社区卫生服务本身的特点,遵照现代质量管理思想,对社区卫生服务机构进行有效的管理。其目标是:获得更高、更好的社区卫生服务质量;提高社区卫生服务水平,使广大人民群众更加满意;合理配置社区卫生资源,不断提高管理水平;提高医疗卫生服务的科技水平;培养卫生技术人员,提高他们的素质和技能,取得更好的社区卫生服务成果。

6.4 社区卫生服务的改革和发展

6.4.1 我国社区卫生服务的发展现状

1. 我国社区卫生服务取得的成就

我国城市社区卫生服务事业兴起于20世纪90年代,在《中共中央、国务院关于卫生改革与发展的决定》《关于城镇医药卫生体制改革的指导意见》《关于发展城市社区卫生服务的若干意见》等重要文件精神的指导下,在各级政府尤其是卫生部门和民政部门的努力下,全国社区卫生服务进展顺利,已经步入了加速、健康发展的新阶段。根据《2018年我国卫生健康事业发展统计公报》,我国政府的卫生支出由2017年的15205.9亿元增加到2018年的16390.7亿元,占当年全国一般公共预算支出的7.4%左右,仅次于教育、科学技术、文化体育、社会保障与就业的支出。就卫生资源来说,从《2018年我国卫生健康事业发展统计公报》公布的数据可见,每千人口医疗卫生机构床位数由2017年5.72张增加到2018年的6.03张。该数字已高于国务院办公厅于2015年印发的《全国医疗卫生服务体系规划纲要(2015—2020年)》中设定的2020年医疗卫生资源的总量标准,即"到2020年,每千常住人口医疗卫生机构床位数控制在6张"。

2. 我国社区卫生服务存在的问题

(1)业务用房紧张。社区卫生服务要求低价提供业务用房,但目前这一问题解决得不太理想,社区卫生服务用房主要是按商品房租用,且房源紧张、租金高、面积小、房子旧,这些问题都严重制约着社区卫生服务工作的发展。

(2)缺乏全科医疗服务人才。社区卫生服务需要合格的全科医疗人员,但现在社区卫生服务机构的医疗人员多是基层医院派出的专科或护理人员,且搭配不合理,难以吸引更多的群众接受社区卫生服务。

(3)社区卫生服务经费不足。一是预防保健经费不足,社区卫生机构一方面要为自身生存获取收入;另一方面还要承担社区公共支出,出现了预防保健做得越多,垫付经费越多的现象,使社区卫生服务难以维系。二是保健教育经费缺乏,使社区卫生服务机构处于两难境地。

(4)有关社区卫生服务的政策尚不配套。由于现行医疗保障制度限制,公费、劳保报销医疗尚未纳入社区卫生服务范围,许多患者因报销问题不能参加社区卫生服务网络,许多可以在社区中得到医疗的患者,只能滞留在大医院,加重了患者的医药费开支。

(5)医疗网点密布、过多、过滥,特别是个体行医不承担社区的无偿服务工作,形成事实上的不公平竞争,不利于社区卫生服务的健康发展。

(6)保健意识淡薄。社区居民对社区卫生服务知识了解较少,自我保健意识不强,健康投入意识差,也给社区卫生服务的开展造成很大难度。

6.4.2 我国社区卫生服务的进一步发展

1. 我国社区卫生服务的发展目标

2009年4月,中共中央国务院出台了《关于深化医药卫生体制改革的意见》,着重从发挥政府职能、健全专项政策法规、建立健全人才和投入机制等方面指明了医疗卫生事业的发展和改革方向。新医改提出要完善以社区卫生服务为基础的新型城市医疗卫生服务体系,建立健全覆盖城乡居民的基本医疗卫生制度,为群众提供安全、有效、方便、价廉的医疗卫生服务。2014年,我国完成了《全国医疗卫生服务体系规划纲要》(2015—2020年)编制,继续巩固完善基层运行新机制。2020年,全国地级以上城市和有条件的县级市建立了比较完善的城市社区卫生服务体系:社区卫生服务机构设置合理,服务功能健全,人员素质较高,运行机制科学,监督管理规范,居民可以在社区享受到疾病预防等公共卫生服务和一般常见病、多发病的基本医疗服务。

2. 发展社区卫生服务的基本原则

坚持社区卫生服务的公益性质,注重卫生服务的公平、效率和可及性;坚持政府主导,鼓励社会参与,多渠道发展社区卫生服务;坚持实行区域卫生规划,立足于调整现有卫生资源,辅以改扩建和新建,健全社区卫生服务网络;坚持公共卫生和基本医疗并重,中西医并重,防治结合;坚持以地方为主,因地制宜,探索创新,积极推进。

3. 实现社区卫生服务可持续发展的措施

1) 制定实施社区卫生服务的发展规划

各级政府要根据经济社会的发展情况,制定社区卫生服务的发展规划,并制定相关的政策措施,保证规划顺利实施。要将发展社区卫生服务纳入当地国民经济和社会发展规划及区域卫生规划,并动员一切力量实施好规划。在城市新建和改建居民区中,社区卫生服务设施要与居民住宅同步规划、同步建设、同步投入使用。市辖区人民政府原则上不再办医院,着力于发展社区卫生服务。

2) 加大对社区卫生服务的经费投入

足够的资金是发展社区卫生服务的基本保证,为此各级政府要调整财政支出结构,建立稳定的社区卫生服务筹资和投入机制,加大对社区卫生服务的投入力度。地方政府要为社区卫生服务机构提供必要的房屋和医疗卫生设备等设施,对业务培训给予适当补助,并根据社区人口、服务项目和数量、质量及相关成本核定预防保健等社区公共卫生服务经费。各地在条件允许情况下,设立专项补助经费,用于启动和发展社区卫生服务,并将其纳入财政和卫生事业常规预算,按辖区居民人口定额足额拨付。

3) 发挥社区卫生服务在医疗保障中的作用

按照"低水平、广覆盖"的原则,不断扩大医疗保险的覆盖范围,完善城镇职工基本医疗保险定点管理办法和医疗费用结算办法,将符合条件的社区卫生服务机构纳入城镇职工基本医疗保险定点医疗机构的范围,将符合规定的医疗服务项目纳入基本医疗保险支付范围,引导参保人员充分利用社区卫生服务。探索建立以社区卫生服务为基础的城市医疗救助制度,为此,社区卫生服务机构应尽快实现如下转变:由以社区医疗为主转为以社区保健为主;由以特殊和特定的社区群体为主转向以普遍的和一般的社区群体为主；由社区治疗、社区康复为主转为以社区疾病预防和社区健康教育为主；由单一、初级的社区卫生计划转为以综合、高级的社区卫生计划为主；注重社区卫生计划的实施，也注重社区卫生计划的评价与监测。

4) 落实有关部门职责，促进社区卫生服务发展

卫生部门要负责制定社区卫生服务发展规划、准入标准和管理规范，制定社区公共卫生服务项目，加强行业监督管理。按照国家有关规定，组织开展社区卫生服务从业人员岗位培训和继续教育。机构编制部门要牵头研究制定政府举办的社区卫生服务机构人员编制标准的意见。发展改革部门要负责将社区卫生服务发展纳入国民经济和社会发展规划，根据需要安排社区卫生服务机构基础设施建设投资。价格部门要研究制定社区卫生服务收费标准和药品价格管理办法。教育部门要负责全科医学和社区护理学科教育，将社区卫生服务技能作为医学教育的重要内容。民政部门要负责将社区卫生服务纳入社区建设规划，探索建立以社区卫生服务为基础的城市医疗救助制度，做好社区卫生服务的民主监督工作。财政部门要负责制定社区卫生服务的财政补助政策及财务收支管理办法。人事部门要负责完善全科医师、护士等卫生技术人员的任职资格制度，制定社区全科医师、护士等卫生技术人员的聘用办法和吸引优秀卫生人才进社区的有关政策。劳动保障部门要负责制定促进城镇职工基本医疗保险参保人员到社区卫生服务机构就诊的有关政策措施。建设（规划）部门要负责按照国家有关标准，将社区卫生服务设施纳入城市建设规划，并依法加强监督。人口和计划生育部门要负责社区计划生育技术服务的指导和管理。食品药品监管部门要负责社区卫生服务所需药品和医疗器械的质量监督管理。中医药部门要负责制定推动中医药和民族医药为社区居民服务的有关政策措施。

5) 加强社区卫生服务队伍建设

加强社区卫生服务队伍建设就是要加强高等医学院校的全科医学、社区护理学科教育，积极为社区培训全科医师、护士，鼓励高等医学院校毕业生到社区卫生服务机构服务。要完善全科医师、护士等卫生技术人员的任职资格制度，制定聘用办法，加强岗位培训，开展规范化培训，提高从业人员素质和专业技术能力。要采取多种形式鼓励和组织中大型医院、预防保健机构、计划生育技术服务机构的高、中级卫生技术人员定期到社区卫生服务机构提供技术指导和服务，社区卫生服务机构要有计划地组织卫生技术人员到医院和预防保健机构进修学习、参加学术活动，鼓励退休医护人员依照有关规定参与社区卫生服务。

6) 加大宣传力度，完善和落实社区卫生服务的综合功能

发展社区卫生服务要统一认识、解放思想、更新观念、转变服务模式；要加强管理，采取措施深化卫生改革机制，提高公共卫生和基本医疗服务水平；要体现"以人为本"，一切从人民群众的利益出发，化解"看病贵、看病难"问题；要进一步落实和完善"六位一体"服务功能，为居民提供便捷、高效的社区卫生服务。为提高大众健康教育宣传活动效果，社区卫生服务的宣传方式和手段要采取多种形式相结合，积极与大众媒体合作，认真研究和协调电视、广播、报纸等大众媒体，开设健康教育频道或专栏。制订年度健康教育工作计划，要保证可操作性和可实施性。社区卫生服务机构作为全民公益性事业单位，以保障社区居民的医疗卫生和健康为主要任务，要加大相关医疗机构对社区卫生服务机构的专业指导，组织上级医院和社区卫生机构之间相关互动活动，加强业务信息来往和共享，逐步完善首诊制和双向转诊制度。为发挥社区卫生服务医疗保障作用，应把达到城镇职工、居民基本医疗保险相关标准的社区卫生服务机构和

服务项目,分别设定为城镇职工、居民基本医疗保险定点医疗机构和城镇职工、居民基本医疗保险支付项目,通过在社区实行首诊制,设立康复点和计划生育教育指导班等方式,来提高居民对社区卫生服务资源的利用。

7) 完善区域卫生信息平台建设

区域卫生信息平台建设是社区卫生服务发展现代化信息建设的重要内容,主要是以实现社区卫生服务机构与其他医疗机构之间、社区卫生服务机构与卫生管理机构之间以及其他医疗机构卫生管理机构之间,三者相互连接进行信息资源共享的信息平台。作为一个信息资源共享平台,在功能设置上可以实现以卫生管理机构、社区卫生服务机构、其他医疗机构以及社区居民为对象,把健康档案、医疗服务、医疗保障等一系列内容进行整合,在信息平台中形成全面互动的卫生资源共享。为完善区域卫生信息平台建设,应认真落实基本建设标准,根据实际发展情况出发来完善区域卫生信息平台建设。加强区域卫生信息平台建设的管理和监督,组织各监管部门设置一个区域卫生信息平台建设管理小组,严格执行建设要求和协调工作,确保平台的正常运行。针对区域卫生信息平台建设,要从资金和人才两方面加大政府投入力度,形成确保区域卫生信息平台正常运行的专项经费保障机制,大力引进信息技术人才,进一步完善平台的建设,形成确保区域卫生信息平台正常运行的保障机制。

本章小结

1. 社区卫生服务是城市卫生工作的重要组成部分,是实现人人享有初级卫生保健目标的基础环节。大力发展社区卫生服务,对优化城市卫生服务结构、方便群众就医、减轻费用负担、建立和谐医患关系都具有十分重要的意义。

2. 社区卫生服务的对象是社区内的全体居民,包括健康人群、亚健康人群、高危人群和患者。社区卫生服务具有全民性、综合性、连续性、可及性等特点。

3. 社区卫生服务的内容包括社区预防、社区医疗及护理、社区保健、社区康复、社区健康教育、社区计划生育技术服务等六个方面,其服务的方式、方法灵活多样。

4. 社区卫生服务机构是指在城市范围内设置的、经区(市、县)级政府卫生行政部门登记注册并取得《医疗机构执业许可证》的社区卫生服务中心和社区卫生服务站。社区卫生服务机构建设的内容包括机构的申办、机构的基本标准等。社区卫生服务机构管理的内容包括资源管理、信息管理、营销管理、质量管理四个方面。

5. 为满足广大群众的基本卫生服务需求,应着力推进体制机制创新,实现社区卫生服务的可持续发展。

思考题

1. 什么叫社区卫生服务?请简述发展社区卫生服务的意义。
2. 简述发展社区卫生服务应遵循的基本原则。
3. 简述社区卫生服务的主要内容及主要方式。
4. 联系当地实际,谈谈如何进一步发展社区卫生服务。

典型案例

重庆市"家庭医生"助力城市社区卫生建设

在重庆大渡口区茄子溪街道伏牛溪社区里,活跃着一支社区"家庭医生"队伍,他们手边放着听诊器、测压仪,准备随时为辖区居民提供基础医疗卫生服务。居民不仅可以到社区卫生服务中心免费量血压、测血糖,听中医养生讲座、咨询健康保健知识,若有需要,还可以打电话将"家庭医生"邀请上门,实现打个电话"家庭医生"就上门,在家享社区医疗服务。据悉,"家庭医生"式服务能为签约居民提供预约上门诊治、建立健康档案和用药专项指导等个性化医疗服务,及时跟进居民的身体健康状况,受到了居民的欢迎。

一、一个电话,"家庭医生"上门

钟某今年59岁,患有糖尿病、高血压,每季度定期来社区卫生服务中心中心检查身体,年初听闻社区"家庭医生"签约启动,便立刻报名签约。当时便知签约者能享受"点对点"上门服务等十多项优惠措施,拿到了"家庭医生"张医生的电话号码。有天他早上起来头晕,抱着试试的态度打通了电话,没想到张医生就来到了家中。据了解,伏牛溪社区居民与所信任的"家庭医生"签约,根据自身病情需要,只要医生有时间,便会对特殊人群进行上门服务,"私人定制"家庭责任医生服务的特点便是主动服务、上门服务、一对一服务,面对面地为辖区居民提供优质医疗服务资源,对群众负责,让群众满意。

二、上门服务,看病方便快捷

29岁的李某因患有身体残疾,出门十分不便,一直由奶奶照料。昨日,李某家中来了两位"家庭医生"为他检查身体,奶奶很是高兴。"每次去医院都很麻烦,都是由他爷爷背上车,去了医院,排、检查、拿药,一套办下来要一整天。"说起以前的看病烦恼,奶奶十分感慨,看着医生为孙子检查身体,又对她嘘寒问暖,奶奶越发感动。医生在检查完李某的身体后,又为两位老人测量了血压、血糖,还在纸上留下了自己的电话号码。社区工作人员介绍,社区的低保户、残疾人、老年人等特殊人群,社区联系"家庭医生"为他们提供免费上门诊断服务,减轻他们的负担。

三、常来常往,建立良好关系

半年前,长征二村的龚某在社区签约"家庭医生"后,曾医生就成了她的"私人医生"。这半年以来,龚某的身体一直是曾医生在照料,两人建立了十分友好的关系,龚某对曾医生很是信任。一番细心检查后,曾医生发现龚阿姨的腿有点肿,便开启了"叮嘱模式":"龚阿姨,平时多活动活动手脚,别忘了吃降压药。"

除了"家庭医生"上门服务,伏牛溪社区还定期在社区进行健康教育和慢性病随访干预,每季度为各社区居民普及健康教育知识,增强居民医疗保健意识。

问题:

1. 重庆市的家庭医生制度呈现出了哪些特点?
2. 结合生活实际,你认为家庭医生制度在推行过程中需要注意哪些问题。

第7章 社区服务管理

学习目标

通过本章的学习,了解社区服务的概念及其性质和内容,了解社区服务的起源及发展历程,掌握社区服务的管理与实施要领。

关键概念

社区服务　社区服务管理

导入案例

深圳市水贝工业小区

深圳市在老旧住宅区的环境治理方面有着比较成功的经验。水贝工业居民小区曾是一个以"脏、乱、差"出名的小区,民用市政配套设施不全,设备陈旧老化,排水管道锈损,污水四溢,车辆停放杂乱无章,乱搭乱建现象严重,垃圾随意倾倒,恶臭难闻。为此,深圳特力物业管理公司把这个小区列为全面整治的重点对象,该公司拆除违章建筑面积达3200平方米,增加了绿化面积并加强养护,维修了公用设施和区内道路,改造了停车场,增设了路灯,规范了各种标识。经过全面整治后,水贝工业区的社区环境大为改观,治安状况明显好转,社区文化日益繁荣,受到了居民的广泛好评。后来,这个小区被深圳市评为安全文明标兵小区。

7.1 社区服务概述

7.1.1 社区服务的含义与性质

1. 社区服务的含义

服务与实物本质的不同在于它是一种动态过程中的活动,不仅是经济活动,同时还是社会活动和文化活动。每一瞬间的服务量无法被积累起来,真正能积累的是服务者和被服务者之间的情感、相互的体贴与关爱。可见服务是人自身的活动,是人与人之间一种特有的交换,可以不必完全依赖外在的物质载体进行。

社会服务的消费特性是非排他性和供给空间的不可分割性。一定时空下的同一社会服务,可以被多个消费者同时消费而不会影响到消费者的满足程度,服务的接受者必须集体接受服务,而不能在自己接受服务的同时排斥他人。这些特征在经济上符合公共物品的特点,在文化上符合兼得和共享的人文精神。人类并不是命中注定是物化的,人心是由环境塑造的,人的物化在倡导人性服务的文化环境中会减弱甚至消失,而主要是将兴趣转向到对精神生活的追求。

我国的社区服务是指在政府的指导和扶持下,在民政部门的倡导和组织下,以街道和居委会为依托,以社区居民的自助互助为基础,关注弱势群体,面向社区全体居民,以提高社区居民生活质量为最终目的的社会福利服务。

2. 社区服务的特征

1) 福利性

社区服务的第一个特征是福利性。福利性是社区服务最根本、最本质的特征。社区服务首先以维护、确保弱势群体,如老年人、残疾人及其他特殊群体的最基本生活为出发点和归宿,这是福利特性最明显的体现。同时,随着国家和社会支持力度的不断加大,社区服务的对象也扩大到社区中的全体居民,这方面的社区服务包括便民利民的生活服务、文化娱乐服务、卫生保健服务、环境保洁服务等。

社区服务的福利性使它与商业性服务或市场化服务从根本上相区别,面向社会弱势群体的社区服务基本是无偿的,但也有属于抵偿性的有偿服务。面向全体居民的社区服务更多地体现出有偿服务,但这种服务和商业性服务的本质区别在于,前者不是以追求经济效益为基本目标,而是以追求社会效益为基本目标。有偿服务的创收将继续投入福利服务事业,以实现社区服务的良性循环。

2) 互助性

社区服务的第二个特征是互助性。社区服务强调充分利用社区内外的各种资源,通过社区成员之间的自助互助服务以及社区组织、福利机构等与居民之间的互助服务,以满足全体居民特别是弱势人群的服务需求。社区居民之间的互助,如邻里、街坊之间的关照、帮困、解难、救急等具有传统特色,不仅有助于解决居民相互的实际困难,同时也能增进彼此的情感交流,这对促进社区整合显然是有利的。

3) 地域性

社区服务的第三个特征是地域性。这是社区服务与一般性社会福利服务和专门性社会福利服务(如老年人服务、残疾人服务、儿童服务)的不同之处。社区服务是一种属地式服务,它以特定的社区为载体,从本社区的实际需要出发,为社区居民提供多层次、多方面、多样化的服务。应当指出,这里所涉及的"本社区居民"不仅包括原居民,也包括在该社区生活超过一定年限的"流动人口"。不同的社区由于地理环境、文化条件、人口状况、经济发展水平等的差异,所提供的社区服务在形式和内容上不可避免地会体现出各自的特点。

7.1.2 社区服务的基本内容

1. 为社会弱势群体提供的社区服务

社会弱势群体是指那些依靠自身的力量或能力无法保持个人及家庭成员最基本的生活水准,需要国家和社会给予支持和帮助的社会群体。社会弱势群体一般由老年人、残疾人、贫困者等组成。我国改革中出现的大量下岗、失业人员也属于弱势群体,少年儿童(特别是其中的"问题儿童"、残疾儿童)也是弱势群体的组成部分。因此,面向社会弱势群体的社区服务应当包括多方面的内容。

1) 以老年人为对象的社区服务

以老年人为对象的社区服务是社区服务最基本的内容之一。我国已于2000年进入老龄化社会,60岁及以上的老年人口已占总人口的10%以上,在城市、特别是大中城市,老龄化速度更快。因此,对老年人的照顾服务已经成为一个突出的社会问题。

我国现在正处于社会主义的初级阶段,对老年人的照顾服务应该采取如下的形式:第一,在社区中心建老年服务设施,对无依无靠、生活又不能自理的老人进行院舍照顾服务。这种院舍一般是开放的,老人可以方便地进出院舍,和社区保持密切联系。第二,在社区中心等地设置其他服务设施,以方便有需要的老人随时享用。第三,对行动不便、家庭照顾有困难的老人由社会工作者上门服务,以解决其日常生活困难,排解其心中郁闷。

2) 以残疾人为对象的社区服务

残疾人是一个存在特殊困难的群体,其人口数量的绝对值较大。为残疾人提供社区服务也是各种社区服务的基本内容之一。残疾人在社会生活中所遭遇的困难很多,如日常生活困难、劳动就业困难、接受教育困难、婚姻择偶困难、身心康复困难、社会活动困难等。残疾人服务主要是针对盲人、聋哑人、肢体残疾人、弱智者和精神病患者提供服务,主要包括建立残疾人就业保障基金,成立特殊教育学校(学院)、开展残疾人职业培训、兴办福利工厂、建立残疾人活动中心或残疾人文化活动室等。

3) 以少年儿童为对象的社区服务

这方面的服务又可分为以普通少年儿童为对象的社区服务和以特殊少年儿童为对象的社区服务。

(1) 以普通少年儿童为对象的社区服务。这方面的服务可包括:发展少儿福利设施,如托儿所、幼儿园、少儿活动中心等,为少儿的健康成长创造更加适宜的条件;为幼儿园及小学低年级学生提供接送和照看服务,为中小学生提供午餐服务等;开展针对少年儿童的社区教育,包括知识技能教育以及思想品德教育,以巩固学校教育的成果或弥补学校教育的不足。

(2) 以特殊少年儿童为对象的社区服务。对身心残疾、失足儿童,社区可通过兴办儿童福利院等设施,对他们施以特殊照顾。对"问题儿童"社区可提供帮教服务,通过成立由社区各相关机构及家长联合组成的帮教小组,对"问题儿童"加以教育和引导,以使他们迷途知返。

4) 以贫困者为对象的社区服务

在社会转型与经济转轨加速推进的情况下,城市中的贫困者除过去的"三无"人员之外,又出现了大量新的贫困者,即大量存在的失业、下岗人员。这些新贫困者一般集中生活在社区,为社区服务增加了新的任务。对贫困者的社区服务,首先是配合政府有关部门贯彻落实最低生活保障制度,使他们能够维持最基本的生活。其次,还要动员社会力量对特困群众开展"爱心工程一帮一"等形式多样的救贫济困活动。对下岗、失业人员,社区还应为他们提供再就业服务,包括成立职业介绍所和就业指导中心,开展职业培训,帮助下岗职工在短期内掌握专业技能;发展社区服务,提供服务岗位,如卫生清洁、便民服务站点、家政服务;建立独立于企事业单位之外的社会保障体系,为失业人员提供最基本的生活保障。

2. 为社区优抚对象提供的社区服务

社会优抚对象包括革命烈士家属、牺牲病故军人家属、革命伤残军人、现役军人家属、复员退伍军人和其他特殊对象。为社会优抚对象提供社区服务主要涉及帮助他们排解养老、住房、就医及日常生活困难,帮助行动不便者及时领取国家抚恤金、政府的定期定量补助和临时补助,对现役军人家属的就业、就学、入托等提供切实帮助,开展多种形式的拥军优属活动、军民联谊活动等。

3. 为全体社区居民提供的便民利民服务

便民利民服务是指由基层团体、个人,针对社区居民日常生活经常遇到的困难和实际需求,结合自身条件而开展的各种有偿或低偿服务。面向社区居民的便民利民服务,可以看成是社区服务的补充和延续。

这方面的服务涉及社区居民生活的各个方面,几乎无所不包、无处不在,比如在社区设立各种代办服务站点,代居民买米、送煤、换煤气、煎药、煮饭、看护患者等;社区医院可为卧床不起、行动不便的患者设立家庭病房,提供送医送药上门服务;设立昼夜服务商店、饭店、美容美发店、洗衣店、寄放店、维修点,方便居民购物、吃饭等日常生活所需;社区还可开展各种咨询、介绍服务等。有的社区还开通了便民热线电话,尽量使各项需求能够迅速得到满足。便民利民服务的发展潜力很大,在整个社区服务中的地位日益重要。

目前,针对社区全体居民的服务还不是我国社区服务的重点,但随着社会的进一步发展,这方面服务的地位将不断上升。

7.2 社区服务的兴起和发展

7.2.1 国外社区服务的兴起和发展

1. 社区服务的由来

现代意义的社区服务最初出现于西方国家,迄今已有一百多年的历史。资本主义国家的工业革命促进了城市的发展,同时也导致了失业人口急剧上升、贫困人口激增等问题。在这种情况下,社区服务作为资本主义早期社会福利的一种形式,作为解决社会问题的一种方式,首先在英国诞生。对城市中的无收入或低收入的贫困群体、老年人等提供社会救济服务,是以社区为单位开展的,各地纷纷成立社区服务的组织。1869年,在索里牧师的倡导下,在英国伦敦成立的"慈善组织会社";1884年,英国的巴涅特牧师在伦敦东区首创了社区睦邻服务中心,即历史上有名的"汤恩比馆"(Toynbee House);1889年,在芝加哥成立了"赫尔会馆"(Hull House)。这些社区服务中心,进一步推动了社区服务的发展。

2. 国外社区服务的发展

第二次世界大战以后,西方国家在经济高速发展的同时,也出现了失业和贫困人口增加,青少年犯罪严重,老年人、儿童及妇女权益保护突出等各种社会问题,使社会不堪重负;同时,物质生活水平的提高和生活方式的改变,促使人们产生了新的社会需求,原有的社会服务体系不能与之相适应。西方一些国家感到单纯依靠政府不可能解决所有的社会福利和社会服务问题,因而开始尝试将由政府负担的社会福利和社会服务转向社区和其他社会组织,依靠多种社会力量解决这些问题。其中,英国的社区照顾、德国的"邻里之家"、美国和日本的社区服务都颇具特色。

1) 英国的社区照顾

英国的社区照顾(community care)是当代西方发达国家社区服务工作的典范。作为一种社区服务运动,社区照顾兴起于20世纪50年代,主要是针对"院舍照顾"而提出的。社区照顾能够使被照顾者像正常人那样在自己熟悉的社区环境里生活,不再产生被抛弃感,从而受到了民众的普遍欢迎。

社区照顾的具体形式主要有以下几种:一是由地方政府出资兴办社区服务中心。该中心设有老年人服务、残疾人服务和学龄前儿童服务等项目,工作人员大都是政府雇员,活动经费主要来自政府拨款,基本上属于无偿服务。二是开办社区老年公寓。这是政府为社区内有生活自理能力但身边无人照顾的老年人提供的一种服务项目,其收费标准大体相当于政府发给每个老年人的养老金。三是家庭照顾。这是政府为使老年人留在社区、住在家里而采取的一种政策措施,具体表现为由家庭成员进行照顾,但政府发给适当的津贴。四是设立暂托处。这种短期的护理机构,主要是为了解决因家人有事外出或离家度假而得不到照顾的老年人、残疾人的短期照顾问题。五是上门服务。这是对居住在自己家里,但生活不能完全自理的老年人提供的一种服务,服务项目包括上门送餐或做饭、洗衣、洗澡、理发、打扫卫生等。六是开办社区老人院,集中收养生活不能自理又无家人照顾的老年人。英国的社区照顾对许多国家和地区的社区服务产生了很大的影响,我国香港的社区服务,在很大程度上就受到了英国的影响。

2) 德国的"邻里之家"

"邻里之家"是德国社区服务的一种表现形式,它分散于德国的各大城市。"邻里之家"实际上是一种自我经营、自我管理、自负盈亏的社区服务机构,但其服务活动得到了政府的资助与监督。邻里之家为社区的儿童、青少年和老年人提供各种各样的服务,如病员护理、家庭服务、临时照顾小孩、烹调、家用电器修理、上街购物等。此外,它还经常举办各种讲座,开展志愿服务活动,并且要求所有未服兵役的学生必须参加一定学时的社区服务实践。

3) 美国的社区服务

当代美国的社区服务颇具规模,主要由两部分构成:一是政府提供的服务;二是社区志愿者提供的服务。政府提供的社区服务局限于居民的基本需要,如水、电、煤气、通信设施、绿化、保洁和照明,主要由政府出资,委托或承包给专业公司。明确的法律责任和由政府专业职能部门指派代表组成的社区顾问团是居民能够及时得到社区服务的保障。

美国社区服务的另一部分是由志愿者提供的。参加志愿者队伍的有专业技术人员、退休人员、政府官员、普通市民、大学生和中学生,美国社区志愿服务活动的标准是每个志愿者每周参加无偿社区服务工作四小时。

美国的社区服务设施很多,仅以社区老年服务设施来说,有提供综合性长期服务的养老院,有提供饮食服务的食品供应所、上门服务所,有为贫困老人服务的收容所、暂住处,有为体弱多病的老年人设立的服务性公寓、一般护理公寓、护士护理公寓。

4) 日本的社区服务

日本的社区服务组织很多,有9000多个社区福利志愿工作者委员会、3000多个社会福利协会,还有许多老人资助小组、残疾人资助小组、单亲家庭协会等社区服务组织,其资金来源于中央和地方政府的拨款、服务收费和募捐,其服务内容主要包括提供日常生活照顾,提供活动场所,定期开展保健和防疫检查,向单亲家庭和低收入家庭提供贷款、赠送礼品等。

第二次世界大战以后,西方国家社区服务的发展较之前出现了一些新变化。其一,和前期自发性、民间性的社区服务相比,这时的社区服务开始朝着健全机构、完善组织的方向发展。经过半个多世纪的发展,已形成比较完善的社区服务体系。其二,在组织形式上,西方国家的社区服务采取政府机构和民间组织相结合,专业服务和志愿服务、互动服务相结合。其三,在资金来源上,采取政府资助、民间捐助、社会集资与对服务对象适当收费相结合。其四,在服务方式上,采取福利性服务与营业性服务相结合。

7.2.2 中国社区服务的兴起和发展

社区服务是改革开放以来在中国出现的一种服务事业。社区服务名称是20世纪80年代才在国内得到广泛使用的,但是内容与其相近的"民政福利"型的社会服务在新中国成立之初便一直存在。随着我国经济体制的改革,这类服务在20世纪70年代末悄然开始向新型的社区服务转变,至20世纪80年代中期迅速展开。

1986年,民政部从探索建立社会保障制度的高度,第一次提出了社区服务的任务和建立、完善社区服务系统的概念,并于1987年9月在武汉市召开了全国城市社区服务工作座谈会,揭开了发展中国社区服务的序幕。由于社区服务适应了社会发展的需要,符合居民生活的愿望,因而,在全国大中城市获得了较快的发展。

20世纪80年代中期开始兴起的社区服务,在30多年的发展中,经历了三个阶段:酝酿产生阶段、普及推广阶段和巩固提高阶段。

1. 酝酿产生阶段(1983—1987年)

十一届三中全会以来的改革开放大潮有力地推动着城市社会结构的变革,给计划经济体制下的社会福利体制带来了一系列冲击。在这种情况下,1983年第八次全国民政会议前后,民政部门开始酝酿城市福利工作的改革,提出了国家和社会力量相结合,采取多种形式开办社会福利事业的新思路。在1984年召开的漳州会议上,进一步明确"社会福利社会办"的指导思想,并进一步提出,要使社会福利事业从单一的、封闭的国家包办的体制转变为国家、集体事业。1985年,民政部总结推广了上海市民政部门创造的市、区、街道、居委会"四个层次一条龙"的福利服务网络化经验,使城市社会福利事业开始走向社会,深入基层。在此基础上,民政部门于1986年第一次提出了在城市开展社区服务工作的要求。1987年,民政部在武汉召开了部分城市社区服务座谈会,明确了社区服务的内容和任务以及社区服务与民政部门的关系,这次会议的召开,标志着我国城市社区服务的产生、兴起。

2. 普及推广阶段(1987—1993年)

自1987年"武汉会议"后,全国城市社区服务工作可谓"发展迅速,成效显著"。社区服务在全国城市,特别是大中城市开始进行广泛试点工作,其内容包括:建立社区服务的指导机构,制定社区服务的发展规划,探索不同类型的基层社区和社区服务模式,值得一提的是,1989年3月18日,天津市和平区新光街道率先成立了全国第一个社区服务志愿者协会,从而拉开了我国城市社区志愿者活动的序幕。

1989年10月,民政部在杭州召开了全国城市社区服务工作交流会,提出在全国所有城市全面推广和普及社区服务的要求,并提出了普及阶段发展社区服务的指导思想与主要任务。会后,各地民政部门和基层社区组织都以多种形式宣传和探索社区服务工作,使社区服务得到社会的广泛理解和支持。尤其是1989年12月26日,全国人大通过的《城市居民委员会组织法》,第一次将社区服务的概念以法律条文的形式固定下来。此后,社区服务工作迅速在全国展开,服务对象、服务内容、服务范围不断扩展。由于它在为党和政府分忧、为居民群众解难方面发挥了积极作用,不仅深受社区居民欢迎,而且得到了党和政府的高度重视和支持。

3. 巩固提高阶段(1993年—至今)

1993年,民政部、国家计委、体改委、财政部等中央14部委联合下发了《关于加快社区服务业的意见》,这是民政部在全国倡导开展社区服务以来的第一个政策性文件。14部委文件的颁布,标志着社区服务作为一种特殊的产业进入了新的发展阶段。在此基础上,民政部于1994年底在上海召开了全国社区服务经验交流会议,进一步澄清了社区服务发展中存在的一些模糊认识,重申了它的福利服务宗旨和坚持社会效益为主的基本原则。1995年民政部颁布了《社区服务示范城区标准》,在全国开展了创建示范城区活动。1998年民政部命名了26个"全国社区服务示范城区",更多城区正在向示范城区迈进。

自20世纪80年代中期以来,社区服务历经20余年的发展,社区服务作为社区建设的基础和核心内容在全国各大中城市蓬勃发展,各项服务设施和项目较好地满足了居民的多种需求。2006年国务院下发的《关于加强和改进社区服务工作的意见》(国发〔2006〕14号,以下简称《意见》)指出,做好社区服务工作对于提高居民生活质量、扩大就业、化解社会矛盾、促进和谐社会建设都具有重要意义。

2007年国家发展和改革委员会、民政部印发了《"十一五"社区服务体系发展规划》(以下简称《规划》)。这是我国社区服务体系建设领域的第一个国家专项规划,必将有力引领社区服务体系的发展,为居民群众带来实惠。

《规划》明确了"十一五"期间社区服务体系建设的指导思想与发展目标,提出到2010年,全国每个街道基本拥有一个综合性的社区服务中心;每万名城镇居民拥有约四个社区服务设施,每百户居民拥有的服务设施面积不低于20平方米;70%以上的城市社区具备一定现代信息技术服务手段,初步建立起覆盖社区全体成员、服务主体多元、服务功能完善、服务质量和管理水平较高的社区服务体系。

《规划》部署了"十一五"期间社区服务的四项重点任务,即以满足居民公共服务和多样性生活服务需求为目标,发展全方位、多层次的社区服务业;以社区服务站为重点,构建社区、街道、区(市)分工协作的社区服务网络;以信息服务网络整合建设为依托,推进社区服务信息化;以体制改革和体制机制创新为动力,建立健全社区服务组织体系。

为加快社区服务体系的建设,《规划》提出由中央安排预算内投资6亿元和福利彩票公益金1.3亿元,支持社区服务体系重点工程项目的建设,在全国范围内规划建设约3000个示范性的综合性社区服务设施,其中,城市社区服务信息网络100个,街道社区服务中心500个,社区服务站2400个。《规划》还对社区服务体系建设的组织领导、法规建设、人才培养、建设主体责任、投入保障机制、扶持政策等问题做出了明确规定。

2016年,民政部、中央组织部、国家发展改革委、人力资源社会保障部、国家卫生计生委等多部门联合印发《城乡社区服务体系建设规划(2016—2020年)》(以下简称《规划(2016—2020年)》),《规划(2016—2020年)》从我国基本国情和经济社会发展水平出发,按照全面建成小康社会以及加强和创新社会治理的总体要求,要求到2020年,基本公共服务、便民利民服务、志愿服务有效衔接的城乡社区服务机制更加成熟;社区综合服务设施为主体、专项服务设施为配套、服务网点为补充的城乡社区服务设施布局更加完善;网络联通、应用融合、信息共享、响应迅速的城乡社区服务信息化发展格局基本形成;以社区党组织、社区自治组织成员为骨干,社区社会工作者和其他社区专职工作者为支撑,社区志愿者为补充的城乡社区服务人才队伍更加健全。

《规划(2016—2020年)》进一步提出要通过"加强城乡社区服务机构建设""扩大城乡社区服务有效供给""健全城乡社区服务设施网络""推进城乡社区服务人才队伍建设""加强城乡社区服务信息化建设""创新城乡社区服务机制"的任务,以此实现增强城乡社区服务功能,提高城乡居民生活水平,促进城乡发展一体化,维护城乡基层的和谐与稳定的发展目标。

2018年9月,民政部对关于政府主导打造智慧社区服务平台,助力社区养老的提案进行答复,答复中明确提出,要进一步通过"大力发展居家社区养老服务信息网络""实施'互联网＋'养老工程""发展智慧养老服务新业态""重点推进老年人远程健康管理服务""加强对社区服务平台的监督管理",在现有的社区服务建设基础上,进一步提升社区服务的智能化发展。

2019年5月,国务院召开常务会议部署进一步促进社区养老和家政服务业加快发展的措施,提出加大养老、托幼、家政等社区服务业税费优惠支持,从2019年6月1日到2025年底,对提供社区养老、托育、家政相关服务的收入免征增值税,并按90％计入所得税应纳税所得额;对承受或提供房产、土地用于上述服务的,免征契税、房产税、城镇土地使用税和城市基础设施配套费、不动产登记费等6项收费。

7.3 社区服务的管理和实施

社区服务的管理和实施所涉及的问题、方面很多,本节只分析建立管理机构、制定服务规划、筹集服务资金、人力资源配置、鼓励居民参与、社区服务的监管与评估等其中几个环节。应当指出,这几个环节在程序上并不存在前后相继的关系。

7.3.1 建立社区服务的管理机构

实施社区服务,需要建立一个行之有效的组织管理体系。这是规划、协调、指导和规范社区服务工作的制度或组织保证。

从组织建制和管理权限划分,我国的社区服务一般归属于政府部门,其原因在于:我国的社区服务是过去长期实行的民政服务的扩展,社区服务所依托的基层组织和居委会属民政部门主管,所以由民政部门主管社区服务顺理成章。

由民政部门主管的社区服务,从管理体制及组织设置上看,在中央一级一般设置相应的社区服务主管机构,即"社区服务办公室",实行宏观管理和指导。在城市一级一般建立市(区)、街道(乡镇)、居委会三个层次的社区服务管理机构,由市(区)政府牵头,以街道为主体,以居委会为依托,形成社区服务领导与管理体系。

具体来说,在市(区)层次,分别成立社区服务指导委员会,由分管民政部门工作的市(区)长担任主要领导,民政、纪委、建委、工商、财政、文化、卫生、教育、劳动、公安、工会、团委、妇联、老龄、残联等各相关机构的主管领导为成员。指导委的办公室设于民政部门,负责社区服务的日常管理、协调工作。街道(乡镇)一级也成立相应的机构,确立和实施服务项目,检查、指导、督促居委会开展社区服务工作。居委会也应成立社区服务工作委员会,由居委会主任负责,吸收相关人员及居民代表参加,具体组织、实施社区服务。

以上不同管理层次的机构设置一般上下对应,其不同在于管理权限的差别。

7.3.2 制定社区服务规划

管理机构建立以后,为实际推动社区服务的开展,应根据不同社区的实际情况,制定社区服务规划。

1. 社区服务需要调查

所谓社区服务需要是指社区居民在社区生活中遇到难以解决的困难和问题而对社区服务提出或未提出的要求。要调查的是居民不能自主解决的,需要社区服务来满足的那部分需求。

1) 规范性需要

这种需要是专业人员、行政人员或专家学者依据专业知识和现有的规定或规范,指出在特定情况下所需的标准,比如 2007 年国家发展和改革委员会、民政部印发的《"十一五"社区服务体系发展规划》中明确规定全国每个街道基本有一个综合性的社区服务中心,每万名城镇居民拥有约四个社区服务设施。当某街道的服务设施达不到此规定时,就产生了规范性需要。

2) 感觉性需要

当大部分社区居民感觉到某些需要或期望不能满足并把它们说出来,那便是居民感觉到的需要,这种需要可能是主观的感觉,也可能是基于实际体会而有的感受。居民感觉到的需要有时可能会自动过高,甚至不切实际,这是工作人员要注意的。

3) 表达性需要

居民将意见付诸行为则是表达出来的需要,例如医院门诊部排队长龙、病床的短缺等。表达了的需要是对社区服务数量上的要求,并不是表达该服务的质量是否适当或令人满意。

4) 比较性需要

当某个社区想用某种社区服务,而背景相同的另一社区却没有该项服务,则后者便存在对该项服务的需求。这种与其他社区比较而得出的结论,称为比较性需要。

2. 社区服务资源调查

要搞好社区服务,必须充分开发利用社区的各类资源。

1) 社区服务资源的含义

社区服务资源是指能够直接为社区服务提供援助的社区资源,它主要包括:

(1) 人力资源。它是指社区中所有的个人体力、技术、智慧、助人意愿及人际关系等。人力资源重视的人包括社区服务工作人员、社区中志愿参与服务人员、政府中支持并参与社区服务人员、能够配合社区服务工作人员四种。

② 物力资源。它指可为社区服务提供物质援助和技术援助的资源情况,如残疾人座椅、健身器材、孤老去世留下的房屋、社区内未开发的土地等。

③ 财力资源。它指可为社区服务提供货币援助的数量情况及相关条件状况,如政府财政拨款、组织和个人资助、社区服务的经营收入等。

④ 设备资源。它指可供社区服务利用的各种基础设施的种类、数量及物资配备水平等情况,如敬老院、托老所、便民服务商店等。

社区服务资源根据其归属,可分为正式资源与非正式资源。正式资源包括政府财政资源或者经过合法登记注册的非政府组织的资源,其特点是需要通过正式的申请程序才能获得和使用;非正式资源一般是指那些属于个人的资源,只要私人同意就可以使用。

根据资源所在的位置,社区资源也可以分为社区内部资源和社区外部资源。社区内部资源是指本社区范围内社区组织和辖区单位的人、财、物资源;社区外部资源是指社区以外的各种组织和人群所拥有的人财物资源。

根据社区资源的种类和分类交织,构成了几种社区资源(见表 7-1)。

表 7-1 社区服务资源的种类

	社区内部资源		社区外部资源	
	正式资源	非正式资源	正式资源	非正式资源
人力资源				
物力资源				
财力资源				

2)社区服务资源调查

(1)浅表资源的调查。服务机构已经拥有和确定即将拥有的各类浅表资源,它们的数量来源一般可以从社区服务机构的各类报表、记录中直接发现。

(2)潜在资源的调查。它是指对各种组织和个人所能提供给社区服务的资源的可能数量的种类。潜在资源的调查可分为三个步骤:第一步,将各种社区资源按人力、物力、财力、设备资源等分类,查清能提供的单位及个人;第二步,查清哪些单位及个人提供何种资源,在此基础上搞成可能提供资源的数量及质量;第三步,描绘出潜在资源分布图,并制订发掘计划(见表 7-2)。

表 7-2 社区资源检查表

本社区必须运用的资源	浅表资源			潜在资源		注
	已使用的资源	尚未使用的资源	无法使用的资源	可开发的资源	无法开发的资源	
人力资源						
物力资源						
财力资源						

3. 社区服务方案的策划

制定社区服务规划,涉及面广、内容复杂,首先要对社区居民需求做深入科学的调查和客观分析,并对社区资源的种类、内容、发展潜力进行把握;然后寻求资源间的可行途径,通过运用、挖掘能够调动的资源来满足居民的生活服务需求。

社区服务发展规划的基本内容包括:社区服务的性质、宗旨;社区服务的基本内容和主要任务;社区服务人员及服务设施;社区服务指标体系的确立和实施方案;社区服务的监督、实施措施;社区服务的评估、奖励方法等。

社区服务(活动)策划是一个理性的过程,即在策划之初对社区问题和需求进行了科学的评估,并广泛征求了社区居民或服务对象的意见;在策划中期,充分考虑资源状况,估计工作人员素质和能力,订立服务(活动)目标,规划服务内容、服务流程和人员分工;在策划后期,还要确定服务(活动)的成效评估方法……经过这样科学严谨、循序渐进的过程,确保了服务(活动)

推行的可预测性和稳定性,也确保了服务(活动)能够有系统的实现特定的目标。社区服务(活动)方案策划的基本步骤是:

(1)确认社区需求。可以通过规范性的需求、感受性的需求、表达性的需求和比较性的需求来界定社会需求(见表7-3)。

表7-3 社会需求评估

需求的类型				评估
规范性	感受性	表达性	比较性	
有	有	有	有	各方面都显示有需求,并且没有争议。这些需求应尽快满足,例如社区治安服务
有	有	无	有	需求没有表达出来,很有可能是由于缺乏足够的途径让服务对象获取相关服务,例如流动人口的权利
有	有	无	无	这种情况很可能显示服务严重不足,例如社区青少年公民教育
无	有	有	有	服务对象感觉有需求,但有关专家、行政人员却不觉得是必需的,如老年人理发
有	有	有	无	各方面都有需求,但却没有服务提供,这种情况是开展创新服务的最佳时机,如家庭暴力受虐者庇护所
有	无	无	有	专家和政府行政人员认为有需求,而且有服务的提供,但服务对象却没有感受到有需求或提出要求,这种情况服务提供是有困难的,例如社区精神文明建设
有	无	无	无	通常开展的是防患于未然的预防性服务,如消防安全演练
无	无	有	无	某种需求有服务满足,但却不是必需的,这种服务只是给服务提供者带来利益,但没有给服务接受者带来利益
无	有	无	无	这主要表示的是一种期望,并不带有真正的需求

(2)了解社区居民或者服务对象的特征。这主要包括社区居民或服务对象的兴趣、特点、能力、生活习惯和方式、休闲时间的安排以及与社区其他群体的关系。

(3)订立工作目标。这个目标应包括三方面内容:一是清楚界定服务方案以哪些人为服务对象;二是清楚列出服务(活动)的内容;三是表达出期望服务成效,即社区居民或服务对象参与该服务后可能产生的改变。

(4)评估自身的能力。这主要是评估提供服务的机构及其工作人员的能力。机构的能力主要是人、财、物的配置能力和合理的时间安排;工作人员的能力则是指其具有专业知识、服务技能和工作态度等。评估的内容包括机构及其工作人员对外所面临的机会和挑战,对内所存在的优势和不足,并要根据这些评估设计合乎实际、切实可行的服务计划。如果存在能力不足,可以寻求外界求助或更改原有的目标。

(5)制定工作进度表。即将计划分为开始、推行和评估三个阶段,列出各阶段要完成的工作及其完成的最后期限,然后按照指定完成日期排列出先后次序,保证服务可以按照计划的时间来完成。

(6)程序编排。方案设计了一系列与目标相关的活动,而且每个活动都有其具体目的。因此要将这些活动一方面按照推行时间先后排出次序,另一方面还要根据服务活动的目标、场地(环境)、资源等要素进行编排。

7.4 执行社区服务活动方案

社区服务(活动)方案的执行需要分阶段进行,具体如下。

7.4.1 筹备阶段

这个阶段主要进行的是人、财、物的配置以及服务(活动)的宣传和推广工作。

(1)在经费筹措方面,主要途径有申请政府资金补助、向社会筹款,有些发展性和娱乐性项目也可以向服务对象或者居民合理收取一定的费用。

(2)在人力安排上,应规划配置几位专业社会工作者并招募志愿者来协助活动的开展。

(3)在场地安排上,应考虑场地的面积和布置,灯光音响、话筒、电脑、投影仪等设备的安排,桌椅的数量及其摆放方式等。

(4)在服务(活动)的宣传推广方面,首先要清楚向谁宣传,宣传的目的是什么,要传递的信息是什么,然后设计宣传策略和方法来吸引社区居民或服务对象的注意,激发其参加活动。

7.4.2 服务或活动阶段

这个阶段主要开展的工作有预算管理、时间进度管理、服务品质管理、士气激励和提升。

(1)预算管理。预算管理应本着节约和"量入为出"的原则,一方面要记录清楚收入,包括政府补助、社会捐赠、服务收费;另一方面要记录清楚支出,包括场地租金、宣传品印刷费、活动道具和材料费、纪念品费用、游戏奖品费用、志愿者的午餐补贴和交通补贴及其他杂项等。

(2)时间地图管理。首先是整个服务(活动)的安排期限管理,如在一周完成或在一个月内完成;其次是服务(活动)各个阶段的进展时间管理;再次是服务(活动)进行环节的时间管理,如志愿精神培训要求45分钟完成,其中热身游戏要求三分钟内完成等。

(3)服务品质管理。这是指专业社会工作者对服务(活动)的可信度、及时性、保证度、同理心以及设施设备的管理,以确保服务的质量。

(4)士气激励和提升。这是指对提供服务和开展活动的专业社会工作者和志愿者的激励和士气提升,主要目的是增强其成就感,让其感觉自己的工作和付出是有价值的。具体方法是通过口头表扬、墙报表扬等形式,公布每个人的工作进展和业绩,通过光荣榜等形式表彰优秀社会工作者和优秀志愿者的工作成绩。

7.4.3 结束阶段

在服务活动结束后应处理的工作有:一是经费报销。社会工作者应事先熟悉政府、社会服务机构的财务制度,了解经费使用和报销审核的程序,在服务(活动)结束后应尽快处理经费报销事宜,保证后续其他服务(活动)的经费使用。此外,对服务收费的资金部分要及时公布使用(开支)情况,通过财务的透明,增强服务(活动)的公信力。二是服务资料及时归档。这包括服务需求调查报告、服务策划书、服务记录表、摄像与摄影资料、服务(活动)满意度调查,事先不预设答案,只是听取参与服务(活动)的社区居民或服务对象的意见和看法,然后再进行归纳和总结。

7.4.4 对社区服务方案的评估

社区服务(活动)评估的目的在于了解社区服务活动是否达到预定的目标,社区居民或服务对象的满意度如何,对服务(活动)推行过程中存在的优点和缺点进行分析。评估的结果一方面可以作为本社区的居委会和工作站(服务站)未来持续开展工作的参考,另一方面也可以让其他社区的居委会和工作站(服务站)借鉴。社区服务(活动)方案的评估内容包括方案成效评估和方案过程评估。

社区服务(活动)方案成效评估的方法有两种:一是可以采取定量的方法,即通过事先设计的问卷,采用问卷调查法,收集社区居民和服务对象参与服务(活动)后的满意度。二是可以采用定性的方法,即通过深度访谈、观察、文件档案整理分析来评价社区服务(活动)方案的成效。

本章小结

1. 我国的社区服务是指在政府的指导和扶持下,在民政部门的倡导和组织下,以街道和居委会为依托,以社区居民的自助互助为基础,关注弱势群体,面向社区全体居民,以提高社区居民生活质量为最终目的的社会福利服务。

2. 将社区服务的性质概括为福利性、互助性及地域性。其中"福利性"是社区服务最根本、最本质的特征,这一特性使之与商业性或市场化服务从根本上相区别。

3. 社区服务的基本内容包括为老年人、残疾人、少年儿童及贫困者等社会弱势群体提供的服务、为社会优抚对象提供的服务以及为全体社区居民提供的便民利民的服务。

4. 现代意义的社区服务最初出现于西方国家,迄今已有一百多年的历史。西方早期的社区服务以社会福利服务的形式出现,主要为城市中的无收入或低收入的贫困群体、老年人等提供社会救济服务,具有济贫的性质。第二次世界大战以后,西方国家社区服务在制度建设、组织形式、资金来源、服务方式等方面都出现了一些新变化。

5. 中国现代意义的社区服务是从20世纪80年代中期开始兴起的,大致可划分为酝酿产生、普及推广和巩固提高三个阶段。

6. 社区服务的管理与实施所涉及的问题、方面很多,分析了建立管理机构、制定社区服务规划、执行社区服务方案、对社区服务效果进行评估等环节。

思考题

1. 社区服务及商业服务有哪些异同点?
2. 社区服务的性质和内容有哪些?
3. 根据某个社区的实际情况,如何对社区服务进行管理?

典型案例

花山街开展"便民利民 服务万家"志愿服务活动

为大力弘扬"奉献、友爱、互助、进步"的志愿精神,为辖区居民提供方便、优质、实惠的便民服务。2020年8月28日上午,武汉东湖高新区花山街橘园社区开展了以"便民利民 服务万家"为主题的志愿服务活动,让社区居民足不出户就享受到便捷的日常生活需求,深受群众喜爱,吸引了近百名居民参加。

现场设有义诊、理发、缝补修鞋、政策咨询、文明宣传等多个便民服务摊位,居民们纷纷在自己心仪的"服务台"前保持安全距离,有序排起了长队。义诊颇受中老年人欢迎,与社区结对共建的花山街社区卫生服务中心的医生们耐心地为居民测血糖量血压,根据居民的身体状况提出相应的医疗指导和建议。活动中,志愿者们各司其职,为居民们细心服务,受到了居民朋友的一致好评,活动现场氛围浓厚,便民利民活动有条不紊地进行,并取得了良好的效果。

社区工作人员在现场分发文明礼仪、垃圾分类、禁毒、消防、食品药品安全等知识宣传资料,并就群众提出的政策咨询一一耐心解答。并向居民发放《全国文明城市模拟调查问卷》和应知应会宣传卡片,提升居民对文明城市创建的知晓率、参与率和支持率。

现场之外,橘园社区联合辖区物业组织志愿者开展环境卫生整治行动,大家一丝不苟地打扫周边路面卫生、清理楼道堆积杂物,有效改善了社区公共环境卫生,以自己的实际行动向大家诠释了志愿服务精神。

此次志愿服务活动很好地将居民需求和志愿服务两者有机结合,把便民利民举措送到居民家门口,切实解决了居民的实际需求,增加了居民的幸福感,弘扬了志愿服务精神。今后,橘园社区将持续开展便民利民志愿服务活动,打通关心群众、服务群众的"最后一公里"。

问题:
1. 案例中包含了哪些社区服务的内容?
2. 结合生活实际,你认为社区在提供社区服务过程中需要注意哪些问题?

第8章 社区教育管理

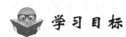 学习目标

分析社区教育兴起与发展的历程和背景,掌握社区教育的含义、特点和功能,了解社区教育的管理与实践,探讨以及掌握我国社区教育存在的问题及其对策。

 关键概念

社区教育　社区教育管理

 导入案例

日趋多样化的社区教育

一、万达社区开展主题教育党课

为了纪念党的生日,重温党的光荣传统,讴歌党的光辉业绩,深入学习贯彻习近平新时代中国特色社会主义思想,推进"不忘初心、牢记使命"主题教育深入开展,河北省石家庄市裕华区万达社区党支部开展"不忘初心 牢记使命"主题教育党课,党支部书记为社区党员讲了一堂专题党课。

"不忘初心,方得始终。""一切向前走,都不能忘记走过的路;走得再远、走到再光辉的未来,也不能忘记走过的过去,不能忘记为什么出发。"党支部书记带领大家重温习近平总书记的重要论述,回顾党史、感悟初心。她指出,要认认真真学、原原本本学,深刻领会习近平总书记关于"不忘初心、牢记使命"的重要论述的精神实质和实践要求。开展"不忘初心、牢记使命"主题教育,是以习近平同志为核心的党中央作出的重大部署。走好新时代的长征路,一定要牢记初心使命,始终坚定崇高理想信念,始终坚持和发展中国特色社会主义,始终坚持全心全意为人民服务的根本宗旨,始终保持和发扬革命精神,永葆共产党人政治本色和青春活力。

二、金湖社区开展暑期儿童安全宣传教育活动

孩子是一个家庭幸福的源泉,更是一个国家向前发展的希望和动力,孩子的暑期安全,牵扯到全社会的稳定和谐。因此,孩子的假期安全已成为家长和社会最关心的问题。为进一步做好辖区内青少年儿童暑期安全工作,减少和防止暑期安全事故的发生,让学生度过一个平安快乐的暑假,重庆市渝北区金山街道金湖社区开展了暑期儿童安全宣传教育活动。

活动以现场讲解和播放安全教育片等形式为孩子们讲述暑期安全的重要性。活动主要围绕中小学生假期消防安全、防溺水、防意外事故、防交通事故、用电安全等方面进行宣传教育。其间社区工作人员不时地与孩子们进行互动式问答,孩子们兴趣浓厚,参与的积极性高涨,掌握了不少安全常识。"感谢金山街道金湖社区组织这样一次有意义又非常实用的宣传教育活动,孩子在暑假的安全是我们家长最为担心和牵挂的,通过此次宣传活动,使孩子们认识到安

全的重要性,掌握了一些安全常识,非常有必要,希望社区以后多多举办此类有实用性的宣传活动,更加贴近百姓生活。"活动结束,一位来接孩子回家的家长这样说道。

三、阳光社区开展老年人防诈骗宣传教育活动

为进一步提高辖区老年人的防诈骗意识,切实提高辖区老年人的自我防范能力,湾里管理局幸福街道阳光社区开展了老年人防诈骗宣传教育活动。活动中,社区工作人员向现场20位老年人发放了宣传单,详细讲解了有关电话诈骗、短信诈骗等多种诈骗形式的手法和作案特点。随后,工作人员生动地讲述亲身经历,叮嘱老人们千万不要贪小便宜,别让骗子利用这种心理而有机可乘。防诈骗宣传教育活动使老年人对诈骗知识有了进一步的理解,以免辖区老年人在日常生活中蒙受不必要的损失。

8.1 社区教育概述

8.1.1 社区教育的含义

社区教育是指以社区为范围,以社区全体成员为对象,旨在发展社区和提高其成员素质与生活质量的综合教育,是把学校教育、家庭教育、社会教育广泛地联合起来,发挥各自的育人优势,以德育为重点,创造优化育人环境和条件,动员全社会的力量提高社区成员的素质,形成和增强社区教育的群体凝聚力,切实加强社区的物质文明建设和精神文明建设。

社区教育的外延很广,既包括学校教育,也包括家庭教育和社会教育;既包括普通教育,也包括职业技术教育和成人教育;既包括青少年教育,也包括学前教育和社区教育,乃至终身教育等。

在分析社区教育内涵和外延的基础上,可以得出以下几点结论:社区教育的概念是大教育概念;社区教育的对象是社区的全体成员;社区教育的目标是满足社区成员的各种教育需求,培养和提高社区成员的素质,提高社区成员的生活质量,促进社区发展;社区教育的内容是多元的、多层次的、从实际出发的;社区教育的实质是沟通教育与社区,协调教育发展与社区发展,从而走向学习型社会,实现教育社会化和社会教育化。

8.1.2 社区教育的特点

社区教育具有地域性、多样性、实体性和开放性等特点。

1. 地域性

社区教育是一种在特定社区内并与特定社区密切结合的教育,无论是社区教育的目标、内容、功能,还是其主体、对象或方式方法,都必然同特定社区的人文、社会与地理条件联系在一起。社区教育具有鲜明的地域特征,这不仅表现在社区教育的规模、类型、方式方法上,甚至还表现在其目标、内容和层次上。各国政府都强调,社区教育要为学校(院)所在的社区服务,其专业、课程设置、教学内容都是依据社区发展需要进行研究或调整的。这样,社区教育的开展同普通教育相比,就具有较大的灵活性。社区教育既能充分集中社区内的人、财、物及舆论优势,营造良好的育人环境,又能充分调动区域内各方力量参与其中,提高教育水平。社区内各种因素的相互作用,能够形成强大的区域合力,孕育出区域文化,培养成员区域归属感,具有普通教育无可比拟的精神凝聚作用。

2. 多样性

社区教育是具有多样性的综合教育，兼有成人教育、职工教育、短期大学教育性质。社区教育的多样性特征要求把正规教育和非正规教育并重，二者不可偏废。正规教育是指由教育部门认可的教育机构所提供的有目的、有组织、有计划的，由专职人员承担的，以影响入学者的身心发展为直接目标的全面系统的训练和培养活动，其特征表现为统一性、连续性、标准化和制度化。非正规教育是在固定的正规教育系统之外所进行的任何组织的教育活动，无论它是单独进行的，还是作为一些更为广泛的活动的一个重要组成部分而进行的，它具有正规教育所不具备的多样性、灵活性、简易性和非制度化等特征。事实上，非正规教育是针对正规教育的某些弊端提出来的。由此可见，正规教育和非正规教育是现代教育的双翼。

3. 实体性

社区教育通常是由社区的教育文化实体实施的。美国的社区学院、日本的公民馆、欧洲国家的民众高等学校等，一般都是文化教育实体，并通过"实体"为社区进行服务。例如，日本的公民馆是二战后适应时代的需要而发展起来的，由地方民众自发兴建，并在文部省的积极扶持下发展成为以地区居民为对象的综合性的社会设施。公民馆除了向居民提供学习、集会的场所(如学习室、集会室、图书馆等)外，还举办各种讲座、学习班、文化娱乐和信息交流等活动。公民馆开展的教育活动大都是非职业性的，文化教养、市民生活、个人爱好、体育、娱乐、家庭和日常生活等内容占主导地位。

4. 开放性

教育要同社会全面结合，就必须广泛吸收社区各种教育力量和有益于教育活动开展的因素参与、介入、融合其中。社区教育只有具有高度的开放性和应用性，才能为各种因素全方位参与教育打通渠道。因此，社区教育要广开门路，不拘形式地建立各种畅通便利的渠道，从而使各种社区机构的各种教育资源及时有效地转化到社区教育系统中来。社区教育的基本方法是鼓励社区民众"在社区中学习，与社区共学，为社区而学"。这种学习过程是一种包括各种社会团体和不同年龄的全体社区成员在内的、群众性很强的教育过程。

8.1.3 社区教育的功能

社区教育具有多种功能，包括教育功能、经济功能、协调功能、辐射功能等。

1. 教育功能

社区教育是一种社会化教育，以社区为依托，在学校和社会之间架起桥梁，使教育与生产劳动和其他社会实践紧密结合。社区教育面向社区全体成员，通过多种途径，采取有效方式，有目的、有计划、有组织地引导社区民众获得知识技能，陶冶思想品德，发展智力和体力，从而满足社区成员多类型、多层次、多形式的教育需求。社区教育的实践性、广泛性和针对性极大地促进了社区成员的全面和谐发展，使每个社区成员在一生发展的不同阶段所具有的思想道德、精神人格、知识能力和行为规范同所处的社会相适应。社区教育通过对社区内居民的终身教育，如就业与再就业培训、社会化目标的实施，提高社区居民的健康文化、道德素质，同时使其个性得以充分发挥，形成独特的个性品质。这对优化社会环境、发挥社区内各方面的教育作用、帮助青少年成长具有积极的作用。

2. 经济功能

社区教育的经济功能主要体现在社区教育为经济发展提供良好的基础和条件。社区经济发展所依赖的基础和条件是多方面的,除了能源、设备、资金等物质条件外,还有社区成员的职业素养和技术水平,而社区成员职业素养和技术水平的提高在某种程度上则依赖于社区教育。社区教育有助于充分利用社区内的各种教育资源,通过形式多样的教育和培训,使社区居民获得一定的劳动技能和技巧,使技术工人直接进入生产领域,直接高效地把科学技术转化为生产力,而这有助于提高社区内企业的劳动生产率,促进社区经济的发展。因此,一定的社区教育状况,在很大程度上决定了社区的经济发展潜力。

3. 协调功能

无论是从目标职能来看,还是从主体、对象或内容条件来看,社区教育都是一种多因素、多元性的教育。只有协调好教育与社会的各个方面,使其形成一个有序的整体,才能真正形成一种大教育体系,从而全面有效地发挥其育人和促进经济发展的职能。作为政府与社会之间的桥梁,社区教育不仅在学校和社会之间架起桥梁,也协调了地方政府和社会各个部门之间的关系。社区教育能够建立地方政府和社会各部门广泛参与的社区教育组织管理协调机制。在现阶段社会生产力发展水平不高、社区居民意识不强的情况下,社区教育管理协调机制应是自上而下的,即以地方政府为核心并协同社会各部门的行政行为的管理体制,而社会发展到一定水平时,协调机制则应逐步向非行政指令性的市场化自觉型过渡。

4. 辐射功能

学校是社区精神文明建设的重要阵地,参加社区内的各种公益活动,这不但为学生的教育社会化提供了良好的途径,也有利于社区教育社会化的实施,为广大师生走向社会,健康的心理素质、和谐的人际关系、精神文明建设做出了贡献。换言之,如果社区有和睦的家庭氛围,它就会潜移默化地影响青少年成员,促使其具有高尚的道德情操、良好的行为规范,有利于学校的精神文明建设,发挥出社区精神文明的辐射作用。

8.2 社区教育的兴起和发展

8.2.1 社区教育

现代意义的社区教育是 20 世纪初从欧美国家兴起的。1915 年,美国的杜威提出"学校是社会的基础"思想,不久之后,曼雷(E. L. Manter)和莫托(C. S. Mott)在美国的密歇根州对这一思想进行了实验。这实验通过加强学校与社区之间的沟通,使学校成为社区的一种资源,可以为社区所利用,为社区服务。推行社区教育不仅需要教育部门的努力,还需要社区其他部门和各方力量的协作和参与。工作内容从社区居民需要出发,体现当地民众的需要和利益。

此后,社区教育的内涵被不断地丰富和完善,并日益被世界各国所接受,成为现代国际教育的一种发展趋势和潮流。社区教育在各个国家发展形成了不同的思路和模式,如美国的社区学院模式、日本的"公民馆"模式、德国的社区成人教育模式、北欧的现代民众教育模式。

中国社区教育是 20 世纪 80 年代伴随着改革开放政策的顺利实施而出现的一种新型教育方式,但若要追溯它的历史渊源则可发现,早在民国初期,我国社区教育的雏形就已形成。民国初年广泛开展于学校系统之外的、以地域为特征的通俗教育或民众教育,即可视为社区教育的前身。1912年,中华民国成立伊始,孙中山积极倡导社会教育,在他看来,除学校教育外,还"当设公共讲堂、书库、夜学,为年长者养育知识之所"。这为我国现代社区教育的建立奠定了理论基础。20世纪二三十年代梁漱溟的"乡村建设运动"、晏阳初的"平民教育"和陶行知的"生活教育",无疑为当时乃至后来的社区教育提供了理论和实践方面的重要启示。

具有现代意义的中国社区教育形成于20世纪80年代中期。1986年,上海市普陀区真如中学在与地区工厂共庆教师节时,应地区工厂的要求成立了厂校挂钩、合作共建的组织——真如中学社会教育委员会。1988年3月,上海市闸北区的新疆、彭浦两个街道同时宣告成立社区教育委员会。第二年,这种以"社区教育"命名的组织形式开始在闸北地区使用,并成立了闸北区社区教育委员会。闸北区社区教育委员会的形成和发展不仅带动了上海市社区教育的发展,还进一步在全国产生影响,并最终使社区教育在全国范围内得到普及和发展。现代社区教育在我国大致经历了三个发展阶段。

(1)社区教育的兴起阶段(1986—1992年)。这是社区支援学校的阶段,即学校把社区视作"第二课堂",帮助青少年学生形成良好的道德品质,这一时期的社区教育以中小学生为主。这一阶段的社区教育没有反映社区教育的本质,还不是严格意义上的社区教育,但毕竟出现了社区教育的雏形,迈出了发展的第一步,并为下一阶段的发展奠定了基础。在这一阶段,社区教育委员会的建立成为社区教育兴起的标志,并形成区、街道、学校三级社区教育组织;社会支教是社区教育兴起的目的,即社会共同关心教育;学校是社区教育的行为主体,即以学校为主导开展社区教育;社区教育的内容以德育为核心,即中小学德育社会化。

(2)社区教育的形成阶段(1993—1998年)。这是学校回报社区阶段,在这一阶段,学校向社区开放,并为社区发展提供帮助和服务,社区教育对象也从中小学生向社区居民拓展。在这一阶段,以社区为本的社区学院(校)的成立成为社区教育的标志;社区教育的目的是服务社区,促进社区及其成员发展;社区教育的对象是社区全体成员;社区教育的行为主体是社区及其成员;社区教育的内容是满足社区成员终身发展的各方面的学习需求,实现教育社会化和社会教育化的统一,营造学习社会化氛围。

(3)社区教育的发展阶段(1999年—至今)。这是社区、学校"双向服务"阶段,体现为学校通过服务社区拓展学生的"第二课堂",优化学校周边环境,社区则利用学校资源积极拓宽社区教育的深度和广度,从而向完善终身教育体系、创建学习型社区、教育与社区互动的方向发展。在这一阶段,社区教育的主体是成人教育,初步理顺了体制,从教育部到各省市教育局,社区教育有成人教育管理部门主管;教育对象从以中小学生为主,向社区全体人员发展;工作目标从优化青少年校外教育环境为主向加快社会化终身教育体系建设发展,致力于创建学习型社区;教育内容从以青少年德育为主向为社区和全体居民服务为主发展,强化教育与社区的互动。

8.2.2 我国现代社区教育兴起的社会背景

同其他各类教育一样,社区教育的产生与发展有其社会背景和原因。深入地分析社区教育发展背后的社会、自然条件状况和特点,不仅可以有针对性地指导我国社区教育实践,而且可以使我们更深刻地了解、认识各个地区社区教育发展的特点及其运行规律,从而为我国社区教育的理论研究提供新的营养。

1. 我国社区的兴起是社区教育得以发展的前提条件

随着我国市场经济的发展,中国社会开始从"大政府,小社会"向"小政府,大社会"方向过渡,普通民众的自主性明显得到加强,民间性自发组织及联合体(非政府组织)有了生长的土壤。行政垂直干预与管理越来越多地让位于社区、民间的自我融合与调节。在这种情况下,社区兴起与发展成为一种新的必然趋势,这种趋势也为社区教育的发展提供了必然的理由和条件。与此同时,社区教育也在促进社区形成与发展的过程中发挥了自己的重要作用。

2. 我国区域经济的发展要求建立适应本地情况的社区教育体系

改革开放以后,我国经济整体上有了很大的发展,但是也出现了区域发展不平衡的现象。这种区域经济发展的不平衡会对本地区的教育提出不同的要求,尤其对高等职业教育的影响最大,也最为直接,这就要求建立适应社区经济发展特点的教育体系。而社区教育主要以地方发展为目标,从这个角度来看,社区教育最能满足这些要求,社区教育应运而生也就成为必然。

3. 我国社会发展对就业人口素质的高要求为社区教育的发展提供了契机

随着我国经济建设和科学技术的迅速发展,社会对劳动者素质的要求也越来越高,但就普遍情况来说,相当多的劳动者在职业技能、基本素质等方面的水平还比较低,难以适应经济和社会发展的实际需要,而我国职前培训和终身教育的薄弱是造成这种矛盾的重要原因。由此,建立以终身教育为目标的社区教育体系就显得十分重要。

4. 我国高等教育大众化的进程和职业教育、继续教育的发展要求大规模发展社区教育

大多数西方国家在20世纪五六十年代就完成了高等教育的大众化,我国目前高等教育的大众化也已取得阶段性成果。从社会对高等教育的需求来看,实现高等教育大众化、满足不断提高的教育需求的任务十分迫切,而单纯依靠国家投资,或者仍然遵循原有正规高等教育的模式发展,是无法真正实现高等教育大众化的。同时,伴随社会经济的发展对人才结构的需求调整以及教育体系结构自身的完善,职业教育和继续教育也被列入重要政策议程,其发展方兴未艾。这都需要建立由社会力量投资办学、灵活多样的社区教育体系。可以说,建立社区学院是实现我国高等教育大众化、大力发展职业教育和继续教育的有效途径之一。

8.3 社区教育的管理和实施

8.3.1 社区教育管理的含义和特点

社区教育管理就是对社区教育资源(包括人力、物力、财力和信息等)进行合理组合,使之有效运转,以实现组织目标的协调的活动过程,也是对社区内的教育资源进行开发、利用以实现社区教育的最终目标的一种组织力量。社区教育管理具有以下三个特点:

1. 地缘整合性

社区教育具有特定的地域性,是特定社区中教育资源的整合,这就决定了社区教育管理具有地缘整合性的协调功能。社区教育管理从三个维度上实现社区教育的地缘整合:一是通过管理整合作用,使社区中各个构成单位互动、互补整合而成一定的社区结构;二是通过管理整合作用,使社区中各类教育形态互联互通,构成特定的大教育体系;三是通过管理整合作用,使社区中各种教育资源互生、互济,产生整体倍增效应。

2. 时空广延性

社区教育并非某种特定的教育形态,而是教育社会一体化的终身教育形态,这就使社区教育管理具有时空广延性的协调功能。社区教育管理要从"全员、全程、全方位"的"三全"方向上促使教育社会一体化的实现。

3. 立体开放性

社区教育是学校、家庭、社会教育相互沟通与有机结合的教育网络,这就决定了社区教育管理具有立体开放性的协调整合功能。社区教育管理就是要促成学校向社区开放,加强学校、家庭和社区之间的教育衔接与沟通,促成社区教育资源的共享,构建优良的教育环境。

8.3.2 社区教育管理的基本理念

理念是支撑行为的准则和指导思想,社区教育理念是指社区教育管理者的价值观和行为准则。任何一种管理行为或举措,背后总是自觉或不自觉地由某一理念在支撑着。现代社区教育是区域性的,是能满足社区成员学习需求和社区发展需要的一种形式化、组织化的教育活动。社区教育工作者应当把这个社区教育价值观作为社区教育管理的理念基础,以指导自己的社区教育管理行为。

按照理论的准则或视角加以区分,支撑社区教育管理行为的理念,主要有以下四类:

1. 社区教育管理活动的目标是建立学习型社区

21 世纪是终身学习的时代,社区教育管理活动的目标就是要建立一个"人人学习、时时学习、处处学习、事事学习"的学习型社会。

2. 社区教育管理的核心是为满足社区成员接受教育提供服务

社区教育管理的有效程度与社区能否满足社区成员的教育(学习)需求、社区的发展、社会文明进步所提供的有效服务呈正相关关系。

3. 社区教育管理活动以教育政策法规的贯彻与实施为依据

任何管理活动的正常开展都需要一定的政策法规作为依据和保障。我国目前社区教育管理组织的管理行为的法规依据还比较模糊,这样就会形成人治大于法治、"人在政在,人去政息"的后果,所以社区教育管理活动必须制定相应的政策法规作为依据。

4. 社区教育管理的重心在于整合社区内一切教育资源

教育管理行为的运作重心是开发、利用、盘活和共享社区中的教育资源,以产生"1+1>2"的系统整合倍增效应。

8.3.3 社区教育的实施

社区教育需要区域内相关资源的拥有者依据社区教育的目的来进行协调运作。根据当前中国社区教育的发展现状,对实施社区教育活动的主要参与者进行划分,从而明确了各种教育主体。这些主体因为所具备的社会资源和社会性质不同,从而在教育中被赋予了不同的功能,具有不同的行为特征和影响力。

1. 政府部门

社区教育是由政府倡导、部署推行的一项社会政策，政府部门的主导作用是最为显著和广泛的。在这里，政府部门所包括的各级政府和职能部门中，国务院和教育部是负责全国社区教育宏观指导的中央政府部门；各省、自治区、直辖市人民政府和教育厅（局）负责落实中央政府的战略部署和规划，完成中央政府下达的任务，并结合实际情况，领导发展本省区市的社区教育事业；各省、自治区、直辖市以下的其他各级政府部门都是在上级政府部门的领导下，结合当地社区实际，负责协调处理本地区各项社区教育事宜，推进社区教育发展。

总的来看，政府部门在社区教育中的主要职能是：制定发展规划，加强宏观指导；建立组织管理体系，加强协调领导；制定政策法规，完善发展环境；提供资金支持，加强物质保障；实施效果评估，提出完善措施。

2. 社区教育学校

社区教育居于社区，应针对社区发展的需要开展活动。每个社区都可以根据本社区的实际情况，建立自己的社区教育机构，成为本社区建设的组织之一。社区大学、社区学院、社区学校和市民学校，是目前比较普遍的、专门的社区教育学校。

在中国，社区大学和社区学院主要以地方政府社区教育部门为主体，开展成人职业教育、学历教育。社区学校和市民学校以街道、居民委员会为主体，开展短期职业教育、艺术教育、科普教育、家庭教育等和丰富社区居民文化生活相关的知识教育，这些教育以非学历教育居多。

3. 驻社区企业

在社区中，除了政府之外，各驻社区的企业便是具有鲜明特点的资源主体。虽然企业以实现利益的最大化为目标，但某些驻社区企业往往出于企业文化建设或回报社会的想法而对所处社区具有强烈的责任感和使命感，希望不仅通过自身业务发展促进当地社会经济的发展，而且本着"取之于社会，用之于社会"的思想，力所能及地去推动社会公益事业，努力塑造一个令人尊重的企业公民形象，并想通过参与社区建设为企业营造一个良好的外部环境，从而促进企业自身的发展。

驻社区企业参与社区教育活动的方式主要有以下几种：员工以志愿者的身份直接参与社区组织的活动，利用业余时间奉献爱心；与社区建立共建关系，形成一种固定的、长期的参与关系；资金资助社区需要；与社区部门主管合作，全面参与某一主题活动项目。

4. 社区公益机构与组织

推崇以人为本的理念，是许多社会公益机构和组织的价值取向。它们都以帮助个人或团体开发潜能、实现价值、贡献社会为宗旨，不以营利为目的，以促进社会福祉、正义和公平为目标，活动范围覆盖教育培训、环境保护、福利救济、体育康乐、文化艺术、医疗保健等诸多领域。这些体现人文精神和社会责任的价值思想被有不同政治主张、宗教信仰、文化素养、职业状况以及经济收益等社会各阶层人士广泛认同，这对动员民间力量参与公益服务活动具有很好的感召效应。

公益机构与组织可以分为两类：①基金会，专门负责为其他公益组织和活动募集资金。基金会的活动方式分为两种：一种是资助其他机构和组织的活动；另一种是与其他机构和组织合作开展活动。②直接面对社会大众的服务机构，其活动方式主要由被服务对象的特征、范围、规模等因素来决定，所以，针对不同服务对象的服务内容，服务机构需要设计出不同的服务项目和方案。但总的来说,可以分为两种:一种是依靠服务机构自身人员力量为社会服务,另一种是依靠与机构外的志愿者合作来开展活动。

5. 社区教育专业研究机构与组织

建立有中国特色的社区教育体系不仅需要实践的探索和开拓,需要实际工作者经验的积累总结,也离不开理论的指导,离不开专家学者的研究引导。社区教育专业研究团体与组织便是社区教育中除了政府机构之外,最具专业指导权威的组织。

这些专业研究机构和组织参与社区教育的主要形式有:进行理论研究,探讨实践发展中的理论问题;直接参与社区教育活动,指导活动的开展,如设计活动流程、提供专业咨询、组织交流研讨会、开展专题调查工作、开展社区居民教育活动、培训教育指导员、分析研究活动以及总结推广活动经验。

6. 群众组织

受长期计划经济体制的影响,政府管理职能无所不包,民间组织较少。为了解决不同社区的特殊需要,维护他们的特殊社会利益,政府建立了相应的、具有鲜明政府色彩的社会组织,它们在政府的支持下,在中国社会发展中起着广泛而重要的作用。如中国共产主义青年团(共青团)、中华全国妇女联合会(全国妇联)、中国残疾人联合会(残联)、中华全国总工会(全总)、中国老龄协会等。

(1)共青团。共青团的工作逐步向区域化、社会化、职能化方向发展,社区教育成为拓展和延伸学校素质教育、加强青少年思想政治工作、提高综合素质的有效途径。

(2)全国妇联。为落实党中央提出"妇联应当把城市妇女工作的重点放到社区"的指示精神,妇联制订出以社区工作为重点的一系列工作计划,主要内容是:创办社区服务产业、健全社区维权机制、丰富社区文化生活、推动社区教育事业。

(3)残联。我国有2000多万残疾人生活在城市社区,需要社区给予特别的扶持和帮助,更需要通过社区来实现他们参与社区生活的愿望。2000年中国残联提出:要建立以政府为主导、社区为依托、有关部门密切配合、社会各界共同参与的社会化工作方式,将社区残疾人工作纳入社区建设总体规划,建立以社区居民委员会为核心、社区残疾人组织为纽带、社区服务机构为基础的工作机制,促进残疾人平等参与社会生活。在残疾人社区教育中,大力开展残疾人的康复知识教育、生活技能教育、职业教育、文化娱乐活动以及社区居民的助残意识教育活动等。

8.4 社区教育管理的发展

8.4.1 社区教育的体系建设

同我国社区教育模式相适应,我国社区教育体系的构建应从社区正规教育体系、社区非正规教育体系和社区非正式教育体系三方面入手。

1. 社区正规教育体系

正规教育是由教育或培训系统主办,要求学生注册,使学生获得某种文凭、学分或某种专业技能证书的一种教育,它包括由初级到高级的各类社区学校。因此,完整的社区教育体系应包括初等和中等文化基础教育、中等专业技术教育、社区成人高等教育三类。

1) 初等和中等文化基础教育

由于我国尚处于社会主义初级阶段,文化基础教育还相对落后,平均受教育年限仅为6年。因此,开展社区的初等和中等文化教育仍然是社区教育的一项重要任务。承担这一任务的是成人学校和社区的中小学校,如农村社区的各种业余小学班、农民文化技术学校、农民业余技术学校等,以及城市社区的职工业余小学、职工业余中学,这些社区文化学校开设从扫盲到小学、初中、高中及中专文化程度的正规课程。文化基础教育的开展有利于社区民众接受专门技术的教育和培训,有利于社区民众养成健康、文明、科学的社会风尚和生活习俗,有利于整个民族文化素质的提高。

2) 中等专业技术教育

中等专业技术教育是对社区中现有初中毕业或相当于初中毕业文化程度的成人所实施的专业或专门技术教育。按教育内容划分,有农业系统、工业系统、商业系统、财贸系统等不同专业、不同工种的专业技术学校、电视中专、非成人学校及小工种的中等专业技术教育。城市社区实施中等考试。教学中,除了重视中等专业技术所必需的文化和基础理论基础知识外,这类教育还特别重视培养专业所需的基本操作技能和良好的职业道德。

3) 社区成人高等教育

社区成人高等教育是对社区具有高中毕业或相当于高中毕业文化程度的年轻人实施的高等教育。大专学制一般为脱产两年,业余三年;本科学制一般为脱产三年,业余四年。凡经国家批准的成人高校,国家承认其学历。

2. 建立社区非正规教育体系

非正规教育体系是正规教育系统之外的教育,它是为那些不是以修完全部课程、取得学历文凭为目的的社区成人提供的学习机会。非正规教育时间短、见效快,教育方式灵活,结构松散,更注重工作与技能的训练,为社区民众的需要和社区的发展服务。这种教育大都是由社区的成人学校及行业(专业)部门组织实施的,如在成人高等学校中设立的培训部,行业部门设立的某培训中心等。开设的培训课程也极为繁多,包括文化补习、职业技术、健康卫生教育、继续教育课程、家电使用、个人发展课程等,一般由受教育者自己选择。

社区的非正规教育在构建学习型社会中占有极重要的地位,是正规学校教育的一种延伸和扩展。社区的非正规教育以其开放性增加了社区民众选择受教育的机会,以其职业性健全了终身能力开发的机制,以其灵活性加强了社区部门与教育的联系,从而使教育成为人的一生中都在进行的活动。

3. 建立社区非正式教育体系

非正式教育是指一个人在日常生活中获取技能、价值、观念、知识和能力或经由家庭、邻居、工作、娱乐、图书馆及大众传媒等受到的教育。联合国教科文组织21世纪委员会在其工作报告中认为,现代传播媒体和文化机构,如博物馆、图书馆乃至休闲娱乐活动,都有教育的功能。

非正式教育有其自身的特点。首先,教育场所主要在社会而不在学校,如影剧院、体育馆、文化馆、俱乐部、公园、社区服务中心等。其次,教育内容与教育者的职业无直接联系。再次,教育方式多样、灵活、不拘一格,有讲座、咨询、板报和墙报,还有展览、电影或录像、文艺比赛、运动会及游览观光等。最后,施教与受教的目的在于培养文明、健康、科学的生活方式,通过促成个体的进步从而达到整个社会的进步和民族素质的提高。

8.4.2 社区教育存在的问题

1. 生产力发展的不平衡性与教育需求的冲突

劳动能力的专门培养使工业社会科技含量日益增多的经济结构迫使教育不得不承担的一项新的社会职能。生产技术装备的日趋"高""专"及工艺过程的日趋复杂,不仅要求劳动者具有一定的技术素质,而且还要求劳动者具有起码的一般文化素养,以便进行文明生产,这便产生了通过教育训练劳动能力的普遍需求。

我国正处于社会主义初级阶段,生产力水平较低。与发达国家相比,我国还没有摆脱传统产业的束缚,经济增长方式仍以外延扩张为主,以消耗稀缺资源和污染环境为代价。尽管多次强调要实现经济增长方式的根本转变,但是以高新产业为支柱、以智力资源为主要依托的新型经济,还没有成为我国内涵式经济增长方式的主题。就全国范围而言,以高科技为基础的第三产业就业人员,占全国就业人员总数不到5%,且主要集中在东部沿海地区的某些大城市。而在广阔的农村,农业生产科技含量较低,对绝大多数农民而言,在一定时期内,手工劳动仍将是他们主要的生产方式。由于手工劳动经验尚未上升为近代自然科学知识,劳动力再生产方式无求于教育,因此手工劳动本身就成为劳动能力再生产的"学校",带有排斥教育的自然倾向。由于经济发展的不平衡,社会对教育的要求极不平衡,这极大地影响了我国社区教育的开展。

2. 传统的小农生产观与社区教育所要求的合作、整合的冲突

社区教育是需要用思想与行动、合作与整合来实现的。社区教育之所以强调合作、整合,是因为仅靠一方的单独行动往往不利于或无法实现价值目标,无法克服困难。社区组织化及合作、整合的过程,直接影响到社区教育的协调发展。社区教育在体制上强调社区内的各种教育因素和机构的集合、协调与互动,因而要求政府部门、社会各界、普通民众获得共识,相互合作来构建联动机制,将人力、财力、物力资源统筹分配,综合使用,协调工作方式。

3. 社区教育的多样性与轻视非正规教育的冲突

社区教育的多样性要求正规教育和非正规教育并重,二者不可偏废。但由于受到生产力发展水平的制约和传统观念的束缚,包括教育部门人员在内的很多人都对教育产生了以下三个方面的误解:第一,认为教育是一个独立的发展部门,学校是一个独立的教育实体,这一观念没有把教育看作是社会所有部门的基本组成部分,严重地束缚了社会发展;第二,认为非正规教育对正规学校而言只不过是一项选择而已,构成了与后者平行的系统,而这套系统应在国家教育主管部门和国家教育计划的严格控制下"以防失控";第三,由于提出非正规教育的一个社会背景是针对当时人权、教育机会均等、解决社会弱势群体的教育问题,因而在这一背景下出现的非正规教育在根本上被看作是穷人的教育,是正规教育的劣等替代品,受到社会甚至是教育部门的歧视。

4. 社区教育肩负的历史使命与教育投入不足的冲突

长期以来,我国政府对教育的投入严重不足,主要表现在:第一,政府教育投入占国内生产总值的比例太低,如1997年教育投入仅占2.49%,远远低于世界有关标准的4%;第二,近年来财政性教育经费的绝对数在增加,但并不能改变财政性投入总体上紧缩的事实;第三,社区教育的经费应多渠道筹集,包括地方政府、企业、社会各界及个人等,但由于一些地方企业经营机制的转换,社会下岗人员的增加和城镇居民收入不高,地方财政变成了"吃饭财政",使得社区教育经费捉襟见肘。社区教育经费的不足与其所肩负的构建终身教育体系、迈向学习型社会、实现人与社会可持续发展的历史使命明显不相称。

8.4.3 社区教育问题的对策

1. 以终身教育思想为指导原则,更新观念

社区教育在我国起步较晚,人们对什么是社区教育以及如何开展社区教育尚缺乏感性和理性的认识。为此,我们首先要在观念上有所突破。

(1)要确立大教育观。社区教育是实现终身教育的重要形式和建立学习型社会的基础,为此社会要从学校教育的狭隘教育观转变到全民教育、全国教育、全程教育、终身教育的大教育观上来,改变重人才培养、轻公民素质提高,重经济、轻教育的旧观念,确立社区发展与人的全面发展辩证统一的新观念。

(2)要确立可持续发展观。把社区教育纳入社区发展的总体规划之中,要以社区建设的总体发展规划为依托,进行社区教育的总体决策,使社区教育与社区建设协调发展。

(3)要确立社区教育特色观。发达国家和地区成功的社区教育实践为我们提供了很好的经验和范例,但也要注意到,我国各地发展极不平衡,为此开展社区教育要结合国情、区情、民情,切忌盲目攀比,搞一刀切,要走具有区域特色的社区教育新路子。

2. 建立促进我国社区教育发展的有效运行机制

社区教育运行机制是指社区教育这一系统主体要素的结构关系、相互作用以及使其得以正常运转的性质和方式。建立社区教育的运行机制,对我国社区教育健康、稳步地发展具有重要意义。当前我国社区教育机制及其运作方式主要有:

(1)激发社区成员不断增长的学习需求,形成社区教育发展的内在动力机制。

(2)建立地方政府和社会各部门广泛参与的社区教育组织管理协调机制,强化政府行为。

(3)建立社区教育多渠道经费投入的办学机制。

(4)建立地方性法规、政策保障机制。

(5)建立和完善社区教育的督导评价机制。

3. 充分发挥高等学校在社区教育中的龙头作用

作为终身教育体系中重要组成部分的高等教育,与社区教育存在着密切的互动关系。高等教育要把其办学目标定位在实施终身教育、建立学习型社会上,发挥其"龙头"作用。为此,高等教育要建立开放式的教育体系,其对策是:

(1)高校向社会开放,充分利用和发挥高等学校的师资、技术、设备优势,实现教育资源共享,以此推动社区教育的发展。

(2)社区性高等教育体系应体现多样性,满足不同层次群体的需求。

(3)大力发展社区学院。

4. 积极构建农村社区教育网络

(1)我国是一个农业大国,农业是国民经济的基础,发展农村社区教育,对改善农村劳动者整体素质、保持农村社会的稳定具有重要作用,为此要积极构建农村社区教育网络,其对策是:

①要加强县级农村社区教育的组织领导和协调,发挥县级社区教育中心的龙头作用。

②积极开展农村社区教育,发挥骨干作用。

③加强对社区教育的理论和实践的研究。

(2)社区教育在我国起步较晚,理论研究薄弱。为此要立足国情、加强研究,把社区教育的研究放到构建终身教育体系、形成学习型社会的大背景中去,为我国终身教育体系的构建提供科学决策依据。其对策是:

①组织专职研究人员对社区教育的产生和发展及其在发达国家的实践和经验加以研究。

②积极动员政府、企业、社区、各级各类学校成员参加社区教育,从宏观、中观、微观开展多层次、全方位、多类型的研究与实践。

本章小结

1. 社区教育是指以社区为范围,以社区全体成员为对象,旨在发展社区、提高其成员素质与生活质量的综合教育。社区教育把学校教育、家庭教育、社会教育广泛地联合起来,发挥各自的育人优势,以德育为重点内容,创造与优化育人环境和条件,动员全社会的力量提高社区成员的素质,形成和增强社区教育的群体凝聚力,切实加强社区的物质文明建设和精神文明建设。

2. 社区教育具有地域性、多样性、实体性和开放性等特点。

3. 社区教育具有多种功能,包括教育功能、经济功能、协调功能、辐射功能等。

4. 同我国社区教育模式相适应,我国社区教育体系的构建应从社区正规教育体系、社区非正规教育体系和社区非正式教育体系三方面入手。

5. 社区教育管理就是对社区教育资源(包括人力、物力、财力和信息等)进行合理组合,使之有效运转,以实现组织目标的协调活动过程,也是对社区内的教育资源进行开发、利用以实现社区教育的最终目标的一种组织力量。它具有地缘整合性、时空广延性、立体开放性。

6. 我国社区教育存在的问题主要包括生产力发展的不平衡性与教育需求的冲突,传统的小农生产观与社区教育所要求的合作、整合的冲突,社区教育的多样性与轻视非正规教育的冲突,社区教育肩负的历史使命与教育投入不足的冲突等问题。

 思考题

1. 请基于对本章社区教育的理解,阐述社区教育与其他教育类型的异同。

2. 当前社区教育的供给与社区教育需求存在哪些供需错位?产生这种错位问题的本质是什么?

东营市"四点半课堂"开课啦

很多小学生下午早早就放学,可家长大都要到五六点才能下班,两个小时左右的"监管真空",孩子们去哪儿成了许多父母的心病。

近年来,"四点半课堂"在东营市许多社区纷纷出现,低年级的部分学生放学后,可以直接到这里做作业、看书、做游戏,现场还有专业社工老师、志愿者家长辅导。这样的"四点半课堂",就像是坐落在居民家门口的"小区书房",让孩子开心、家长放心。

社区管理

东凯社区的"四点钟学校"开班后，小学生放学后有了新去处。社区"四点半课堂"教室宽敞明亮，整齐摆放着课桌椅，小学生们安静地做着功课，遇到有孩子提问，教室里的老师就会上前轻声解答。东凯社区的有关负责人通过与辖区居民沟通，了解到不少家长因为上班，没时间在放学时接孩子，也有家长提出，孩子一个人在家里做作业效率不高，或是功课有不懂的地方，也没人可以解答。于是，社区联合众和公益组织和东凯学校，共同举办了"四点钟学校"，义务辅导孩子学习。

东凯社区"四点钟学校"的辅导时间原则上是每周一到周五下午放学后的4点半至6点，目前已有30多人报名。每天都有多名志愿者负责接送孩子，2位老师专门看管辅导，督促学生及时完成作业，解答作业中的难题。

东城街道府前社区的"阳光四点半"社区托辅中心内，桌椅、空调、黑板等设施齐全，每天下午4点半到六点半，这里就成了孩子们的学习乐园。府前社区"阳光四点半"工作人员介绍，自2017年9月成立以来，该中心渐成规模，每天服务学生30人次左右，寒暑假时间还提供全天托管服务。

近年来，社区公益"四点半课堂"如雨后春笋般陆续出现，东城范围内已有十多个社区设立了"四点半课堂"，社区、学校、志愿组织等各方力量急家长之所急，合力帮助家长排忧解难。

问题：

1. 案例中的"四点半课堂"体现出了社区教育的哪些特点？
2. 结合生活实际，你认为社区在提供社区服务教育中需要注意哪些问题。

第9章 社区文化管理

学习目标

通过本章的学习,了解社区文化的概念、构成要素、特点及功能;了解社区文化管理的内容;掌握社区文化管理中取得的成就及存在的问题;理解社区文化管理的具体实施办法。

关键概念

社区文化　社区文化管理

导入案例

上海市徐汇区龙华街道

近年来,作为上海乃至华东地区著名的古老街区之一,龙华街道自觉担纲起了"固守一方传统文化,希望为后人梳理出龙华传统文化脉络,让血脉相承的龙华文化传承与发展带给百姓归属感和幸福感"的重任。依托现有资源,龙华街道不断收集、挖掘、整理民间文化,牵手区域内上海京剧院、朵云轩艺术中心、龙华古寺、龙华烈士陵园、余德耀美术馆、2577创意大院等单位和区域院校,积极打造千年龙华"传统文化共享生活圈",让具有龙华本土特色的文化传承活动,融入百姓寻常生活中。

2014年末,龙华街道推出了"千年文化、民俗龙华——千年龙华民俗大讲坛"项目,邀请专家、学者、民间达人讲述地域文化"符号"的来龙去脉,让千年传统民俗记忆不再"断片"。之后,"大讲坛"结合时令,以平均每20天一期的节奏向机关干部、社区居民、企业白领、青少年学生、建筑工地外来务工人员推送。春节讲"年味",三月谈"庙会",端午话"习俗",中秋叙"圆月"……"大讲坛"活动"好玩"又有趣,还增加了互动。两年来,"大讲坛"活动覆盖整个龙华社区,受众达6万余人次,"开设民俗大讲坛,挖掘、整理、传承民俗文化,激发居民对传统文化的兴趣,让传统文化保有持久活力"。

随着徐汇滨江的开发开放,西岸文化走廊日益崛起,上海京剧院、朵云轩艺术中心、余德耀美术馆等相继落户龙华。龙华街道珍惜这一优质的地域文化资源,联动各方资源,合力打造"传统文化共享生活圈",推动传统文化的传承和弘扬。"舌尖上的龙华""国粹好邻居"等活动的开展,有利于挖掘独具特色的龙华传统文化符号,不断汲取其积极、良性、健康的养分,传承、融合,并将之在当今文化中发扬光大,让龙华百姓的自豪感和归属感油然而生。

9.1 社区文化概述

社区文化是社区建设与管理的重要内容,它对于丰富社区居民的生活、提高社区居民的素质、促进社会进步具有重要的意义。

9.1.1 社区文化的含义

社会文化的本质是文化,社区只是属性,因此,要讨论社区文化的概念问题,就需要从文化的概念谈起。

1. 文化的含义

泰勒在《原始文化》中曾指出,"文化或文明是一个复杂的整体,它包括知识、信仰、艺术、伦理、道德、法律、文化或文明,也包括社会成员通过学习而获得的其他能力和习惯"。

在我国,学者们通常从广义和狭义两种角度来解释文化。广义的文化是指人类创造的一切物质产品和精神产品的总和。而狭义的文化则专指语言、文学、艺术及一切意识形态在内的精神产品。

2. 社区文化的含义

社区文化是人类文化的一种特殊形态。社区文化是社会文化的一个有机组成部分,是人类宝贵的物质财富和精神财富的一部分。

从广义和狭义的两个角度理解社区文化。广义的社区文化是指社区居民在特定的地域内,经过长期实践而创造出来的物质文化和精神文化的总和。狭义的社区文化是指社区居民在特定的地域内,经过长期实践逐步形成和发展起来的具有地方特色的价值观念、思维方式、精神状态、风俗习惯、文化方式、行为模式、公共道德等文化现象的集合,其中,价值观是社区文化的核心。将社区文化的广义和狭义的理解结合起来,才能正确揭示社区文化的内涵。

社区文化可以看成是社区中的人在其社会生活中所创造、所使用或所表现的一切事物的总称,是具有社区特征的文化风貌,且特定的文化在特定自然地理条件下产生。社区文化对其居民的心理、性格、行为有深刻的影响,不同的社区文化特质不仅造就了人们特殊的习性,而且在一定程度上决定着人们的价值取向。

9.1.2 社区文化的构成要素

社区文化是一个由各种要素组合而成的复杂整体,总体而言,社区文化包含物质文化要素、精神文化要素、社区规范体系和社区组织四项基本构成要素。

1. 社区物质文化

社区物质文化是通过物质形态表现出来的文化,包括经过社区居民改造的自然环境和创造的一切物质财富。它是由社区成员共同创造、维护的自然环境与人文环境的结合,是社区精神物质化、对象化的具体体现,主要包括社区内的文化设施和文化场所,也包括社区中的市政设施和居民的衣食住行中的各种器具,因为这些设施和器具中都凝聚着社区居民的独特思维和勤劳智慧。物质文化不仅是社区居民正常生活得以开展的必要前提,也是社会有序发展的基础和保障。

2. 社区精神文化

社区精神文化要素指的是社区群众在长期的社会文化生活中形成的思想观念、价值观念、艺术修养、伦理道德、宗教信仰等。精神文化要素作为社区文化中的主导因素,是社区文化建设中最活跃的因素,是社区居民开展积极向上的创造性活动的最直接动力源泉。精神文化要素中的价值观念植根于每一个社区居民的内心世界,具体体现了社区居民的精神风貌,影响着社区居民的生活目标和生活方式的形成。

3. 社区规范体系

美国社会学家萨姆纳(William G. Summer)认为,规范可以分为两种:第一种是民俗(folkways),它是指行为规范里的风俗部分,亦即习俗上的做法,比如,在社区中参加婚礼就一定要送红包或礼金等都是风俗习惯,也是民俗。第二种是民德(mores),它是指一些影响到社会生存或延续的行为规范,强制执行的民俗、民德等就成为规章、制度。虽然规章、制度权威相当大,人们对规章、制度也相当畏惧,但是规章、制度有时并不一定就比民俗更能让人们遵从。

社区规范体系是约束社区居民的生活和行为准则,它包括为保证社区文化活动正常有序进行而建立的社区规章制度和社区文明公约,也包括社区范围内社区居民约定俗成的社会习惯和善良风俗。这些规定和习惯约束社区居民的行为,构成一个社区独特的规范体系,这些规范体系体现了社区居民的价值追求和理想生活模型,它可以化解和居民之间的矛盾和冲突,促进社区的团结与和谐发展。

4. 社区组织

社区组织是指在社区文化活动中实现各种社会关系的实体,它是其他社区文化要素存在的基础和保证。社区组织的主要功能是促进社区文化活动中各种关系发展,保证其他要素正常发挥自己的职能,社区组织如家庭、学校、居委会等,在其构成上表现为一定的目标、规章、成员及相应设备,是一种精神与物质的双重结合体。在日常生活中,社区组织通过目标的建立和规章的实行以及使用必要的物资设备,使社区成员的社会关系得以规范化。

综上,社区文化的四个构成要素之间各有特点又相辅相成,相互之间协调配合,共同推动着社区文化的健康发展。

9.1.3 社区文化的特点

1. 地域性

社区文化是在特定地域内生成和发展起来的文化,社区所在地区的特殊气候、特别地貌和特有生态都会对社区文化的形成产生影响。随着社区文化的积累和创新,其地域性的特点更加鲜明和独特。气候对人的体格、性格、心理和生活方式有着根本性的影响,从而在某种程度上决定了社区文化的特色。比如:在我国北方地区,冬天气候寒冷,那里的人体格健壮、性格粗犷,因此其文化气息就比较浓厚;南方地区,气候温暖,山清水秀,那里的人体格清瘦、性格娴静,其文化中往往表现出优美、灵秀的特点。

2. 群众性

社区文化的群众性有三层意思:一是社区居民是社区文化的创造者和建设者。很多社区文化活动都是由社区成员自主创意的,反映群众自己的生活,符合群众自己的实际需要。二是社区居民是社区文化的服务对象,社区居民在各种文化活动中受益颇多。他们自娱自乐,锻炼了身体,增进了友谊,提高了品德修养和文化艺术修养。而政府、社会团体和企事业单位组织的社区文化活动,其目的也是尽可能使群众普遍受益,使大多数群众满意。三是社区居民的实践是检验社区文化的客观标准。社区居民不仅在实践中根据自身需要对社区文化的形式和内容进行选择,而且对社区文化的优劣加以评判。

3. 多样性

社区文化的多样性表现在很多方面,一是文化服务对象的多样性。一个社区居民的组成多种多样,由于其职业、生活方式的不同,文化生活的内容和形式必然多种多样,有着他们自己的意愿和选择。二是文化形态的多样性,如企业文化、校园文化、街道文化、家庭文化等。三是文化设施的多样性,有文化馆、少年宫、街道文化站、社区单位的俱乐部、图书室、科技宣传栏等。

4. 开放性

随着我国改革开放的深入,加入 WTO 后经济社会的发展,价值观的变化,社区文化愈益呈现为开放性。本土文化与外来文化、传统文化与现代文化、高雅文化与通俗文化、生产文化与消费文化等各种文化相互交融,呈现出与时俱进的特色。

9.1.4 社区文化的功能

文化是社区的灵魂,文化建设也是社区建设的内涵所在。当前构建社会主义和谐社会,社区文化建设是一项非常重要的内容,和谐社会的构建也需要社区文化的引导与支撑,因而社区文化对于和谐社会、和谐社区的构建具有重要作用。

1. 社区文化有助于社区整合

社区文化为社区整合提供了条件,从纵向上看,社区文化的世代继承性将代与代之间用文化纽带连接起来,从而保证了代与代之间的传承,使社区得到延续和发展;从横向上看,文化的共性特征使得各个社区组织、各个社区群体及其居民能够相互交流,从而为社区整合提供了条件。

社区文化也是实现社区整合的基本要素,物质文化、精神文化、语言文化、规范文化为社区成员在各个领域的活动提供了价值准则和行为规范,保证了社区行为的系统化、一体化,从而促进了社区整合。

2. 社区文化有助于满足居民的精神需求,提升其精神境界

随着我国城市化进程的加快,人们的生活节奏日益加快,工作的紧张程度和精神压力也随之增加,社区作为人们工作外赖以生活和休憩的主要场所,人们不仅希望所在社区具备优美的自然环境和硬件设施,更希望社区能够有一个良好的人文环境,能够成为大家赖以生存和坚守的"精神家园"。社区以往所开展的一些生活性服务活动已不能满足社区居民的需要,居民希望社区能为他们提供良好的人文环境和文化资源,满足其精神方面的需求。

目前我国广大社区开展了各种各样的文化活动,常见的有各种家庭文化、广场文化、科普宣传、文体比赛等,这些活动从不同角度、层次等方面满足了广大社区居民的精神需求,同时社区成员在参与社区集体活动的过程中,也加强了彼此精神与情感的交流,社区文化所倡导的积极的人生观、价值观和行为方式也在潜移默化中深入到社区居民的心中。

由此可知,积极向上的社区文化氛围不仅有助于满足居民的精神需求,而且有助于陶冶居民的情操,提升居民的精神境界。

3. 社区文化有助于树立城市品牌,增强城市的综合竞争力

从社会学的角度来说,一个社会的发展必须是经济、社会、文化的同步协调发展。经济、社会、文化发展不同步,必然增加社会发展代价,阻碍社会的良性运行和协调发展,同时,社会、文化发展的落后,也必然导致经济发展后劲乏力。文化在一定程度上能反映一座城市、一个国家的社会形态和民族素质,建设现代化城市不仅需要有繁荣的经济,更需要有繁荣的文化。社区作为基层组织,它的文化建设状况在一定程度上反映着该城市的文化发展水平,呈现着该城市独特的文化特色与氛围,同时,城市社区文化在增强对于外来资本与知识、人才和技术的吸引力方面也发挥着重要作用。

因此,在当今知识经济时代,由于科学技术和市场需求的不断发展,加强社区文化建设,建设富有特色的城市文化,树立城市品牌,已经构成了城市综合竞争力中的重要内涵。

9.2 社区文化管理的内容与意义

社区文化管理就是指对社区文化进行的经营、约束和照管,它包括对社区公益文化中具有独特的功能文化、娱乐文化、民俗文化、科普文化等多项内容的管理,在社区文化管理中具有独特的功能。

9.2.1 社区文化管理的内容

1. 公益文化

公益文化是社区文化中最核心,也是最受公众欢迎的内容,社区公众的文化消费在目前阶段上大多依赖于公益文化。公益文化通常以各种公共文化设施和场所为依托而开展,其中最有代表性的是各类公共图书馆、博物馆、纪念馆、文化馆、美术馆、科技馆等。在各种新的公益文化中最著名的是遍布城区的各种广场文化活动,"广场文化"是从空间视角对室外露天群众性文化活动形态的一种概括,如外滩广场文化活动、大型商场门前广场文化活动、各居委会举办的露天纳凉晚会等。现在,广场文化活动已占据社区文化活动不可缺少的"半壁江山"。

2. 演出文化

演出文化是专业性的文化演出活动,它是文化产业的核心部分,通常以各种表演艺术如戏剧、歌剧、音乐会、演唱会、歌会、舞蹈、马戏、杂技等为代表。演出文化主要是由专业队伍举行,一般来说,公众很难直接参与。但演出文化在营利的同时也丰富了社区公众的文化生活。尤其是一些高雅文化艺术只有演出文化才能提供,它对提高社区文化的档次至关重要。与公益文化以及群众性的自娱自乐活动不同的是,演出文化一般都有较高的水准,有利于高雅文化与通俗文化的互补。

3. 娱乐文化

娱乐文化一般以主题公园、影剧院、酒吧、游戏厅、KTV、健身房、保龄球馆、游乐园等为代表。它也是营业性的商业活动,虽然跟演出文化一样以营利为目的,但它同样为丰富社区文化生活提供了不可缺少的选择,没有娱乐文化,社区文化就会很贫乏。而社区娱乐文化设施能否

满足社区公众的相关文化需求是社区文化发展程度的重要标志。

4. 民俗文化

民俗文化主要由具有民族特色和地方特色的习俗、风俗性聚会等文化活动所组成。民俗文化通常同传统节日文化活动相联系。传统节日主要指春节、元宵节、端午节、中秋节、重阳节等一些古代就已形成的节日,这些节日往往包含有许多传统的群众文化活动形式,比如,春节贴春联,元宵节吃元宵,端午节包粽子、划龙舟,中秋节吃月饼,重阳节登高等。民俗文化的丰富与否还是社区文化底蕴的表现,民俗文化越丰富说明该社区的文化根基越深厚,因此,发掘和发展民俗文化对社区文化发展有着特殊的意义。

5. 群体文化

群体文化指的是各种群众性的自发性体育文化活动,它在各国城市社区都开展得非常广泛。群体文化内容十分丰富,如腰鼓队、木兰拳队、健身舞队、太极拳队、大篷车健身队、交谊舞队、各类比赛、运动会等。在群体文化中,群众自编自导各种娱乐活动、文娱节目、业余兴趣小组等,也颇受市民欢迎,参与度很高,参与的自觉程度和积极性从来都是有增无减。这些群体性活动往往在广场文化活动、居委会文化活动中充当重要角色,从而也大大丰富了整个社区的文化生活内容。

6. 科普文化

科普知识今天已经成为提高社区人口素质和市民家庭生活质量的关键因素之一。科普文化活动的目的正是大力宣传和普及现代科学技术知识,用科学的思想引导人,用丰富的知识培养人,用文明的行为规范人,用高尚的情操陶冶人,促进本社区精神文明建设。科普文化形式异常丰富多彩,尤其是在街道、居委会指导下大力开展的家庭读书活动,影响深远。随着社会的发展,科普文化将在整个社区文化系统中占有越来越重要的地位。

7. 专题文化

专题文化在社区里已越来越普遍,许多社区有计划、有组织地开展各种专题性的文化活动。专题文化往往配合一些重大的社会性主题或节日而开展,例如,举办各种各样的艺术节、电视节、旅游节、食品节、服装节以及配合节假日举办歌会、演唱会等。有些专题性文化活动还同商业活动、经济活动相配合,形成独特的"商业性节日文化活动"。文化与商业结合可以形成独特的"文化搭台,商业唱戏"局面,这一方面可以弥补文化活动经费的不足,另一方面可以极大地推动有关工商企业和整个社区的经济发展。

8. 休闲文化

随着居民生活水平的提高,人们的休闲方式逐渐多样化起来,除了旅游、参加演出文化消费和娱乐文化消费之外,还大量地参与其他各种休闲文化活动,如养生保健、鱼鸟宠物饲养、插画养花、盆栽盆景、家庭绿化、集邮下棋、书法爱好等。许多休闲文化与其他文化形式不同之处在于,它可以是个人参与,也可以是每个集体参与,每个人都可以加入一定的休闲文化活动之中。我国不少城市的社区的休闲文化已经形成特色,如上海浦东的潍坊和梅园街道组织的心理咨询指导沙龙、保健指导、养生指导、插花比赛等多种休闲活动,非常受社会公众的欢迎。

9. 企业文化

随着现代经营理念和商业观念的转变,企业将逐渐成为"社区公民",而不是社区中的"国中国",工商企业与社区之间已经形成一种"相依为命"的联系。许多工商企业也十分注意开展丰富多彩的文化活动并积极参与或同社区一起组织各种文化活动。不少工商企业不仅在硬件上成为其所在社区的标志性景观,而且一些大型企业每年都有自己的文化艺术节,还有书画比赛、时装表演、音乐会等,这些都成为当地文化活动整体中的重要内容甚至特色内容。

10. 观念文化

观念文化指的是文明、先进的思想观念和道德风尚以及良好的人际氛围。这是一种"无形"的文化,但它对人的素质、生活质量都有着重要的影响。在观念文化中可以体现社区生活以及社区人的理念和价值观,如在上海、南京等社区都有群众自己创作的文明格言,"公有理,婆有理,稳定才是硬道理"反映了居民为社会大局着想的思想高度;"手下留情,脚下留青"反映了居民对绿化的爱护与环保意识。在观念文化中还应当包括心态文化,也就是健康的心理状态。心态健康在今天同生理健康一样重要。通过心态建设,加强心理疏导,形成健康的心理状态,从而为社会主义市场经济建设创造良好的心理氛围和软环境。

9.2.2 社区文化管理的意义

1. 社区文化管理有助于加强社区的凝聚力

大量的事实证明,社区文化管理有助于社区凝聚力的加强。凝聚力是社区稳定的黏合剂,是维护社区稳定、和谐、进步的主要因素,也是构建社会主义和谐社会的关键。在社区文化建设过程中,每项文化活动的开展都离不开社区居民的参与和支持,居民在共同参与社区文化活动的过程中,由陌生到逐渐熟识,彼此之间的理解与认同加强,关怀与帮助增多,也逐渐形成了对大家共同生活的家园——社区的认同感与归属感。

通常,居民的社区认同感和归属感越强,就越能够意识到自己是社区的一员以及自己作为社区成员的权利与义务,进而越能自觉主动关心社区事务,积极参与社区开展的各项活动,改善社区环境,增强社区的凝聚力,而社区凝聚力的增强对于稳固居民的社区认同感和归属感又起到了促进作用,故三者之间形成了一种良性循环机制。因此,社区文化管理有助于增强社区的认同感和凝聚力。

2. 社区文化管理能促进城市社区经济的增长

城市社区经济是指在城市特定区域内为满足社区居民的物质生活和文化生活的消费需求而提供服务的活动,它涉及的领域很多,既包括房地产、商业、餐饮业、医疗保险业、建筑装修业和其他物质生活方面的服务行业,也包括旅游产业、教育产业、文化产业、体育产业、律师和会计等知识、精神、健身和智力支持等方面的服务。由此可见,社区文化产业是社区经济的重要组成部分。社区文化管理可以将社区内的文化资源通过各种形式转化为经济资源,形成社区文化产业,这样既可以帮助社区内的居民解决就业问题,又可以为社区提供多层次、全方位、系列化的服务,进而促进社区经济的增长。

3. 社区文化管理有助于社区形象的塑造

社区文化管理还直接有利于社区形象的塑造,良好的社区形象是社区宝贵的无形资源,由此产生强大的吸引力,为社区发展、社区建设不断提供动力。应该对社区形象的标志系统、建筑物的布局设计和建构、各类服务设施的配置、街头雕塑、小区绿化、人文景观、公共设施、文化场所等进行管理,突出社区的特色,比如把社区内的警示标牌,从过去"严禁""不准"等教训人的口吻改成劝慰式、提醒式语气；还可以对社区的民歌、民间戏剧等各类具有特色的民间文化活动进行管理，形成一定的文化工程或文化活动，这样都会大大提升社区的形象，比如锡山的"明珠工程""家庭文化节"，南京的"银河工程""金陵文化庙会""高淳大马灯"等。

9.3 社区文化管理的实施

9.3.1 我国社区文化管理面临的问题

经过20余年的积极实践，社区文化管理取得了显著的成就：社区文化观念不断更新，社区文化是一种产业，其主要形式就是文化娱乐服务；社区文化经济投入不断增加；社区文化工作者的素质有所提高；社区文化活动形式越来越多样，内容越来越丰富，水平越来越高；等等。但同时我们也看到，在社区文化管理上还面临着一些问题，如存在社区文化管理机制不健全、社区文化管理主体缺位、资金筹集渠道单一、投入不足、工作队伍结构不合理以及社区文化管理缺少法律法规的保障等问题。

1. 社区文化管理机制不健全

从1999年民政部进行社区建设试验开始，到现在全面推进社区建设，才二十几年的时间，许多相关工作还处在不断摸索的阶段。现有的社区建设思路，基本上还是以行政强制为主，并没有真正实现社区自治。有的地方政府并没有把社区文化建设纳入社区建设的整体考虑之中，没有明确社区文化建设的主管部门，更谈不上进行社区文化发展的长期规划；有的地方政府在开展社区文化建设的过程中采取"重心下移"的管理方式和"以块为主，融条于块"的组织设计，这无疑加重了政府的派出机构——街道办事处的任务，然而街道办事处并不能胜任。于是街道办事处利用手中的权力将社区文化建设的任务分派到各个社区居委会，结果这又导致作为群众性自治组织的社区居委会疲于应付街道办事处分派的各项任务，社区文化建设行政色彩浓厚，无论是从思路、步骤、内容还是形式上，都是自上而下的行政安排，没有真正从社区居民实际需要出发，社区文化活动流于形式。

2. 社区文化管理主体缺位

从对社区文化资源的调配方面看，政府是社区文化建设的主导力量，但是社区文化建设真正的主体应该是广大社区居民，只有社区居民的积极参与，社区文化才能真正具有本社区特色。然而目前我国社区文化真正的主体——社区居民，往往处在被动状态，除去自发性的、得到政府允许的兴趣团体活动外，其对社区文化发展决策和实施的参与度很低。另外，社区文化建设的覆盖存在着明显的缺陷，老年人、儿童以及其他弱势群体在一定程度上成为参与社区文化活动的主力军，而真正有能力为社区文化建设的决策、实施尽一份力的广大中青年却被忽视。

社区文化建设中主体的错位以及主体功能的缺失，导致政府付出高额的综合成本却难以赢得社区成员的认同，另一方面也会导致社区文化缺乏可持续发展的动力。

3. 资金筹集渠道单一、投入不足

经费是开展社区文化活动的基本物质保证，没有经费支持则社区文化活动很难维系。当前，受我国社区文化建设与管理中政府主导机制的影响，我国绝大部分城市社区文化的管理资金依赖于政府财政下拨的款项,投入主体呈现一元化的特征。同时,基层社区由于长期过度依赖政府,使社区文化管理资金一直采用向政府"等、靠、要"的消极方式,未能积极整合社区内的各类资源(如驻区单位、企业的资金和场地支持),开拓多种社区文化资金筹集渠道,吸引社会资金参与,努力实现社区文化建设的社会化运作机制。

社区文化建设中政府投资一元独大的局面,导致政府对社区文化建设的投资多少取决于政府层面对社区文化的认识。有些领导未能从构建社会主义和谐社会、巩固党的执政基础的高度来认识和重视社区文化建设,简单认为社区文化建设对经济发展关系不大,也不能短期就见效果,对社区文化建设重视不够,投入不足,导致基层社区文化建设资金短缺,基础设施严重不足;有些领导将社区文化建设简单化,认为文化建设就是添一些健身器材、盖几间文体活动室,导致社区文化基础设施单一、重复,文化设施利用率低。

我国城市社区居民对社区文化的需求不断增强,社区文化建设的进程也在不断加快,政府一元独大的投资模式越来越难以满足日益增长的社区文化管理资金的需求,改革投资模式势在必行。

4. 工作队伍结构不合理、人才匮乏

社区文化建设是我国文化建设的重要基础之一,建设一支高素质的社区文化人才队伍是搞好社区文化建设的必要条件。近年来,各地在加强社区文化建设、培育基层文化人才队伍方面做了很多工作,也取得了一定成效。但由于种种原因,社区文化人才队伍的建设还不能适应实际工作的需要,主要表现在以下几方面。

1) 社区文化工作者中兼职人员多,专职文化工作者相对缺乏

目前,我国多数社区是由街道办事处1至2位兼职工作人员领导协调社区文化工作,他们由于工作、时间、精力等多种原因,很难全身心地投身到社区文化建设中来。同时,由于街道文化干部的待遇偏低,加之工作任务繁杂,不同程度上存在着现有文化管理干部队伍人员不稳定的问题。

2) 社区文化骨干队伍缺乏

搞好社区文化建设,需要有一支具有较高文化素质和道德水平,同时具有文化专业的一技之长、热心于社区文化的骨干队伍。然而,现实的情况是社区文化建设的骨干力量、各类文化人才普遍较为缺乏,支撑社区文化工作的多数为年纪较大、专业层次偏低的非专业工作人员。且由于开展文化活动和培训的经费不足,社区文化骨干队伍的培养力度不够,这种情况严重地制约了社区文化活动档次和水平的提高。社区文化工作者队伍不稳定,工作缺少计划性和连续性。有些社区文化工作者素质不高,工作具有盲目性,组织的文化活动流于形式。文化经营活动收费不统一,账目管理有漏洞,有私吞和避税现象。

5. 社区文化管理缺少法律法规的保障

社区文化管理不仅关系到社区的和谐,更关系到社会的稳定与发展,是一项系统工程。社区文化管理除了要在管理机制、投资渠道以及工作者队伍建设方面下功夫外,还需要相关法律、法规等制度条件的保障。政策、法规的支持是实现社区文化管理的坚强后盾,只有在政策法规的保障下,社区文化才有可能实现政府指导下的自治管理。

目前,我国还没有出台一部专门针对社区文化管理的法规。首先,在社区文化内容、组织结构、工作人员编制、经费、场地设施、群众文化组织合法地位等诸多方面,都没有明确规定,这

造成社区文化管理工作无头绪、统计无依据、考核无标准、管理不规范的问题;其次,政府对社区文化管理的权利、责任和指导范围也没有给予详细地规定,这在一定程度上给地方政府干预社区文化管理工作制造了机会,导致部分地方政府主管部门随意下派任务,造成社区文化自治管理趋于行政化;再次,对于鼓励社区文化建设社会化运作缺乏相应的政策支持,不利于打破政府投资一元独大、多元弱小的局面,更不利于多重管理主体的培育。

9.3.2 社区文化管理的实施

社区文化管理工作还存在着上述的问题,因此,必须完善、改进社区文化管理中存在的问题,采取一系列措施更有效地促进社区文化的管理工作,如完善社区文化管理机制、制定社区文化规划、加强社区文化队伍建设、开发社区文化资源、搞好社区文化市场等。

1. 完善社区文化管理机制

完善城市社区文化管理机制是推进我国城市社区文化建设的首要条件。只有理顺政府与社区自治组织在社区文化管理中的关系,明确两者在社区文化管理中的地位及职责分工,才能有效避免目前多数社区出现的文化活动行政化,重形式、轻内容,重过程、轻效果的不良状况,真正实现通过社区文化建设将我国广大社区建设成为管理有序、服务完善、文明祥和的社会生活共同体。

2. 明确社区文化建设的主体——社区居民

只有社区居民参与到社区文化建设的决策、组织、领导、控制等管理的全过程,社区文化才能真正体现本社区的特色,符合本社区居民的物质与精神需求,这样才是真正富有生命力的社区文化、群众文化,而不是千篇一律、流于形式的所谓"社区文化"。

3. 确保社区居委会的群众性自治组织性质,不被行政任务所束缚

社区居民作为社区文化的主体,希望参与到社区文化管理的全过程,但由于其作为一个个单独的个体无法实现,必须通过社区居民的代表——社区居委会来行使自己管理社区文化的权力,因此,保证社区居委会的群众性自治组织性质,明确其在社区文化建设中的地位,理顺社区居委会与政府的派出机构——街道办事处的关系(街道办事处与社区居委会之间是指导与被指导的关系,而不是上下级的领导与被领导的关系),才能有效避免出现社区居委会疲于应付街道下派的行政任务的情况,进而保障社区文化的发展方向。

4. 明确政府在社区建设中是"掌舵者",但并不是社区文化建设的主体

虽然从对社区文化资源的调配方面看,政府起着主导作用,但随着我国政府职能的不断转变,政府在提供公共服务方面应该从过去的"划桨者"变为"掌舵者",在社区文化建设中起引导作用,为城市社区文化建设把握方向,而不是事无巨细、全盘直接管理。

9.3.3 制定社区文化规划

在调查研究的基础上,社区要制定社区文化发展规划。

1. 社区文化发展的总体规划

它通常包括以下内容:①指导思想和基本原则;②总体目标和基本任务;③阶段性目标和具体任务;④落实检查和考核措施。社区文化发展总体规划制定以后,要进行科学的可行性论证。在论证过程中,既要听取领导和专家学者的意见,又要听取社区文化工作者和广大社区成员的意见。规划修改确定后,还要制订详细的实施方案,指定责任单位和责任人,明确具体分工、完成时间和验收办法。

2. 社区文化发展专项规划

规划既要有宏观的描述,又要有详细的规划方案和具体的实施办法,因此,有必要制定专项发展规划。例如,山东省日照市教育局根据《山东省教育厅等9部门转发教育部等九部门关于进一步推进社区教育发展的意见的通知》(鲁教民发〔2017〕1号)、《日照市人民政府关于加快推进现代职业教育发展的实施意见》(日政发〔2016〕23号)等文件提出的战略目标和任务要求,制定了《关于加快推进社区教育机构建设的通知》(日教字〔2017〕213号),使本市社区教育有了比较具体的发展目标、工作重点、落实措施和评价标准。

3. 社区文化年度工作计划

年度计划是本年内需要做的工作的具体安排,社区文化年度计划一般涉及如下内容:①文化场地和设施建设;②文物保护工作;③文化交流活动;④文化市场管理;⑤文艺创作;⑥大型文化活动,尤其是重要节日庆典的活动安排。

4. 社区文化活动具体实施方案

对大型的综合性、长期性的文化活动,应该制订具体的实施方案,内容包括活动目的、组织形式、负责人员、方法要求、考核方式等。

9.3.4 加强社区文化工作者队伍建设

建设一支高素质的社区文化人才队伍是搞好社区文化建设的必要条件。

1. 应重视抓好专业社区文化工作者队伍的建设和管理

以往社区文化管理人员由街道办事处工作人员兼任,由于其时间、精力等方面的限制,通常难以将社区文化活动深入开展下去,因此,建立一支专业化的社区文化工作者队伍成为社区文化建设的必然要求。具体来看,第一,应该及时解决现有社区文化工作人员的编制问题,同时创造条件对基本符合标准的人员评定职称,真正稳定社区文化工作者队伍;第二,应该加强对现有社区文化工作者专业技能的培训,提高其专业技能与职业素养;第三,应该通过公开招聘、民主选举、竞争上岗的办法引进社会优秀人才以及高校的优秀毕业生,充实到社区文化服务行列当中。

2. 应充分发挥社区业余文化工作者的作用

社区业余文化工作者通常是真正热爱社区文化事业的热心人士,他们或者本身就是文艺工作者,或者是长期居住在本社区的老居民,或者是具有良好的沟通协调能力的热心人士,充分发挥他们的力量与作用,有助于整合社区内的文化资源,提高社区文化资源的利用效率。

3. 要大力发展社区文化志愿者队伍

充分发挥共青团、高校、行业协会、民间组织的作用,加强社区文化志愿者队伍的招募选拔、组织管理、教育培训,不断提高志愿者队伍服务社区文化建设的能力和水平。要动员社区文化志愿者和离退休文化工作者,开展针对城市低收入居民、老年人、农民工、残疾人等城市弱势群体的社区文化活动,增强社区文化活动的覆盖面。要鼓励高校、院团的文化人才,深入社区,开展社区文化志愿服务,组织和参与社区的文化活动,增强社区文化活动的吸引力。

9.3.5 加强社区文化资源管理

社区文化资源是进行社区文化管理的重要组成部分。

1. 培养文化人才

社区文化人才是社区文化的宝贵资源,是社区文化的骨干力量。人才培养要从儿童抓起,同中小学的素质教育相结合,同学生的课外活动相结合。兴趣小组是人才培养的摇篮,小作家、小画家、小歌手、小乐手、小球手、小棋手、小发明家等评选活动是人才培养的有效手段。社区各单位人才济济,积极开发利用社区文化资源,是社区文化取得成就的关键。

2. 壮大群众性文化社团组织

群众文化社团组织是社区管理的重要工作。如果把社区文化比作一个人,那么,社区群众是血肉,文化工作者是筋络,社团组织则是骨架。社团组织要注重组织制度建设,要制定组织章程,就组织目标、性质、会员资格、民主议事、财务管理、活动方法等内容做出明确的规定。会员登记要严肃认真,数目要精确到人,每一次活动都要有记录,以备日后之需。社团组织内部要实行规范化管理,积极创造条件向标准社会组织或俱乐部模式过渡。

3. 对文化设施资源的管理

文化设施资源的管理有两方面内容:一是增建新的文化设施;二是使现有文化设施实现最大化的资源共享。随着人们生活水平的提高,人们的文化活动会越来越多,对文化设施的需求越来越大,因此,政府、企业和社团组织应想方设法增加文化设施的数量,并不断提高设施质量和服务质量。

设施资源共享是开发社区文化资源的另一项重要任务。在计划经济时期,单位承担许多社会职能,因此拥有自己的文化设施和场地。实行市场经济后,单位的社会职能弱化,社区的社会职能大幅度增加,文化设施和场地资源出现严重不足,而单位的文化设施和场地却出现大量的闲置。因此,实行文化设施和场地资源共享,是社区文化发展的需要,也是城市实现现代化和国际化的需要。

4. 保护和利用好社区的文物资源

文物是开展社区文化活动的重要资源。要利用文物资源,首先要调查文物资源和保护文物资源。在保护的同时,应充分利用文物的研究价值、欣赏价值和感化价值来创造直接的经济收入。利用文物资源要注意经济效益和社会效益的结合,门票收费不应过高,经济收入主要靠销售文物衍生商品和提供相关服务来获得。文物产业的投入,除用于必要的费用开支和补贴文化事业发展外,要通过再收入使文物得到更好的保护。

5. 整合社区资源,建立资源共建、共享机制

整合社区资源,建立资源共建、共享机制是拓宽社区文化资金的来源渠道,也是解决社区文化资金短缺的有效途径。

驻区企业、事业单位、高校等社会组织拥有礼堂、广场等文化服务场地,有专业的文化服务人员,还有很多文化服务设施,社区可以借用这些企事业单位的文化资源。这些企事业单位的文化服务设施还存在闲置或者利用率不高的情况,如果能够有效整合社区辖区范围内的文化资源,充分利用这些资源,就可以为社区文化建设减少很大一部分的费用支出,能够实现双方的共赢。

9.3.6 搞好社区文化市场

对社区文化的管理,要求要对社区文化市场进行调研、规划与管理,包括探索新的文化服务形式、发展文化产业、加强对文化市场的管理、提倡正确的文化消费观念等。

1. 有偿提供社区文化活动场地和服务设施

社区文化服务要主动适应市场经济发展的新形式,由过去单一的无偿服务向部分有偿或完全市场化服务转变。社区文化服务的产业化是社区服务产业化的重要内容,是社区经济的重要组成部分。提供场地和设施设备、开展各种文化培训班,是社区文化有偿服务的主要方式。社区文化有偿服务减轻了政府的经济负担,弥补了社区文化经费的不足。

2. 大力发展社区文化产业

社区文化消费既是一种文化行为,又是一种经济行为,而提供消费性服务是一项重要的第三产业,且正在成为经济发展的支柱型产业。社区文化产业包括民俗产业、文艺产业、教育产业和体育产业。文化产业的运作和管理要逐步规范化、法制化,要完全按市场经济方式运行,由文化企业提供服务,其服务原则是经济效益和社会效益兼顾。

3. 加强社区文化市场管理

社区文化市场是社区文化建设的重要组成部分,是社区居民进行文化消费的必要场所。健康的文化市场经营活动有利于丰富人们的精神生活,提高人们的文化素质、身体素质、道德素质和精神文明水准。然而,有些文化市场的经营者唯利是图,不讲道德良知和社会责任,以色情、淫秽、赌博、暴力等低级糜烂的商品和服务招揽顾客,严重污染了社会风气。此外,文化市场中还存在不少偷税漏税现象,严重干扰了正常的经济秩序,造成了国家税收的大量流失。因此,文化市场一定要依法严格管理,防止不良现象的滋生和蔓延。

4. 提倡健康、高雅的社区文化消费

观念文化消费是经济和文化发展的必然走向,健康、高雅的文化消费能促进社会的文明进步,而糜烂低俗的文化消费则会污染人们的心灵。目前,社区文化消费活动中存在的严重问题是高品位文化消费场所和活动较少。为此,一方面要通过社区文化活动的开展,满足人们的求知欲和审美情趣;另一方面要努力创造条件,在社区内开办健康高雅的文化消费场所,如茶室、健身房、美术画廊、文学之家等。

本章小结

1. 社区文化包含物质文化条件、精神文化要素、社区规范体系和社区组织四项基本构成要素。它具有地域性、群众性、多样性和开放性等特点。社区文化在加强社区整合、满足居民的精神需求、提升其精神境界以及树立城市品牌、增强城市的综合竞争力等方面发挥着重要的作用。

2. 社区文化管理的内容包括公益文化、演出文化、娱乐文化、民俗文化、群体文化、科普文化、专题文化、休闲文化、企业文化和观念文化等。

3.对社区文化进行管理具有非常重要的意义,如有助于加强社区的凝聚力、能够促进社区经济的增长、有助于社区形象的塑造。

4.在社区文化管理上面临的问题:社区文化管理机制不健全,社区文化管理主体缺位,资金筹集渠道单一投入不足,工作队伍结构不合理,社区文化管理缺少法律法规的保障等。

5.为了进一步加强对社区文化的建设与管理,必须采取一系列措施,如社区文化管理机制制定社区文化规划,加强社区文化队伍建设,开发社区文化资源和搞好社区文化市场等。

思考题

1. 社区文化的特点和功能有哪些?
2. 社区文化管理的内容有哪些?
3. 请根据某个社区的实际情况,说明如何对社区文化进行管理。

典型案例

广州珠村南社区文化建设

在建立和健全社区文化体制机制的过程中,还需关注多样化社区文化组织的培育与壮大。社区文化组织是社区文化的载体,只有建立兴旺发达的社区文化组织,社区文化发展才有依托,才能克服行政依赖的约束,社区文化的服务性、公益性与公共性才有实现的基础。社区文化与社区治理共荣共生,广州市天河区珠村在乞巧节资源的传承、发展和利用中抢先一步,试图把珠村打造为"中国乞巧第一村",如今已经成功举办了多届"广州市乞巧文化节"。珠村是一个已经有800多年历史,之前完全是以农业为主的小村子,改革开放特别是20世纪90年代后,随着广州城市中心的东移及农村城市化步伐的不断加快,它已由市郊农村转为"城中村"。这个村子的乞巧风俗由来已久,在当地人的记忆中,明清时期就盛行"摆七娘"——当地对乞巧活动的称呼,抗战时期一度中断,抗战后恢复了一段时间,后来由于各种原因这一习俗消失了半个世纪。1998年,在几位老人的倡导下,珠村乞巧风俗开始恢复。2007年,政府牵头举办了中国大陆第一个关于乞巧的文化节日,将一个村落的民俗提升为广州市的乞巧文化节。珠村乞巧节进入了广东省第二批非物质文化遗产名录和广州市第一批非物质文化遗产名录。2011年,以珠村为代表的"天河乞巧习俗"入选第三批国家非物质文化遗产名录。从传统的"节"到现代的"文化节",珠村的乞巧节无论从内容上还是形式上已经呈现出巨大变迁,有了与昔日不同的意义。每年七夕,作为广州大型民俗活动的乞巧文化节均在社区内举行,此外,社区以乞巧手工为载体,推动新广州人的社区融入。由社区内居委提供场地,并邀请艺人骨干传授乞巧工艺,以吸引新广州人参加。这些社区文化活动,有效促进了社区的和谐发展。

问题:

1. 请分析广州珠村南社区为什么要建设文化特色社区。
2. 根据你所学的知识说明可以从哪些方面来建设文化特色小区。

第 10 章 社区治安管理

学习目标

通过本章学习,掌握社区治安管理的含义、目标与特征;掌握社区治安管理的任务、要求及各部门在社区治安管理中的职责,了解强化社区治安管理的途径;掌握社区治安综合治理的含义、主要任务及开展社区治安综合治理的原则和措施;掌握社区矫正的含义、特征和意义。

关键概念

社区治安　社区治安综合治理　社区矫正

导入案例

新塘社区治安管理

广东省内最大的镇——增城新塘镇自 2012 年 5 月 16 日以来对全镇重新区划调整,在保留新塘镇的同时,计划将原永和宁西合并为永宁街,仙村重新升格为一个镇。目前的新塘镇是 2004 年由原新塘、永和、仙村、沙埔、宁西等五镇合并而成。它包括 16 个居委会和 71 个行政村,总面积 251.51 平方公里,人口逾 70 万,其中户籍人口 22 万,外来人口 50 多万,是目前广东省最大的中心镇。该镇"常住人口五十万以上,经济总量相当于内地一个地级市,但社区治安管理权限只是一个科级",此前,专家对新塘治安环境的治理架构有过忧虑,认为这种"责任如西瓜,权限如芝麻"的模式,越来越制约新塘的基层发展活力。新塘的这种"小马拉大车"困境在全省其他街镇也不同程度存在。也正是因此,2010 年广东省召开富县强镇事权改革工作现场会,提出对特大镇可依法赋予其县级经济社会管理权限。当新塘进入试点改革不久,专家们的担心得到证实。2011 年"6.11"大敦村事发。"它以一种更为激烈的方式凸显出目前街镇社会治安管理存在的困局",专家称,广州在开始对外来人口的服务与管理政策进行全面检讨之后,新塘于 2011 年年底成为广州市外来人口管理服务的试点之一。为了进一步解决"重心下移,服务延伸"的困局,增城区在 2012 年年初提出将新塘镇"一分为三"的构想,并针对新塘治安管理的现况进行分析,并起到抛砖引玉的作用。

10.1 社区治安管理概述

10.1.1 社区治安管理的概念

1. 社区治安管理的含义

社区治安管理是指社区自治组织在党和政府的领导下,依靠社区群众,协同公安、司法机关,对涉及社区的社会秩序和人民群众生命财产安全问题依法进行治理的管理活动。社区治安管理包括以下八个方面的内容。

(1)社会秩序的管理。社区社会秩序的管理主要是公共秩序的管理,包括影剧院、俱乐部、文化宫(馆)、舞厅、音乐茶座等公共娱乐场所和车站、码头、公园、商场、集贸市场等公共场所的秩序。这些场所是人们经常聚集和活动的地方,是社区居民生活不可缺少的设施,没有良好的秩序容易造成争吵、拥挤、混乱和伤亡,各种不法分子也易混杂其间进行违法犯罪活动。社区生活秩序的好坏很大程度上取决于公共秩序治理的好坏。社区社会秩序管理还包括查禁淫秽物品,取缔卖淫嫖娼活动,查禁"黄、赌、毒",制止封建迷信活动,收容乞丐、无业游民,管理精神病患者等。

(2)户口管理。社区户口管理是社区治安管理的基础,包括户口登记、户口迁移、户口调查、户口档案、流动人口的管理、人口卡片管理、人口统计等工作。

(3)民用危险物品管理。民用危险物品管理主要是对枪支、弹药、雷管、刀具、爆炸物品、剧毒物品以及易燃易爆等物品的安全管理。它包括对生产、销售、运输、储存、使用等环节的安全监督、登记、审批和发证等工作,控制民用危险物品的流失,预防因民用危险物品流失或使用不当而带来的灾害事故。

(4)特种行业管理。特种行业是指经营的业务容易被违法犯罪分子利用藏身、落脚或进行伪造、销赃等违法犯罪活动的行业,包括旅馆业、印铸刻字业、旧货业等行业。特种行业管理是同违法犯罪分子做斗争的一项基础工作,主要内容有负责开业审批、登记及安全检查等。

(5)交通道路管理。这是同治安灾害做斗争的一个专项工作,也是社区治安管理网的重要业务,包括车辆管理、机动车驾驶员管理、路面安全设施管理、交通指挥、交通安全宣传、交通事故查处、交通警卫等工作。

(6)消防管理。消防管理也是同灾害事故做斗争的一个专项工作,主要包括:制定消防规则、办法和技术规范;进行消防安全宣传,掌握消防队伍的组织、业务和思想建设,指挥火灾的扑救工作;对制造消防器材的规格、质量和其他有关消防事项的监督工作。

(7)水上治安管理。水上治安管理是针对河边和海岸社区提出的社区治安管理内容,包括船舶户口管理、水上巡逻和安全管理、对外来船只的检查等工作。

(8)单位内部安全管理。单位内部安全管理包括对干部、职工等进行法制和治安教育,发动群众做好安全防范工作,协助有关部门做好社会帮教、监督改造工作。

2. 社区治安管理的目标

《民政部关于开展"建设和谐社区示范单位"创建活动的通知》中指出,和谐示范社区的基本标准中,治安良好的标准是有专群结合的治安防范队伍,社会治安综合治理机制完善,有安全监控网络和设施,社区发生案件没有或者基本没有,生活秩序良好,居民群众安全感强,这是每个社区治安管理工作要努力达到的目标。落实在具体的工作目标上,就是要达到以下六个方面:无犯罪集团案件;无重大恶性案件;无居民犯罪;无重大民事纠纷和治安隐患;无火灾及其他治安灾害;无流动的犯罪分子长期潜伏及窝藏在逃人员等情况。

3. 社区治安管理的特点

(1)系统性。社区治安管理工作是一项系统工作,涉及多方位、多层次的工作,包含全方位、全负责、全天候三项要求。所谓全方位是指从各个角度对社区内各种违法犯罪问题及影响社会安定的各种不利因素都要查到、管到,不能漏掉一个地方、一个问题;所谓全负责是指社区治保组织、公安机关要对社区内治安工作负全责,社区内党团妇组织、各单位、各家庭、各学校都要负应有责任和义务,即上下联动,左右配合,对社区治安负全责;所谓全天候主要指治保和公安组织要时刻处于临战状况,社区其他组织和居民也要有随时配合的观念。

(2)群众性。社区治安是一项群防群治的工作,需要大力发挥群众智慧,发动群众力量参与。社区生活中突发情况多,如突发火灾、妇女儿童溺水、疾病、车祸、入室偷盗、车匪路霸、公汽扒窃、坑蒙拐骗、拦路抢劫、流氓犯罪等,在事发现场最容易为周围市民所发现、识破和制止。这就要求社区居民都要怀着爱心和同情心,要有是非善恶观念,及时伸出援手帮助受害者,谴责和惩治邪恶,由此会极大减少灾害和祸害损害的程度,形成良好的社会风气。

(3)自卫性。社区治安的另一个重要特点是群众的自卫性。即群众增强自我保护意识,加固门窗,提高防范意识,与犯罪行为作斗争。

(4)区域性。由于社区治安是按行政区域加以实施的,这就使社区治安工作具有很强的区域性特征。社区治安的区域性是指社区治安是一定范围或地域内的治安活动。不同的社区存在人口密度、人口素质、职业结构、生活方式、居住条件、地理位置、地理环境、生产布局、商业分布、交通运输、民风民俗等方面的差异。因此,不同社区的治安管理工作也有不同的区域性特征。

10.1.2 社区治安管理的功能

1. 防范功能

社区治安管理工作贯彻的是"安全第一,预防为主"的方针,要从实践"三个代表"重要思想的要求和维护改革稳定大局的角度,做好社区安全保障工作,保一方平安,营造社会关注安全、关爱生命的良好氛围,是社区党组织和自治组织的首要职责。

2. 疏导功能

疏导功能即调解功能。社区治安的一项重要任务是进行民事调解工作,通过民事调解,有针对性地进行深入细致的思想工作和利益协调工作,解除思想疙瘩,消除敌意,化解、缓和矛盾,增进家庭、邻里的和睦。

3. 监控功能

社区治安中的监控是通过对记录在案或排查后确定的特定对象依法进行一定程度的监督和控制,也是消除社区治安隐患的重要措施和途径。监控也有防范和疏导的作用,但比防范工作的范围要小,对象比较集中,比疏导的性质要严重,对象犯罪的危险性较大。

4. 惩戒功能

通过社区治安管理,对社区内的轻微犯罪和越轨行为进行处罚告诫,如经济处罚、严重警告、刑事拘留等,使其感受到违法犯罪的成本,不会再轻易行动,有的还可能幡然悔悟;对触犯刑律的依法进行法办,予以关押、判刑和劳改,既可帮其改造劣根性,也减少了社会祸害。

10.1.3 加强社区治安管理的意义

1. 充分保障社区居民安全

目前,我国正处于行政体制转轨阶段,人们正从一个"熟人社会"向"陌生人社会"转变,从"单位人"向"社会人"转变。社区作为人们生活的主要场所,不仅是居民活动最多的地方,而且承担了政府、社会及企事业单位交付的大量职能。生活在其中的居民开始向社区提出更高、更多的要求,其中最重要的就是社区的治安管理状况良好。社区居民希望他们生活的社区安全稳定,社区秩序井然有序,人身财产有可靠的保障。良好的社区治安状况是社区居民和辖区内单位正常活动的必要条件,一旦社区治安管理跟不上,社区就不能保障居民生活的安全感,他们就不会产生社区认同,对社区也就不会有归属感。加强社区治安管理可以进一步推进社区发展,切实保障社区居民的人身财产安全,促进社区更好地承担政府、社会的一些职能。

2. 加强社区治安管理是建设和谐社会的需要

如何构建和谐社会是摆在诸多专家、学者面前的一项重大课题。和谐社会不是一种抽象,而是一个实实在在的发展过程和状态。和谐社会的构建不是一步到位的,需要一个发展的过程。社会要实现和谐就必须从其构成的基本单元——社区和谐开始,只要诸多社区都达到和谐状态,才会有整个社会的和谐。社区作为社会的基本单元,是人类生活的最小空间之一。和谐社区是实现和谐社会的途径,和谐社会是和谐社区的灵魂,和谐社区是社区治安管理追求的一种理想状态。安全是发展的前提,是促进和谐状态的保障。社区安全也是社区居民生活和谐有序的基本安全保障。只有实现社区安全,全社会的安全与稳定才有可靠的保障。只有加强社区治安管理工作,才能保障社区安全与社会稳定,为和谐社区与和谐社会的发展提供空间。

3. 加强社区治安管理是践行我国社会治安路线

社会是由成千上万个社区共同组成的统一体,社区治安稳定是社会稳定的基础,社区稳定是局部的稳定,而社会稳定是全局性的稳定。为了加强整个社会的稳定,牢固社会根基,我国长期实行社会治安综合治理的方针。社会治安综合治理是在各级党委和政府的统一领导下,各部门协调一致,齐抓共管,依靠广大人民群众,运用政治、经济、行政、法律、文化、教育等多种手段,预防和打击犯罪行为,为社会主义现代化建设和改革开放创造良好的社会环境。公安机关采取的社会治安战略方针实质上走的就是社会治安全防群治路线。社区治安管理主体在加强社区治安管理时,广泛动员社会各方人员,实行社区治安社区管理的方针。在社区治安管理活动中,管理的主体不仅仅是专责机关,还包括社区自治组织、社区所辖单位和广大社区居民群众等。在全球范围内实行的第四次警务改革即社区警务运动,其根本思想就是走群众路线。许多学者提出"警力有限,民力无穷""社区治安无增长改善论""社区治安群防群治"等理论。这些理论与我国公安机关在社会治安方面长期实行的走群众路线如出一辙,所以加强社区治安管理是践行我国社会治安路线。

10.2 社区治安管理的任务、要求和途径

10.2.1 社区治安管理的任务和要求

1. 社区治安管理的任务

社区治安管理的主要任务是通过社会治安的综合治理,确保社区的一方平安。具体而言,一是要建立社区治安防控网络,二是要强化社区治安责任制,三是拓宽社区治安的领域,四是加强刑释解教人员的帮教转化、民事纠纷的调解和暂住人口的管理等工作。

2. 社区治安管理的要求

按照社区治安综合治理方针的要求,基层社区组织要努力抓好以下几方面的工作:
(1)建立健全社区治安综合治理的管理领导机构和办事机构,发展壮大治安防范队伍。
(2)协助公安、政法机关严厉打击各种违法犯罪活动。
(3)加强对失足青少年和刑释解教人员的帮助教育,预防和减少重新犯罪。
(4)积极开展人民调解工作。
(5)积极开展社区法制教育。

10.2.2 各部门在社区治安管理工作中的职责

1. 公安派出所的社区治安责任

(1)治安管理。这是社区警务最基本的任务,社区警务管理治安就是依照国家治安管理法规和上级公安机关的有关规定,通过公开的行政手段进行公共复杂场所和重要地区的治安秩序管理;对旅馆、无证照发廊、网吧和废旧物品收购站等特种行业进行的管理;对民用危险物品和违禁品进行的管理;对违反治安管理条例的行为和治安案件、群众性治安事件进行的管理;对户口和居民身份证进行的管理;等等。掌握控制社会面上的动态,维护辖区正常的社会治安秩序,保障公共安全。

(2)预防违法犯罪。社区警务尤其要预防治安灾害事故和群众性治安事件的发生。所谓预防指的是在违法犯罪行为、治安灾害事故和群众性治安事件发生之前,主动采取措施,消除违法犯罪、治安灾害事故和群众性治安事件的各种因素和条件,从而达到控制和减少违法犯罪、治安灾害事故和群众性治安事件发生的目的。

(3)打击犯罪。这是社区警务的首要任务,公安派出所要通过各种治安管理手段,并根据上级公安机关授权运用某些侦查手段,掌握材料,为公安机关在不同时期开展的各种专项斗争提供打击对象和重点。要主动深入群众开展调查研究,挖掘辖区内的犯罪分子;要通过掌握的人口情况,为侦查人员提供侦破线索;要协助上级公安机关侦查涉及辖区内的大案、要案,为上级公安机关提供所需的环境和条件,完成上级公安机关交由派出所完成的任务。

(4)为民排忧解难。群众路线是公安工作的法宝,是我国治安工作的一大特色,公安派出所必须走群众路线。公安派出所离不开群众的支持和帮助,为群众排忧解难是公安派出所义不容辞的责任。只有牢固树立为人民服务的思想并见之于行动,公安派出所的工作才会有坚

实的群众基础。

2. 街道办事处的社区治安责任

(1)宣传、贯彻有关城市管理的法律、法规、规章,制定辖区内社区治安管理的计划,并组织实施。搞好辖区内的市容卫生、绿化美化和环境保护,创建舒适、优美、文明的社区生活环境,减少治安案件和刑事案件的发生。

(2)加强社区治安综合治理,维护社区的政治稳定和社会安定,发展社区服务,方便居民生活,维护市场秩序,为区域经济发展提供良好的市场环境。

(3)推行综合执法,对辖区内各专业管理机构的工作行使监督权。区政府及其专业管理部门要支持、保证街道对社区治安工作充分行使综合管理权。各专业管理部门的派出机构在社区治安中要主动接受街道的统一领导。

(4)组建社区治安志愿者队伍,实行群防群治。要广泛动员和组织社区群众参与公益性、福利性、群众性的社区治安活动,发动社区里退休老干部、老职工开展各种自助、互助、自觉、自治的社区治安志愿服务,不断扩大志愿者队伍。

3. 社区居民委员会的社区治安责任

(1)宣传宪法、法律、法规和国家政策,维护居民的合法权益。教育全社区居民认真学习法律知识,增强法律意识,增强法制观念,遵纪守法,同社区里的违法犯罪行为开展坚决的斗争;教育全社区居民认真履行依法应尽的义务,鼓励、支持社区居民及时举报违法犯罪行为,对民事侵权和民事违法行为提起诉讼。

(2)向居民负责并向居民会议报告社区治安工作,组织居民落实居民会议关于加强社区治安、维护社区稳定的决定。

(3)及时调整社区内发生的民间纠纷,化解社区矛盾,促进社区居民家庭之间、邻里之间的和睦团结。根据社区实际需要设立人民调解、治安保卫、公共卫生等委员会,指定专人负责有关社区治安工作,也可分设若干居民小组,完成居委会交给的社区治安任务。

(4)协助人民政府和它的派出机关做好与居民利益有关的社会治安、治安联防、流动人口管理、计划生育、拥军优属、社会救济、青少年教育、公共卫生等各项工作,及时向人民政府或者它的派出机关反映居民关于社区治安方面的意见、要求和建议。

(5)教育社区居民遵守居民会议的决定和居民公约,并组织执行;组织居民办理公共事务和公益事业开展便民利民的社区服务活动,为居民和驻地单位在生产、生活、工作等方面提供方便,为社区居民创造安居乐业的工作和生活环境。

(6)做好社区内被人民法院判处管制、缓刑、假释、监外执行、保外就医等服刑人员的监督和教育工作,使其认罪伏法,接受改造做好社区内刑满释放人员的监督和教育工作,防止他们重新犯罪。

4. 治安联防队的社区治安责任

(1)对违法犯罪人员有教育、制止或扭送公安机关的权力,但无审讯、关押、处理权。

(2)协助公安机关保护现场,维护现场周围秩序,但无勘查权。

(3)对罪证、赃款、赃物,有上报、上交公安机关的权力,但无处理权、保管权。

5. 物业管理公司的社区治安责任

(1)建立健全保卫组织机构,加强对保安部的领导和管理,配备充足的保安人员。

(2)制定和完善各项治安管理制度,如出入登记管理制度、保安员巡视班制度、保安员值班岗位责任制等。

(3)负责辖区内部的治安、预防工作,查处治安事故。

(4)加强辖区内的车辆管理。

(5)完善辖区内的安全防范设施。

(6)密切联系住户,做好群防群治工作。

10.2.3 强化社区治安管理的途径

1. 开展安全文明社区创建活动

开展安全文明社区创建活动可以借鉴海南省三亚市河西区儋州村社区居委会创建安全文明社区的经验,从以下几个方面开展。

(1)领导重视,健全组织机构。成立由党支部书记担负主要责任的社会治安综合治理领导小组,还配备专门负责综治工作的副主任。发动社区居民群众参与,成立治保会、调解会、帮教小组、治安巡逻队、治安信息员、法律宣传小分队、法律服务站等社会治安综合治理组织机构,同时制定各种具体规章。发动群众参与群防群治工作,以10~15户为单位组成居民治保小组,形成由"片区民警+社区居委会社会治安综合治理机构+共建部队+居民治保小组+内保单位社会治安综合治理机构"的社区社会治安综合治理工作网络。

(2)加强法治建设,增强社区居民的法律意识。立足于社区的实际,成立社区依法治理工作领导小组、普法工作领导小组、治保会、法律宣传小分队、法律服务接待站,安排法律专业的人员担任依法治理工作领导小组副组长并兼法律服务接待站站长、法律宣传小分队队长,专门负责法治建设的日常工作,充分利用会议、横幅、标语、播放录像、墙报、永久宣传栏、举办文艺演出、知识竞赛等多种途径,在群众中开展普法教育,广泛深入宣传各种法律知识,每季度还组织举办领导成员和普法骨干培训班,分街巷轮流为居民群众上法制教育课,组织社区各经商户学习《消费者权益保护法》等法律法规,倡导"依法治社区、保社区平安"的观念。

(3)配合辖区派出所,打击刑事犯罪。设置安全文明小区办公室和社区民警办公室,与辖区派出所共同制定联防制度和社会治安综合治理工作目标,充分发挥调解会、法律服务站、治保会人员的作用,继续深入贯彻"严打"的方针,安排居委会的治安队员配合辖区派出所干警,重点从群众反映的拦路抢劫、小偷小摸等可防性案件入手,坚持节假日不休息,轮流值班巡逻,狠抓打击各种刑事犯罪活动。社区无恶意伤害杀人案件发生,无重大安全事故,拦路抢劫、小偷小摸等可防性案件基本上得到控制。

(4)发动居民群众参与群防群治。组织社区居民小组长、社区建设积极分子、退休老干部、流动党员,建立居民群众和居委会维护稳定信息员网络,成立社区服务志愿者队伍,密切注视社区可防性案件的发生,发现可疑情况及时向派出所反映,加大整个社区的全面控制,形成动静结合、专群结合的治安网络,保证社区的安全和稳定。

(5)开展创建"无毒"社区活动。开展一系列杜绝毒品危害社会的活动,认真地对社区内吸毒人员进行调查摸底,造册登记,配合辖区派出所强制吸毒人员戒毒,社区党员干部分工负责,对戒毒人员进行帮教。

(6)加强"两劳"人员帮教工作。对刑释解教人员的帮助教育也是维护稳定的一项重要工作,对于这些人员,社区居委会都要建立花名册,成立帮教小组,针对不同对象,制定帮教措施,做到在思想上不歧视、生活上多照顾、经常走访探望,帮助其解决实际问题,开展技术培训,帮助联系工作,有效地促进他们改好。社区内没有群体性向政府请愿、静坐、罢工及非法游行示威等影响社会稳定的时间和群体性治安事件。

(7)化解社区矛盾,消除不安定隐患。要注重做好人民调解工作,充分发挥调委会、调解小组、法律接待站等的作用,及时化解各类民事纠纷,筑起维护社会稳定的坚实防线。

(8)保障居民的健康安全。利用社区卫生服务站、医疗点和药店开展便民服务,对重病号上门诊治,仅收药费,免收诊费,对"五保户"残疾人实行免费配药的方式,对困难户药价减半。居委会还把除"四害"和预防传染病相结合,以墙报、宣传橱窗、挂横幅等多种形式,宣传卫生、保健、科普知识,邀请卫生服务站医生在社区开展健康教育活动,指导群众消除生理、心理和环境中不利于健康的因素,增强群众的健康意识,形成科学的生活方式。

(9)丰富群众的业余生活。可以利用文化长廊、橱窗等,宣传政治、法律等各种知识,积极开展形式多样的文艺会演、全民健身等群众喜闻乐见的文体活动,成立社区活动中心,利用节假日与共建单位举办联欢晚会,为社区居民营造一种健康向上的文化娱乐氛围。

(10)重点抓好未成年人的素质教育。针对近年来青少年违法犯罪率普遍上升趋势,居委会以培养"四有新人"为目标,组织社区青少年观看反腐败教育影像、《远离毒品》影像和"珍惜生命,远离毒品"图片展,严格教育,要求社区青少年不准参与吸毒、贩毒,不准参与任何"黄、赌、毒"、不准上网吧;并配合有关部门,深入调查社区内网吧、图书销售点、茶艺馆、美容美发中心等休闲娱乐场所,严禁任何"黄、赌、毒"行为。同时,通过"家、校、社"教育网络,成立关心下一代工作委员会、家长委员会等青少年教育领导小组,发展优秀社区青少年加入基层党组织、对边缘青少年重点教育,并安排社区党员开展跟踪教育服务,使社区青少年犯罪率近年来明显下降。

(11)加强对出租屋和流动人口的管理。针对社区外来人口杂、数量大、流动快的特点,对社区内流动人口要进行登记并落实管理责任制,抓重点区域管理。

2. 社区运用智能化管理系统,实行科技创新治安管理

有条件的社区要及时向居民开展物防、技防宣传,向单位和群众推荐实用、高效的物防、技防措施,协助公安机关做好各项防范措施的普及和推广工作,实现科技创新治安管理。

社区治安管理中可以采用如下几种技术产品来加强社区治安管理:

(1)电视监控。电视监控主要应用于对社区内公共场所的监控,如案件多发区域、主要交通路口、繁华商业地段、地下通道、住宅小区的出入口等。由于电视监控具有直观的图像效果,能及时发现突发事件,并可通过数字录像提供证据,是目前社区科技创新治安管理中普遍采用的设施。

(2)楼宇对讲电话。楼宇对讲电话分为可视对讲和非可视对讲,主要用于住宅楼的大门控制,防范非法人员进入楼内作案。由于非可视对讲造价低的问题,是目前应用较多的一种住宅楼防范措施。

(3)社区出入口管理。针对小区社区内机动车辆被盗较为严重的情况,部分社区、小区开始安装社区出入口管理系统,其构成主要由设置在出入口的车辆挡杆与IC卡感应读卡器、数据分析控制器及用户IC感应卡等组成。

(4)报警系统。目前在社区内的一些机关、商场、学校等单位已安装防盗报警系统,但由于没有一个统一的报警服务平台,各单位的报警系统只是各自独立运行管理。由于报警网内用户少造成运行成本大、故障率高,从而使系统很难长期运行。近几年有的社区已开始规划建设安全防范综合报警网络系统及服务体系,将各单位与住宅纳入其报警网络系统中,并完善其服务体系,使之成为安全防范网络的一部分。

(5)电子巡查。在一些由物业公司管理的小区内,为加强保安人员巡查的管理,在小区内巡查路线上的不同地点,安装电子数据扣或读卡器,使保安人员必须按规定时间与路线进行巡查。由于加强了巡查密度与管理,从而降低了案件的发生率。

(6)周边防护系统。周边防护系统主要用于有围墙或铁栅的社区、小区,其产品有主动红外对射式、振动电缆探测式、次声波电缆等,一般均安装在围墙或挂装在铁栅上,当外部人员非法跨越时,探测跨越地段发出报警。

3. 发挥社区自治组织在治安管理中的作用

(1)受我国传统体制影响,社区自治组织长久以来不但没有社区居民参与,还长期依附于政府并受其干预,导致社区自治组织没有"自治"属性,却变成了"他治"组织。为了实现社区自治组织"自治性"地可持续发展,必须做好以下两方面的工作。一方面,减少政府职能部门对社区自治组织的直接干预,推进自治组织的自我发展,尤其是在社区治安管理方面社区自治组织和警察是平等的主体,后者不应把前者当作自己的下属和"腿",警察机关应该给社区自治组织的发展留下其应有空间,而不是排挤其发展。另一方面,社区自治组织应加强宣传教育,提高社区单位和居民参与社区自治组织的积极性,如果没有群众参与,社区自治组织也将是无源之水、无本之木。社区自治组织应做好自身定位,要认识到其是群众组织而不是政府组织。社区自治组织应该为社区内更多的单位和居民提供安全、卫生等服务,汲取更多的社区发展力量。

(2)要重视和引导居委会,充分发挥其在社区自治组织参与社区治安管理中的领头作用。社区居民委员会属于基层群众性自治组织,是社区自治组织的主体部分。宪法第111条规定,城市和农村按照居民居住地区设立的居民委员会或者村民委员会是基层群众性自治组织。而《城市居民委员会组织法》又以单行法的形式规定了基层群众性自治组织的组织法和行为法。此外,治安保卫委员会、治安义务巡逻队等组织长期以来都是在居委会组织下开展的,所以充分发挥居委会在参与社区治安管理中的领头作用,对其他社区自治组织在治安管理中的作用发挥也会起到积极作用。因此,基层政府在政策和资金方面对居委会给予支持的同时,还应该退出长久以来不该干预的领域。公安机关及其民警要与居委会及其他自治组织建立伙伴关系,准确定位两者之间是"指导与协作、服务与监督"的关系。在社区治安管理的具体操作技术、业务上,警察对居委会等社区自治组织要给予引导,充分发挥居委会在社区治安管理方面的领头作用。改变警察对社区治安管理"大包大揽"的管理方式,给社区自治组织留下发挥其作用的空间。按照新公共管理的要求,警察部门作为政府职能部门,对治安管理特别是社区治安管理不应该既是"运动员"又是"裁判员",而应该只是"裁判员"。为了有效地发挥社区自治组织在社区治安管理中的作用,就必须改变警察对社区治安"纵到底、横到边"的管理,给社区自治组织等其他主体留下发挥作用的余地。

4. 合理运用市场机制,有效配置社区治安资源

(1)有效利用保安服务行业在社区治安管理中的作用。因为社区治安管理涉及面广、管理内容多,社区内的任何组织、单位和个人对社区治安管理都负有重要责任,单靠警察的力量要做好社区治安管理工作是相当困难的。由于单位和个人对保安服务行业越来越重视,为了弥补警力不足，原来许多单位保卫部门的人员都是本单位职员，现在这些单位都从保安服务公司聘请专职保安人员作为内保人员。还有些社区在居民能力许可的前提下，自发筹集资金，专款专用，也从保安服务公司聘请专职人员加强社区治安管理。这不仅可以减轻警察负担，加强社区治安管理，也可以有效地运用市场配置治安资源。社区民警不仅要对社区、单位和居民的这种做法给予支持，还应对社区及其单位内保安人员进行治安业务指导，对保安人员要求"先培训后上岗"，实现"以内促外，以外保内"。公安机关要对辖区内的保安公司实行严格的审查和监督，保障保安服务行业的有序运作，严惩不符合开办条件的非法保安公司。

（2）按照"谁出资谁受益"的原则，发挥物业管理公司在小区治安防范中的作用。物业管理公司是指按照合法程序成立，并具备相应资质条件的经营物业管理业务的企业性经济实体。治安保卫工作在物业管理中占有极为重要的地位，是物业管理公司为保证所管辖物业区域内财务不受损失，人身不受损害，用户工作、生活正常秩序不受干扰而进行的防盗、防破坏、防爆炸、防自然灾害等一系列治安管理活动。物业管理人员肩负着小区内居民人身财产的保卫工作，必须具备较强的治安防范能力。社区治安管理主体要加强对物业管理公司及其人员的引导和管理，健全保卫组织机构和治安管理制度，完善辖区内安全防范设施，提高物业人员治安管理能力。

10.3　社区治安综合治理

10.3.1　社区治安综合治理的含义、任务及目标

1. 社区治安综合治理的含义

社区治安综合治理是指在党和政府的领导下，组织社区各方面的力量，实行公安、司法机关的专门工作和群众工作相结合，各司其职，通力合作，运用政治的、经济的、行政的、教育的、文化的、法律的等各种手段，预防和惩罚违法犯罪，教育改造违法犯罪的人，逐步限制和消除产生违法犯罪的土壤和条件，建立良好稳定的社会秩序，保障经济建设的顺利进行，保障人民安居乐业的活动过程。

2. 社区治安综合治理的主要任务

社区治安综合治理的主要任务是：打击各种危害社会的违法犯罪活动，依法严惩严重危害社会治安的刑事犯罪分子，采取各种措施，严密管理制度，加强治安防范工作，堵塞违法犯罪活动的漏洞；加强对全体公民特别是青少年的思想政治教育和法制教育，提高其文化、道德素质，增强法制观念，鼓励群众自觉维护社会秩序，同违法犯罪行为做斗争；积极调解、疏导民间纠纷，缓解社会矛盾，消除不安定因素；加强对违法犯罪人员的教育、挽救、改造工作，妥善安置刑满释放和解除劳教的人员，减少其重新违法犯罪。

3. 社区治安综合治理的要求

社区治安综合治理的要求是：各级党委、政府都要把综合治理摆上重要议事日程，健全社区治安综合治理的领导机构和办事机构，定期研究部署工作；各部门、各单位齐抓共管，形成"谁主管谁负责"的局面；各项措施落实到基层，群防群治形成网络，广大群众法制观念普遍增强，敢于同违法犯罪行为做斗争。

4. 社区治安综合治理的目标

社区治安综合治理的目标是要从根本上预防和打击违法犯罪,维护社区治安秩序,保障社会稳定,为社会主义现代化建设和改革开放创造良好的环境。现阶段的主要目标是维护社会持续稳定,争取使重大恶性案件和多发性案件不断下降,治安秩序良好,社会丑恶现象减少,群众有安全感。

10.3.2 社区治安综合治理的指导原则

社区综合治理必须遵循一定的原则,包括总的指导原则、基本工作方法的指导原则、处置治安问题的指导原则、实现治理目标的指导原则。

1. 依法治理原则

依法治理原则是建立在依法治国方略基点上的一个原则,是指导社区治安工作的总的指导原则。社区作为国家和社会的构成细胞,必须通过自身的具体行动,把依法治国的方略贯彻到实际工作中去。

2. 群防群治原则

群防群治原则是指发动和依靠群众做好犯罪预防和治理工作,这也是社区治安工作的基本方法。实行群防群治原则包含两个方面的内容:一是责权利相统一原则,尽管社区治安是社区群众的共同利益所在,但在实际工作中仍要将物质利益和奉献精神结合起来,把责权利统一起来,最大限度调动和发挥社区群众的力量。二是"谁主管,谁负责"原则,一方面要求社区中的各部门、各单位提高防范意识,"办好自己的事,看好自己的门,管好自己的人";另一方面要求建立各种形式的治安责任制度,组织以治保会为主体的群众性安全防范网络。

3. 专群结合原则

专群结合原则是指在保卫国家安全和维护社会秩序稳定方面,把公安机关的职能作用与广大群众的主动精神结合起来,做好各项安全防范工作,这是社区治安管理工作中的指导原则。由于社区治安的任务具有多样性和复杂性的特点,所以维护社区治安的稳定,一方面需要有专责机关的技术装备和警察的战斗力做依托和后盾,另一方面需要社区居民的支持和配合,充分发挥广大群众的主观能动性。

4. 打防结合、预防为主原则

所谓"打"是指各级政法机关利用国家赋予的特殊权力,通过刑事司法程序揭露、证实、惩治各类犯罪的执法活动。所谓"防"是指以政法机关为骨干,机关团体、社会各界群众广泛参与,运用多种手段消除产生犯罪的原因和条件,防止和减少犯罪行为发生的活动。打防结合是实现社区治安基本目标的指导性原则。打击是维护治安的首要环节,是落实社会治安综合治理的前提条件。对犯罪分子如不依法实施严厉打击,就不能达到威慑和遏制犯罪的目的,就不能鼓舞教育群众,就不能增强群众的安全感,就不能实现长治久安。但维护治安仅凭打击这一手段是远远不够的,还需要采取多种手段进行防范,如果没有强有力的防范措施,打击的效果就难以巩固。打击和预防必须结合起来,并坚持以预防为主,彻底消除违法犯罪赖以生存的土壤。

5. 标本兼治、重在治本原则

社会治安问题是各种社会矛盾的综合反映,维护社区的治安秩序既要治标,又要治本,而且要把治本放在根本上,这也是实现社区治安基本目标的指导性原则。"标"是指发生在社区内的各种违法犯罪现象,"本"是指发生这些现象的根源。治标是指对已发生的犯罪案件的处理,解决面临的各种社会治安问题和违法犯罪问题;治本是指从产生案件和事件的本源入手去解决问题。"重在治本"是综合治理的中心思想,也是社区治安的根本,无论是打击、防范,还是其他治理措施,都要把重点放在治本上。要在消除产生犯罪和治安问题的土壤和条件上下功夫,从根本上预防和减少犯罪。

10.3.3　社区治安综合治理的基本措施

1. 打击

打击是社区治安综合治理的首要环节,是落实综合治理其他措施的条件,这项工作主要由公安、检察院和法院等部门实施。公安机关是人民民主专政的重要工具,担负着打击敌人、惩罚犯罪、保护人民、维护社会治安的任务,在打击惩处社区违法犯罪活动中具有特别重要的作用。人民检察院是国家的法律监督机关,主要是通过行政检察权,依法对公安机关的侦查活动和人民法院的审判活动和监狱、看守所、劳教所的改造活动进行监督,维护法律的尊严。人民法院是审判机关,主要是通过审判各种刑事案件,及时惩办一切刑事犯罪分子,维护正常的秩序,保护公民的合法权益和人身安全。打击违法犯罪活动是一项长期而艰巨的工作任务,任何时候都不能有丝毫的放松。公检法必须精诚合作,在侦查、批捕、起诉、审判、改造等各个环节分工负责,互相制约,互相监督,共同完成严厉打击各种违法犯罪活动的任务。

2. 防范

防范是减少社区各种违法犯罪活动、维护社区治安秩序的积极措施。这项工作涉及的范围比较广,单靠一个机关、团体是难以收到成效的,必须把公安机关与其他各部门、单位和广大人民群众的防范控制力量融为一体,把专业防控、部门防控、群众防控、人防、物防、技防等有机结合起来,形成在各级党委、政府领导下,在综治委组织协调下,以公安防控为主导,公安、内保和群众性防范控制机制相结合的社区防控体系。

3. 管理

尽管社区治安管理应当以公安机关为主,但社区治安问题是一个复杂的社会问题,单靠公安机关不可能从根本上解决问题,必须采取综合管理手段,调动各方面的力量,齐抓共管。治安管理的总体思路是建立以社区综合治理机构为"龙头",以公安派出所为主导,实行专群结合的管理体系,形成覆盖整个社区的严密的治安管理网络。

4. 教育

加强教育是预防社区违法犯罪的根本措施。发挥社区在教育上的组织协调功能,对预防犯罪有很重要的意义。教育的重点对象是青少年,特别是社区中曾经有过违法行为的青少年。教育大体上分为家庭教育、学校教育和社会教育。其中家庭教育是预防社区违法犯罪的基础环节,家长是子女的第一任老师,社区的每一位家长都应当承担起教育自己子女自觉遵纪守法的义务与责任。学校教育在预防青少年违法犯罪中具有举足轻重的作用,学生的世界观、人生观和价值观的形成主要靠学校的教育,学校应把学生的思想道德教育和法制教育摆在重要位置,并纳入教学计划。社会教育是一项庞大的系统工程,宣传、文化、教育、司法、行政等部门,应按照各自的职责分工,扎扎实实地搞好公民的思想道德、科学文化和法制宣传教育。

5. 建设

建设是社区治安的一项基础性工作,只能加强不能削弱。搞好社区治安,必须进一步加强组织建设、思想建设和作风建设。一要加强街道建设,配好、配全干部,教育治安干部树立全心全意为人民服务的思想,积极开展社区治安工作。二是加强公安派出所的建设,配足警力,配好装备,提高全体人员的基本素质和依法办事的能力,培养他们的奉献精神。三要搞好社区群众的自治组织建设,尤其是居委会建设,积极发挥他们在社区治安方面的作用。四要进一步加强制度建设,健全完善各种社区治安防范机制,特别是各种形式的综合治理责任制,把综合治理的各项工作纳入制度化、规范化的管理轨道。

6. 改造

改造是教育人、感化人、挽救人的特殊预防工作。社区是改造、教育、监督犯罪及相关人员的重要场所。因此,社区内的公安派出所、街道办事处和居委会,应当采取正确的方针和政策,实行惩罚管制与思想改造相结合,劳动改造与政治、文化、技术教育相结合,严格管理与教育、感化、挽救相结合,用科学文明的管理方式,敦促"两劳"人员悔过自新。与此同时,劳动部门要积极帮助、安排刑释解教人员,在其就业、生活上给出路,防止他们重新犯罪。

10.3.4 社区普法、人民调解与安置帮教

1. 社区普法

社区普法工作是社区治安综合治理工作的一个重要内容。加强社区普法,综合提高全民法律意识,一方面可以提高社区工作人员依法治理的能力;另一方面也可以促进居民形成自觉守法的良好风尚,为社区治安综合治理奠定广泛而坚实的群众基础。

社区居委会可以运用宣传栏、市民学校等对居民进行法律宣传,开展"法律进社区"活动,促进和谐社区建设。逐步巩固和完善社区普法制度,进一步完善法制宣传橱窗、社区图书角、社区居民法制学校(普法夜校)、法律服务站和法律宣传教育志愿者队伍建设,经常开展群体性法制专题活动。重点把握社区"边缘青少年"、流动人口的法制宣传教育,有效控制脱管、漏管。全面开展"民主法制社区"活动,促进管理有序、文明祥和的新型社区建设。

社区普法工作的重点内容包括:深入学习宣传宪法、与经济社会发展的相关法律法规、与群众生产生活密切相关的法律法规、整顿和规范市场经济秩序的法律法规、维护社会和谐稳定与促进社会公平正义的相关法律法规。

2. 人民调解

1) 人民调解的性质

(1) 人民调解的概念。人民调解即人民调解委员会的调解。它是在人民调解委员会的主持下,以国家的法律、法规、政策和社会公德为依据,对民间纠纷当事人进行说服教育,规劝疏导促使纠纷当事人互谅互让、平等协商、自愿达成协议、消除纷争的一种群众自治活动。

(2) 人民调解委员会。人民调解委员会是人民调解组织,下设调解小组、调解员。我国目前已基本形成了村、居委会设调解委员会,村、居民小组设调解小组,每十户设调解员,企事业单位设调解委员会,分厂(车间)设调解小组,班(组)设调解员的三级调解网络。

(3) 人民调解员。担任人民调解员的条件是为人公正、联系群众、热心人民调解工作、具有一定法律知识和政策水平的成年公民。

2) 人民调解的范围、任务、基本原则、工作纪律

(1) 人民调解的范围。人民调解的总范围是公民之间有关人身、财产权益和其他日常生活中发生的民间纠纷。人民调解工作是为了经济建设、社会主义民主与法制建设、国家长治久安、方便人民群众的。不同的历史时期,人民调解的重点也有所不同。目前调解纠纷的重点是:①农村生产经营性纠纷、干群纠纷。②国企改革中引起的下岗、待岗等纠纷。③城市因市政建设、拆迁安置、物业管理纠纷。这类纠纷主要发生在居民与有关部门之间,具有群众性、极易激化的特点。各地调解组织应针对本地区民间纠纷的重点和特点,加大排查力度,通过专项治理,防止纠纷激化。

(2) 人民调解的任务。人民调解委员会的任务是调解民间纠纷,通过调解工作宣传法律、法规、规章和政策,教育公民遵纪守法、尊重社会公德;人民调解委员会应当向村民委员会或者居民委员会反映民间纠纷和调解工作情况。

(3) 人民调解的基本原则。人民调解的基本原则主要有三项:一是依法原则;二是自愿平等原则;三是尊重当事人诉讼权利的原则。

(4) 人民调解的工作纪律。调解人员在工作中必须做到:不得徇私舞弊;不得对当事人压制、打击报复;不得侮辱、处罚当事人;不得泄露当事人的隐私;不得吃请受礼。调解员严重失职或违法乱纪的,由原选举单位撤换。

3) 人民调解委员会的工作制度

建立和完善工作制度的目的是保障、规范和促进人民调解委员会的工作。目前主要包括以下七项制度:①纠纷登记制度;②共同调解制度;③回访制度;④民间纠纷排查制度;⑤岗位责任制制度;⑥民间纠纷信息传递与反馈制度;⑦文书档案管理制度。

4) 人民调解委员会的工作程序、方法

(1) 纠纷的受理。①受理纠纷的方式:申请受理,主动受理。②受理纠纷的程序:接待当事人,对纠纷当事人的申请进行审查。对下列纠纷不予受理:构成违反治安管理行为的;构成犯罪的;法律规定由有关部门处理的。有下列情形的虽属于调解范围,但也不能受理:已经申请基层人民政府处理或处理完毕;人民法院已经受理或正在审理的;一方当事人不同意调解的。③纠纷登记。

(2) 调解前的准备。①有关程序方面的准备工作:将调解日期通知当事人,确定调解主持人;将调解人员情况告知当事人,以解决回避问题。②调查研究,收集证据,确定调查的重点内容;调查要深入,收集证据要广泛,既要收集有利于申请人证据,也要收集有利于被申请人的证据。③对调查、收集的证据进行审查判断,进而对纠纷进行分析判断。④拟定调解纠纷实施方案,确定调解所要达到的目的;准备好消除双方争执的各种可行性方案;调解当事人可能提出的问题和解决方案;调解纠纷所需要的法律政策条款。

(3) 进行调解。①调解开始前的准备:调委会通知纠纷当事人到指定地点按时出席,确定一人或数人调解。选择直接调解、公开调解或共同调解等方式。②调解开始:主要通过说服教育,耐心疏导,提高当事人思想认识,使他们互相谅解,主动达成协议;如果一方因故不能出席,应另定时间调解,不能缺席调解。③达成协议调解:协议书有表格式和制作式两种。其基本内容如下:双方当事人的自然状况,即姓名、性别、年龄、民族、籍贯、职业(工作单位、职务)、住址;扼要写明纠纷性质、事实与经过,写明争执的焦点;详细、准确记明调解所达成协议的具体内容,履行协议的方式、期限;主持调解的人民调解员和双方当事人签名盖章;加盖人民调解委员

会印章,写明调解时间,多方工作仍达不成协议的为调解不成。④调节结束:监督协议的进行。

(4)调解不成的处理办法:①告知纠纷当事人,可申请基层人民政府处理;②申请行政主管机关调解;③可向有管辖权的人民法院起诉;④如果是简易经济纠纷,告知纠纷当事人,可向有管辖权的仲裁机关申请调解或仲裁。

3. 安置帮教

1)安置帮教工作的含义及对象

(1)安置帮教工作是指在各级党委政府的统一领导下,依靠各有关部门和社会力量对刑满释放、解除劳教人员进行的一种非强制性的引导、扶助、教育和管理活动。它有两方面的含义:一是对刑律解教人员进行帮教;二是对刑释解教人员予以就业前过渡性安置。安置是对刑释解教人员安其身,而帮教则贯穿这项工作的始终,是对刑释解教人员进行人生观、世界观再塑,二者相辅相成,构成安置帮教工作的完整内容。

(2)安置帮教工作的对象是刑满释放或解除劳动教养5年之内没有生活出路和有重新违法犯罪倾向的人员,这部分人是社会不稳定的主要因素,不解决他们的生活困难和做好帮助教育工作,人们的生活就会缺乏安全感。

2)安置帮教工作机构和人员

党中央和国务院对安置帮教工作十分关心,中央综治委等六部委曾先后多次制定有关加强刑释解教人员安置帮教工作意见及服刑、在教人员刑满释放、解教衔接工作的意见等,受到各级党委、政府的高度重视,基本健全了安置帮教工作的领导和工作机构,即由中央综治委牵头成立,由司法部、公安部、人力资源和社会保障部、民政部、国家工商管理总局、全国妇联、共青团中央主要负责同志组成的中央社会治安综合治理委员会刑满释放、解除劳教人员安置帮教工作协调小组,及由上述部委有关部门组成的安置帮教办公室。全国各省、自治区、直辖市都成立了相应的安置帮教领导机构,负责对本省、自治区、直辖市安置帮教工作的指导协调,其职责是协助党委、政府抓好安置帮教工作,贯彻执行安置帮教工作的有关政策,研究决定安置帮教工作措施,协调有关部门解决具体问题。在地(州)、县(区)、乡(镇、街道)、村(居委会)设立相应的工作机构,其组成人员由一名党委或政府的负责人任组长,司法、公安、民政、工商、劳动、财政、税务、妇联、共青团、综治办等有关负责人参加。协调小组、工作机构下设办公室,设在同级司法行政部门,负责日常工作,各成员单位必须派专人负责安置帮教工作。

3)安置帮教工作的任务

安置帮教工作靠各有关部门的共同努力才能很好地完成,安置帮教工作机构的各组成单位都应各负其责、各司其职,使服刑、在教人员从刑释、解教到安置、帮教都能顺利进行。

4)安置帮教工作渠道

安置渠道主要有:①对于原来有工作单位的刑释解教人员,安置帮教机构应主动与原单位协商,争取让原单位接受;②对于原来没有工作单位或原单位无力接纳的刑释解教人员,安置帮教机构应鼓励、扶持他们从事个体、私营经济,或争取让其他单位接纳他们;③对于农村刑释解教人员,应及时划分责任田,有条件的可安排到乡镇、村办企业,对丧失劳动能力的农村刑释解教人员,安排其亲属抚养、赡养,或由当地政府适当接济;④积极向有关单位推荐有一技之长的刑释解教人员,鼓励其竞争上岗;⑤对刑释解教人员开展多种形式的职业培训和技能培训,提高是就业能力,创造就业条件;⑥对没有资金、生产资料和技术,或年老体弱、孤独无依靠的刑释解教人员,安置帮教组织和乡镇(街道)、居(村)委会共同设法安置。由有关部门共同创办过渡性安置实体或安置基地,安排无家可归、无亲可投、无业可就的刑释解教人员就业。随着社会经济的发展和社会对安置帮教工作重要性的认同,安置渠道还将不断地拓宽。

5)刑释解教人员的帮教工作

刑释解教人员一回到社会,也就是帮教工作的开始阶段,自此5年期间为正常帮教阶段。帮教主要工作有:①做好申报户口工作,为帮教工作开好头。②实施落户见面教育,为开展帮教奠定基础。③签订帮教责任书,明确帮教责任。帮教责任书由村(居)委会干部、乡村片区(社区居委会)民警、刑释解教人员的亲属建立帮教小组,对其进行安置帮教。帮教小组每季或不定期地找帮教对象谈一次话,了解情况,掌握动态,做好思想教育工作。帮教小组对帮教对象提出的困难和问题,要及时上报并加以帮助解决。通过帮助教育,尽力促使帮教对象遵纪守法,不再重新违法犯罪。村(居)委会社区矫正、安置帮教工作领导小组组长和村(居)委会治保主任作为联络员,具体负责做好与帮教对象的联系和帮教情况的上报工作;④帮教小组与被帮教对象签订帮教协议书,实施帮教计划。

10.4 社区矫正

10.4.1 社区矫正概述

1. 社区矫正的含义

社区矫正的概念分为广义说和狭义说。广义的社区矫正是对在社区中服刑的罪犯给予教育、改造、保护的刑事执法活动和对服完所有刑期的出狱人进行帮助、保护的社区社会工作。狭义的社区矫正是与监狱行刑相对应的,发生于社区内的所有罪犯矫正活动的刑罚执行制度。最高人民法院、最高人民检察院、公安部、司法部《关于开展社区矫正试点工作的通知》将"社区矫正"定义为:社区矫正是与监禁矫正相对的行刑方式,是指将符合社区矫正条件的罪犯置于社区内,由专门的国家机关在相关社会团体和民间组织以及社会志愿者的协助下,在判决、裁定或决定的确定期限内,矫正其犯罪心理和行为恶习,并促进其顺利回归社会的非监禁刑罚执行活动。本书采用社区矫正的狭义观点。

社区矫正是积极利用各种社会资源、整合社会各方面力量,对罪行较轻、主观恶性较小、社会危害性不大的罪犯或者经过监管改造、确有悔改表现不致再危害社会的罪犯在社区中进行有针对性的管理、教育和改造的一项工作。在司法实践中,社区矫正的适用范围主要包括被判处管制、被宣告缓刑、被暂予监外执行、被裁定假释以及被剥夺政治权利并在社会上服刑的五种罪犯。

2. 社区矫正的特征

社区矫正通常都具有刑事制裁性、非监禁性和社会参与性等特征。

1)刑事制裁性

社区矫正是在个人实施犯罪行为之后,由审判机关判处,其他国家机关采取的一种刑事制裁措施。社区矫正作为一种刑罚执行活动,刑事制裁性是其本质特征。在我国,社区矫正的刑事制裁性突出地表现为对犯罪当事人权利的限制与剥夺,如矫正对象必须服从矫正机构的监督和管理,其人身自由和行动受到一定程度的限制,但是不会持续地剥夺他们的人身自由。对社区矫正对象的惩罚及其因此受到的痛苦在程度上要远低于监禁刑。

2) 非监禁性

非监禁性是社区矫正区别于传统监禁矫正的主要特征之一,是指通过非监禁方式在社区而非监狱等刑罚机构中对矫正对象实施矫正和执行刑罚。非监禁性意味着社区矫正对象可以在法律允许的范围内过着自由的生活,虽然他们的人身自由受到一定程度的限制,但仍然保留很大的行动自由。服刑期间他们的工作和日常生活不会受到很大的干扰,仍然可以居住在自己家中,在一定范围内过着自由的生活。

3) 社区参与性

在社区矫正中,社区不仅仅是服刑的地方,更是帮助矫正对象充分参与社会,在社区中完成其改造和矫正的地方。社区参与性体现了社区矫正的独特性。与其他刑罚执行方式主要依靠法院、监狱等国家机关相比,社区在社区矫正中发挥着积极的作用:一方面,矫正对象要参与社区内各种公益劳动,接受社区的矫治、教育和监督,在不与社会隔离的环境中实现再社会化;另一方面,社区为矫正工作提供各种帮助和支持,让社区资源能够为矫正工作所充分利用,参与社区矫正工作的人员也囊括了各类社会人员。

10.4.2 社区矫正的必要性和意义

1. 降低刑罚执行成本,符合刑法谦抑性要求

刑罚的运行需要极高的成本,特别是监禁刑,社会付出的代价则更高。在刑罚实践中,监禁刑不仅需要建造异常昂贵的监狱和其他配套设施,维护和运行也需要花费大量经费,而且还需要大规模的监狱警察与工作人员等人力资源。当下监狱人满为患,各国刑罚执行成本普遍高昂。我国历来深受报应论影响,不把罪犯关进监狱不足以解民愤,导致监禁刑在我国的适用比率非常高。监禁刑的广泛应用,使得监狱在押罪犯数量增加,全国各地监狱、劳教所扩容压力巨大,监禁成本膨胀,大大增加了国家财政负担。目前我国的实际状况是:一方面监狱普遍超载,严重影响监狱秩序稳定;另一方面犯罪率又居高不下,监狱行刑能力有限。解决这种困境的出路不是扩建监狱以扩充其容量,就是缩减入狱服刑人数以缓解监狱资源紧张。前者需要大量财政投入,会给国家财政支出带来巨大压力,且当犯罪率下降时,存在闲置浪费的风险。因此减少入狱服刑人数更加可行,而在犯罪人数总量相对不变的情况下,只能通过将一部分符合条件的罪犯限制在监狱外的处所服刑来实现。社区矫正不占用监狱,而是充分整合利用社会上已有的资源来矫正罪犯,不再耗费国家在监狱设施修建及运行方面的费用,因此能够极大地降低行刑成本。

刑法的谦抑性又指刑法的经济性或者节俭性,是指立法者应当力求以最小的支出,少用甚至不用刑罚,而是用其他刑罚替代措施来获得最大的社会效益,从而有效地预防和抗制犯罪。刑法的谦议性必然要求刑罚节俭,这里的节俭也就是所谓经济性原则,监禁刑的成本过高,不符合刑罚的经济性原则。相对于监禁刑的昂贵行刑成本,社区矫正这种非监禁刑更能够减少国家在刑罚上的投入,投入成本显然较少,其可以聘用少量的专职人员与志愿者,同时对社区资源进行高效整合与配置,从而有效降低必要支出。

2. 防止罪犯交叉影响,有利于未成年犯的教育改造

监狱集中了大批各种类型的罪犯,每一个进入监狱执行刑罚的罪犯,都有可能受到监狱中已经关押的其他罪犯的影响。一些罪犯在经历了监禁环境的"污染"之后,再犯罪行为更加多样,犯罪手段更加老练,犯罪心理更加顽固。因此,在对罪犯进行矫正时,如果把可塑性强的人放在这个大染缸里,由于长期没有外面优秀思想的熏陶,很容易受到罪犯群体内部不良文化的影响,会比较容易交叉影响,产生更严重的后果,把罪犯放在社区服刑就可以有效解决上述问题。社区矫正就是把犯罪人放在社区教育的非监禁刑,能够减少罪犯因监禁而带来的交叉影响机会,为罪犯创造一个比较优良的环境。

社区矫正对未成年服刑人员的改造显得更为重要。未成年人的辨别能力低,好奇心、模仿性强,可塑性大,他们在监狱内受到交叉影响的可能性相对于成年人更高。从教育、挽救未成年人的目的出发,对未成年犯采用社区矫正这种非监禁刑,能使未成年犯既受到一定的惩罚,又能在社会的关心、指引和帮教下,重塑其正确的人生观、世界观、价值观,养成良好的社会生活方式,最终达到保护未成年人的目标。

3. 淡化罪犯的标签效应,促进罪犯的再社会化

司法实践中,对犯罪人判处监禁刑并将之投入监狱等处所这一最深刻的标签化过程,不但会造成犯罪人在身体与心理上的孤立,中断其与社会的联系,而且会在其身上牢固地打上犯罪人的烙印,这些都可能直接导致犯罪人自我认同进一步偏离社会主流价值观,进而做出更多、更严重的不法行为。社区矫正作为一种和监狱执行相对应的方式,避免了罪犯人这一最深刻的标签化过程。它是让罪犯在社区进行矫正,因此对犯人来说,他们的日常生活并没有受到在监狱矫正那样大的影响。社区矫正淡化了罪犯的标签色彩,让他们不用承受别人异样的眼光。这有利于降低他们再犯的可能性,也有利于他们再社会化的进程。再社会化就是指全面放弃先前习得的价值标准和行为规范,重新确立新的价值标准和行为规范。罪犯走上犯罪的道路并非完全是他个人主观意志造成的结果,往往也有社会原因和家庭因素。研究表明,在单亲和暴力家庭长大的孩子犯罪率要远远高于在健全健康家庭长大的孩子。既然罪犯的反社会天性是在后天获得的,那么一般来说,它是可以改造和消退的。罪犯反社会性的改造与消退的过程就是罪犯的再社会化过程。监禁刑不利于罪犯的再社会化,在罪犯长时间适应监狱严格的行为规范和刻板的生活方式过程中,犯人人格往往会发生一定程度的变异与重塑,造成犯人人格的退化和萎缩。社区矫正除了可以在很大程度上有效避免监禁刑的弊端外,还可以通过建立开放的行刑处所,拓展犯罪人、行刑机构与社会间的互动关系,并构建相互间体恤与关怀的平台,帮助犯罪人塑造融于社会生活的人格,促使其与社会同步发展、具备随时回归社会的能力,从而最终实现罪犯再社会化的刑罚目标。

4. 符合刑罚轻缓化发展,体现刑罚的人道主义

欧洲启蒙运动之后,监禁刑被认为是轻缓的刑罚执行方式,各国相继采用监禁刑来替代此前普遍适用的肉刑与死刑,这是刑罚轻缓化发展的一次大跨越。但在几百年的司法实践过程中,监禁刑的诸多弊端也逐渐显露出来,其中之一就是监禁刑的措施与刑罚的人道主义存在矛盾。刑罚的人道主义是指刑法的制定与适用都应当和人的本性相符合。它立足于人性,认为人性的基本要求是人类出于良知而在其行为中表现出善良与仁爱的态度与做法,即把任何一个人都作为人来看待。社区矫正顺应了刑罚轻缓化的发展方向,提倡在社区对犯罪人进行教育和改造。社区矫正立足于人性的基本要求,以人性关爱为出发点,以犯罪人的人性复归为归宿点,在观念层面上,确立尊重罪犯为人之基本尊严;在制度层面上,建立将社会危害性不大、主观恶性较小的罪犯放在社区进行改造的刑罚模式；在执行层面上，针对不同服刑人员制定个性化矫正方案；在目标层面上，立足使罪犯的人格得到改造并实现其作为人的价值。在司法实践中，矫正机构在对罪犯的危险性及其社区、家庭环境进行综合评估后做出矫正决定并确定矫正人员；社区矫正人员主要由矫正官员、专业的社会工作者和社会志愿者组成，矫正人员会对罪犯的心理、生活、就业各方面进行帮扶；罪犯的改造环境比较宽松，这样更有利于其生活、工作的稳定。与传统的监禁刑相比，社区矫正更为人道，因此也更能调动罪犯改造的积极性和主动性，更加有利于提高罪犯的改造质量，达到刑罚执行的目的，促进社会的和谐稳定。

本章小结

1. 社区治安管理是指社区自治组织在党和政府的领导下，依靠社区群众，协同公安、司法机关，对涉及社区的社会秩序和人民群众生命财产安全问题依法进行治理的管理活动。它包括社会秩序的管理、户口管理、民用危险物品管理、特种行业管理、交通道路管理、消防管理、水上治安管理、单位内部的安全管理八个方面的内容。

2. 社区治安管理的特点是系统性、群众性、自卫性、区域性。它具有防范功能、疏导功能、监控功能和惩戒功能。

3. 社区治安管理的主要任务是通过社会治安的综合治理，确保社区的一方平安。为此要求公安派出所、街道办事处、社区居民委员会、治安联防队、物业管理公司等社区组织能够各负其责。

4. 社区治安综合治理是指在党和政府的领导下，组织社区各方面的力量，实行公安、司法机关的专门工作和群众工作相结合，各司其职，通力合作，运用政治的、经济的、行政的、教育的、文化的、法律的等各种手段，预防和惩罚违法犯罪，教育改造违法犯罪的人，逐步限制和消除产生违法犯罪的土壤和条件，建立良好稳定的社会秩序，保障经济建设和改革开放的顺利进行，保证人民安居乐业的活动过程。

5. 社区矫正是与监禁矫正相对的行刑方式，是指将符合社区矫正条件的罪犯置于社区内，由专门的国家机关在相关社会团体和民间组织以及社会志愿者的协助下，在判决、裁定或决定确定的期限内，矫正其犯罪心理和行为恶习，并促进其顺利回归社会的非监禁刑罚执行活动。

思考题

1. 简述社区治安管理的主要内容。
2. 简述社区居委会在社区治安管理工作中的职责。
3. 试述创建安全文明社区的具体途径。
4. 简述社区治安综合治理的措施。
5. 简述社区矫正的特征及意义。

北京市"阳光中途之家"的社区矫正探索

经过两年多的具体实践，北京市朝阳区建立的"阳光中途之家"，不仅成为深入推进社区服刑人员管理创新的重要举措，推动了矫正帮教工作质量的提高，也为我国特殊人群的管理服务探索出一条新路。社区矫正是一种不使罪犯与社会隔离并利用社区资源教育改造罪犯的方法,它是与监禁矫正相对的行刑方式。2003年,北京成为在全国进行试点的六省市之一。2008年7月,北京又率先建立了我国内地首个"阳光中途之家"。

服刑人员在应对从监禁状态进入社区进而走向社会的过程中,往往有一个困难的适应阶段,或是普遍存在不了解社会的情况,或是由此产生陌生焦虑和缺乏自信、无法尽快与人交往沟通的心理障碍,而且部分人员面临着无家可归、无亲可投、无生活来源等问题,这些都有可能成为他们重新犯罪的诱因。

因此,秉承着"以人为本、回归社会"的工作理念,"阳光中途之家"积极整合各种资源,首先发挥社区矫正成员单位的职能,为社会服刑人员在救助、医疗、就业、住房等方面提供帮助;同时聘请犯罪学、法学、社会学、心理学等领域专家担任顾问,为教育矫正提供智力支持。不仅如此,"阳光中途之家"还与技能培训学校等机构合作,或是招募相关专业大学生以及部分表现较好的社区服刑人员担任志愿者,利用其独特优势,充实矫正力量。

考虑到社区服刑人员犯罪既有共同原因,也有个别因素,"阳光中途之家"还对社区服刑人员的犯罪原因和社会化障碍进行科学评估,总结犯罪诱因的相似点,探索回归社会障碍的一般规律,又注意区分不同的犯罪类型和个性化的特殊问题,从而形成了一般性教育、类别化辅导、个案式矫正相结合的工作体系,既体现出社会对这个群体的尊重和接纳,又维护社区矫正的权威性和严肃性。

据统计,在"阳光中途之家"接受过教育帮扶的社区服刑人员无一人重新犯罪,为他们提高社会适应能力、顺利融入社会搭建了桥梁,有利于减少社会对抗、巩固改造成果,实现监所和社会无缝衔接,在罪犯矫正和犯罪预防中发挥积极作用,同时也真正体现了党和政府的以人为本。

"阳光中途之家"秉承"以人为本、回归社会"的工作理念,基于朝阳区矫正帮教于教、维稳工作需要和社区服刑人员面临的各种困难,拓展阳光社区矫正服务中心的服务职能和服务领域,协助有关部门对社区服刑人员进行教育矫正,帮助社区服刑人员克服生存困难,提高社会适应能力,尽快回归社会,预防和减少重新违法犯罪。总体上看,"阳光中途之家"从事的工作包括法制教育、心理矫治、认知教育、食宿服务、技能培训等。业内人士和专家普遍认为,这种模式符合中国现代经济社会发展和刑罚制度改革的方向,可以尝试规范和促进此类过渡机构的实践范围。北京市按照"因地制宜、分步实施,功能实用、形式多样,政府主导、社会参与,制度配套、管理规范"的原则,通过政府投入、社会支持等多种方式,加大对"符合实际、体现首善、适应未来"的"阳光中途之家"的建设。

问题:

1. 请分析该机构在社区治安管理的发展过程中发挥的作用。

2. 社区居民自治对社区治安管理有重要的影响,如何才能有效地推动社区居民主动参与社区治安管理?

第11章 社区发展

 **学习目标**

通过本章的学习,了解社区发展的含义,掌握社区发展的原则,明确社区发展的步骤。

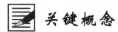 **关键概念**

社区发展　社区发展原则　社区发展步骤

导入案例

社区发展的厦门湖里模式

2020年11月,湖里区召开深化小区治理推进会,以"现场调研＋召开会议"的形式进一步深化小区治理工作,为小区治理的未来定方向、立规矩。会上,湖里区委主要领导表示,此次会议的目的在于深入学习贯彻习近平总书记重要讲话重要指示批示精神和党的十九届五中全会精神,坚定不移深化党建引领小区治理,持之以恒提升百姓获得感、幸福感、安全感。现场还为2019年度湖里小区治理最美人物代表、小区治理爱心企业颁发证书,为湖里区小区治理法律顾问团成员颁发聘书。

自2018年全面启动小区治理以来,厦门市湖里区坚持以人民对美好生活的向往为工作追求目标,积极探索党建引领小区治理工作,激活小区治理全细胞,为坚持和完善共建共治共享的基层治理制度探索了"湖里模式"。

2018年以来,湖里区创新推行"党支部建在小区上"举措,推进小区党支部与业委会深度融合,全面推行"小区＋"精细服务,并以问题导向坚持补短板、治乱象,将一个又一个投诉不断的麻烦小区变为和美幸福的温馨家园。

落实"党支部建在小区上"的要求,湖里区在全区组建形成了386个小区党支部,形成了"小区党支部—楼道党小组—党员中心户"的小区党建格局,实现党的组织和党的工作在辖区小区的全覆盖。让小区党组织发挥"战斗堡垒"的作用,关键在于"带头人"。通过建立"双向培养"制度,湖里区选优配强小区党支部书记,推动了52名在职或离退休的党员领导干部担任小区党支部书记或第一书记。

既统揽全局不缺位、又不包揽代办搞越位,这是湖里区为386个小区党支部给出的定位。为此,湖里区致力树牢小区党支部在小区治理中的"主心骨"地位,已有77名小区党支部书记兼业委会主任、603名党员成为业委会成员。

分析个案成效、总结通行经验,建立一套行之有效的制度,是将党建引领小区治理引向深入的必经之路。湖里区的每一个小区党支部都有了"工作手册"——《湖里区城市居民小区党支部管理办法(试行)》,坚持"以用为主",抓实小区党支部建设,推进党支部与业委会深度融合。"党支部主导业委会换届(选举)""小区党支部先议""小区书记列席业委会会议"等制度的推广,无疑加强了小区党支部对物业公司党员的兼合式管理,让党支部引领小区治理着力点更精准。

小区是社会治理的"最后一公里"。要实现活力和秩序的有机统一,并不是小区党支部唱"独角戏",而是需要各级各部门、业委会、物业和业主等小区治理单元思想同心、目标同向、行动同步、共同发力。这其中,小区业委会和物业的管理水平作为湖里区延伸城市管理、提升城市管理服务水平的基础因素和关键因素,更直接关系到市民生活品质的提升。

随着湖里小区治理工作的深入,群众对小区业委会问题的反映较为突出。坚持问题导向,湖里区小区办对全区小区进行了一次全面摸底排查——他们以社区为单位,排查小区党支部、业委会和物业等小区组织的人员构成和运行情况,逐个小区排查是否有人操控业委会谋利等问题,形成了一份数据翔实、条理清晰的"关于全区小区业委会建设情况的调研报告"。在这份调研报告的基础上,湖里区探索制定了《关于加强小区业委会规范化建设的十条措施》,第一次对小区业委会的规范化建设提出了明文规定。以"事前介入、事中监管、事后救济"为建设原则,这份措施围绕压实责任、统筹领导、抓好换届、把关人选、加强培训、规范运作、加快表决、加强监管、奖励典型和压茬整治方面,为全区小区业委会治理给出了可操作的行动指南。

与此同时,湖里区对辖区物业服务企业实施全覆盖的巡查督导,探索建立物业服务管理长效机制,在物业住宅小区设立了"物业企业'红黑榜'"。湖里区建设局牵头制定了《关于物业服务企业和项目经理信用综合评定实施方案》,以推进物业服务企业和项目经理信用体系建设,强化信用激励与约束,规范物业服务企业经营行为。

在构建"一核多元"体系的过程中,不少湖里辖区企业弘扬"爱心厦门"精神,主动参与小区治理,充分发挥人才、技术、资金和管理优势,成为"积极分子"。10家企业荣获湖里"小区治理爱心企业"称号,还有一些企业作为发起单位参与"小区治理爱心联盟"之中。此外,湖里区以推进会为契机设立了"湖里区小区治理法律顾问团",6位律师充分发挥专业优势,为小区治理提供法律服务,维护小区居民的合法权益,使小区依法管理水平显著提高;同时开展普法宣传,提升小区业委会成员等管理人员的法律意识,并为小区居民提供法律援助。

11.1 社区发展概述

社区发展的含义包括广义与狭义两个层面。广义的社区发展泛指国家或者某个地区的所有事物的发展与过程,包括社区的政治、经济、文化、教育、卫生、环境、服务、管理等各个方面,社区发展的范围包括城市、乡村和集镇居民所居住的地理范围等。狭义的社区发展指基层社区建设与社会发展的事项与过程,以及具体问题的解决过程。

关于社区发展的概念有各种说法,徐永祥认为:"所谓社区发展,概指居民、政府和有关的社会组织整合社区资源、发现和解决社区问题、改善社区环境、提高社区社会质量的过程,是塑造社区居民归属感(社区认同感)和共同体意识、加强社区参与、培育互助与自治精神的过程,是增强社区成员凝聚力、建立新型和谐人际关系的过程,也是推动社会全面进步的过程。"在这一概念的基础上形成的社区发展观点,属于一般性的社会学观点。这一观点实际上是从社区的角度去谈论社会现象。

另一种具有代表性的观点是把社区发展等同于基层"社区建设",认为目前的社区建设是在借鉴国外"社区发展"概念的基础上形成的基本思路。这种社区建设的基本内涵,除社区服务之外,还包括社区文化、社区医疗、社区康复和社区教育等内容,包含了涉及社区居民生活的方方面面。

从 20 世纪 60 年代开始,联合国致力于推进社区发展工作。先在乡村、小城镇实验,后来把重点转向城市社区问题。城市社区发展被视为城市发展的基本需要,受到社会学家、人口学家、经济学家、人类学家、教育学家、生态学家、政府有关部门的高度重视,不少国家、地区把它放在重要的战略位置上。中国改革开放以来,由于沿海大城市的长足发展,城市社区发展不再仅仅是一个理论研究问题,现在已成为一个重要的实践操作课题。

(1)改善社区生态条件,提高社区生活质量。城市是现代文明的产物,城市社区首先是居民生活聚集的地方,生存条件好坏、生活质量高低直接关系到社区成员的根本利益,是任何一个社区成员都要关注的问题。因此,城市社区发展必须以"人"为中心,以满足社区成员生存、享受和发展资料的需要为中心,不断提高社区成员的生活质量,促进社区成员个性和潜力的发挥。

(2)创造就业机会,提高社会保障程度。随着城市化速度的加速,失业现象一直是"城市病"的特征。由于失业下岗,没有稳定的经济收入和正常的经济来源,将大大加剧、诱发社区犯罪问题,影响社区的稳定安宁。因此,拥有一份职业是每个社区成员所期望的目标,从这个意义上创造更多的就业机会,实现社区成员的充分就业,既是提高社区社会保障程度的根本保证,也是衡量城市社区发展程度的重要标准。

(3)培育和谐亲善的人际关系,构筑健康的精神家园。城市社区是人们物质生活和精神生活环境的统一体。在社区内部存在大量面对面直接的人际互助现象,它能够创造一种亲善、和谐的氛围,沟通和密切人与人的关系、人与社区的关系、社区与社区的关系,进行朴实真切的情感交流,弘扬社会公益精神、无私奉献精神、慈善博爱精神、友好互助精神,从而使社区成员树立高尚的精神追求与道德风尚,这对于增强整个社区的整合、丰富人们的精神生活、释放现代社会生活给人们带来的精神压力、凝聚社区成员的创造性等具有重要意义。

(4)强化社区成员的参与意识与参与行为。城市社区具有特殊的组织结构和运作机制,联系着社区的每一个成员,社区成员也正是通过一定组织结构和运作机制参与社区生活和社区管理的。社区参与是整个社区整合和稳定的基础之一,体现了社区成员对社区生活、对公共利益与需求的自觉认同,有助于发挥社区成员的主动性、互助性、自觉性。只有社区成员的广泛参与,才能培养起现代公民应有的社区意识,形成社区范围内有效的组织结构和运作机制,切实发挥好社区固有的各项功能,社区成员才能真正成为社区的主人和社区发展的主体。

11.2 社区发展的原则

社区发展已经有 30 多年的历史了,但真正大规模地开展社区管理的建设开始于 2000 年,社区建设是全面小康社会的体现。就社区建设的标准问题来看,国家民政部出台了一系列方法进行试点,同时各地也开辟了一些社区建设的试验区,采取先总结经验再推广先进社区的做法。然而,社区发展有其自身的规律,为使社区发展更加符合以人为本的原则,在进行社区发展和建设时应该遵循一些基本原则。

11.2.1 民主过程原则

民主过程原则是指社区发展目标的确定以及实现目标的步骤与方法是民主的,是由多数人经过自由意志决定的,而不是由少数人和社区之外的人来确定的。一般来说,这种民主是指通过社区全体居民参与讨论、辩论,最后经过投票做出决定,这一过程决定了社区的发展目标以及实现目标的方法符合多数人的兴趣与意愿。

在民主实施过程中,政府一般处于指导协助地位,而不是采取强制命令,上级政府可以为社区居民提供好的发展目标以及有效的方法,可为社区居民提供作为实现发展目标的手段,但提供目标与方法时应该采取和平民主的方式,经过社区居民自己参考后,在完全乐意而不感到压迫的情形下接受,而非以违背民意的强制方法令其采用与执行。

11.2.2 解决问题的原则

社区发展的目标应该指向解决问题,否则发展的结果就不能有效改进社区的现实生活,也难以适应社区的迫切需要。社区的问题复杂多样,这些问题对于居民生活而言有大小、轻重与缓急之分。从长远来看,社区发展目标应该解决所有的问题,但短期内在人力、财力资源以及时间有限的情况下,原则上先解决居民迫切需要解决的问题。所谓迫切需要解决的问题是指那些若不解决会严重威胁到多数人的利益的问题,通常这些问题也是危害居民生活最基本层面的问题。例如,社区水源缺乏或被污染、饮食卫生存在威胁等,这类涉及多数人利益的问题成为社区管理过程中急需最先解决的问题。

11.2.3 教育方法原则

教育方法在任何社会或者组织中都是发展的基本前提。在社区发展中也不例外,不能急于求成、主观臆断地决定发展项目。通过教育方法可以使居民理解并支持社区做出的发展规划,使之减少阻力,获得更大的成效。

社区发展的目的是满足社区居民不断提高的物质生活需求,可以发展的事务及方法很多,但不见得居民对于这些方法与手段都能理解,这就需要社区通过举办各种活动,通过宣传报道等进行居民教育。

社区教育的方法多种多样。首先,对居民进行有关社区发展的专门知识与技能教育是教育各类途径中较为行之有效的方法。其次,成人教育与社区大学的教育方式也越来越多地出现,并发挥着积极的作用;再次,可通过大众传媒进行传播。总之,通过教育的方法实现发展的原则是民主的、根本的,也是行之有效的。

11.2.4 自下而上原则

自下而上原则同样是民主的表现形式,目的是真正考虑到社区居民的需要,从居民的角度和心态出发,创造契合社区居民切身利益的发展项目,有效地避免了行政部门或者某些高层人士为了个人或者一小部分人的利益而做出损害大部分人利益的事情。当然,在社区发展过程中,需要充分与政府进行沟通,使政府的整体规划能与基层群众的利益相吻合。

此外,自下而上的原则在实现社区发展的目标过程中,离不开政府及有关部门的支持,同时需要争取有关政府部门的援助。为此,社区管理方要积极与有关政府部门进行有效的沟通,以调查数据为准,将自己的想法与社区的未来目标表述准确。

自下而上原则还必须发展出自己的领导人才,当前我国城市基层社区的干部由上级选定后再派到社区锻炼,但这过程中是需要通过民主选举确定的,即"街聘民选"的方式进行领导人才的任用。

11.2.5　全体参与原则

目前,我国社区建设中的居民参与基本上是一种精英式的参与模式,普通群众的参与处于一种被动的状态。在这样一种参与模式下,很容易出现制定的相关政策与普通群众的愿望有所背离,从而遭到群众的抵制与不配合。

社区的公众参与是社区管理民主化的本质问题,是社区建设的基础,也是社区建设长远发展的根本所在。全民参与原则是民主自治的基础,应该由全体居民共同参与和监督社区发展事务,这就最大限度地避免了由少数人操纵的发展。但是,全民参与是一个逐渐发展的过程,需要首先消除不积极参与者的心理障碍,这就要求社区干部积极寻找途径进行宣传,与社区居民有效地沟通。以沈阳永丰社区的冬季扫雪活动为例:社区针对居民参与意识不强,或者不好意思主动参加的情况,在社区内寻找能够起到模范作用且获得居民广泛认同的"老党员""老红军"式的人物,通过他们的榜样作用带动身边居民参与的积极性。

11.2.6　合作途径原则

社区自治不是拒绝援助和支持,而是广泛采纳各方资源,不仅包括社区内部的资源整合,外部资源更需要被吸收进来为社区建设服务。我国目前社区建设尚不完备,许多仍处于起步阶段,需要进行大量基础设施建设,社区自力更生的难度大且不现实。因此,走社区合作道路成为必然。

社区事务的发展一般需要通过多种合作途径才能实现。主要是因为:①社区建设与发展的事务往往与社区内外的政府机构、企业以及个人有着密切的联系,与多数人有关的事务必须获得多数人的支持才能有效进行。②社区发展事业是以充足的财力为基础的,由于受益者是社区全体居民或大多数居民与单位,在社区发展过程中遇到经费困难时,社区居民与单位的合作分担是有必要的,否则发展事务便很难推进。③社区发展过程中所实现的目标一般有先后缓急之分,居民对发展事务各有偏好与期望,难免产生冲突,社区成员急需要获得多方的合作,合作的结果有利于社区发展,最终也对所有社区居民有利。

社区发展在合作原则的指导下,除了要挖掘内部资源,也应该尽力开辟外部资源渠道,进行多种合作方式。例如,引进居民需要的生活服务机构,引进便民市场,并从中收取一定的费用以解决社区发展中经费不足的问题。

当前合作原则在我国社区中开展的尚不充分,主要是因为单位制度改革后,很多原本依靠单位资源进行管理的观念和方式还没有完全改变。然而,内部自给自足的思想依然是社区发展的基本思路。因此,改变这种观念既需要新型的社区领导的出现,又需要广大居民的积极支持。

11.2.7　物质与精神发展并重原则

从长远的目标发展来看,社区发展应当兼顾物质与精神两个方面的内容,因为社区发展的终极价值不能仅仅看重物质而忽略精神生活的意义,社区发展的程序都是先从物质发展而后进入精神发展领域的。

在社区发展经费及人力资源有限的情况下,物质与精神之间、有形与无形之间的发展应有先后之分也是自然而然的事情。但从社区长远发展来看,却不能偏失任何一方,而且要把物质与精神放到同等重要的位置,否则社区乃至社区居民都变得追逐名利的时候,精神因素会成为社区发展的最大障碍,必将使社区发展处于停滞状态。

我国社会还处于急剧的社会转型时期,很多基础设施工作尚在进行中,例如大量的社区建设与发展还是围绕着基础设施方面。在做好这些发展项目后,社区应该转向社区民主自治、社区的文化和精神生活方面,把如何提高居民的生活质量、丰富社区居民的文化生活、培养居民的道德情操放到首要位置。

11.3 社区发展的程序

根据社区发展原则,社区发展程序应该是自下而上且由全民合作的民主过程。发展计划应该立足于满足社区多数居民的需要,并解决多数共同的问题,此外,也应该包含发展事项的检讨等程序。

11.3.1 问题与需要

社区发展要有效并获得满意的结果,必须以解决社区问题并满足社区居民需要的原则进行。社区问题是指阻碍社区多数居民生活并给居民生活带来不方便的事与物,这些问题可能产生于自然灾害,可能由社会变迁导致,可能由社区中少数蓄意制造事端的人所造成,也可能是某件事带来的后遗症。这些问题,有的显而易见,有的则是具有辨别能力的人才能发现的。因此,社区居民对认识问题的培养与磨炼是推动社区发展不可或缺的重要步骤。

发现社区问题与需要是制订社区发展计划的首要步骤。要发现社区的问题与需要主要有以下方式:①社区内部关心社区发展的热心人士或者社区领袖发现并提出需要改进的问题。②社区居民通过民主协商会议或者居民代表大会提出的议案中发现急需解决的事情。③社区研究专家或者社区发展顾问根据社区发展状态提出的发展项目。④政府官员的指令,或者政府规划的一部分。在这些发展事项产生中,社区专家及官员由于不在该社区居住,随意性较大,不可能随时发现社区的问题与需要,所以这种依靠专家和官员的方法不能经常使用。社区问题的发现与解决,需要更多依靠社区居民与社区干部。这就要求社区居民与干部要关心社区事务,了解自己的问题与需要,并使之变成社区发展的目标。同时也要求社区的问题以及需要能够被及时发现与解决。

11.3.2 制订发展计划

社区问题与需要为社区的发展提供了目标,如果发展目标复杂多样,就需要对这些目标进行有效的安排,确定发展的先后次序,而且需要运用有效的资源以及方法来实现这些目标,这是制订发展计划的重要程序。

发展计划主要包括这样几个步骤:首先是计划所需的资料,其次是计划内容的设定与组织及计划执行人员的安排等。这种计划原则上应该让全社区居民能够了解并参与制订,但实际上计划内容的文稿可以委托社区议事会的委员或者社区干部起草,最有效的计划方案应该周密、合理并且实际可行。此外，计划的执行及效果应该以最小的付出、最大的收效为重要原则。计划的重点是如何将发展的事务、人力与物力之间进行有效的资源配置，使计划目标实现的同时，也保证参与执行计划的人员能胜任工作，并投入最小，产出最大。

11.3.3 计划的实施

计划实施就是发展方案在实际工作中的执行过程。一般来说，计划方案实施后马上见到遇见效果。但若发现计划不当或存在偏差时，应当立即提出，停止项目进程并进行研究讨论。

作为社区的居民，一方面要积极参与、推动计划的实施，另一方面也可以推荐适合的人才来推动发展计划，更重要的是那些处于推动发展的工作人员，不能违背民众的意愿；处于参与者位置上的居民一方面需要协助他人完成计划，另一方面同时可以监督计划的执行不偏离自身的需要。

11.3.4 反馈：检讨工作得失

在社区发展过程中，需要在各类主体之间建立定期或者不定期的反馈考核机制。反馈考核机制主要包括发展目标是否实现、使用的方法是否得当、费用的花费是否合理等。经常地检讨考评会帮助实施者将误差降到最小，并及时发现误差进而进行有效的纠正。考评、反馈除了避免不必要的误差之外，也会为进一步制订新的计划提供参考。

本章小结

1. 社区发展是社区动态发展的变化过程，是一种有计划的社会变迁，能有效避免因自然的社区变迁可能引发的一系列问题。社区发展具有广义、狭义两个层面的内容。社区发展一方面可以从一般性的社会学观点出发，从社区的角度去谈论社会现象；另一方面，社区发展可以等同于基层"社区建设"，从我国社会发展实际情况看，社区建设基本内容应该包含"改善社区生态条件，提高社区生活质量""创造就业机会，提高社会保障程度""培育和谐亲善的人际关系，构筑健康的精神家园""强化社区成员的参与意识与参与行为"四个方面。

2. 社区发展有其自身的规律，为使社区发展更加符合以人为本的原则，在进行社区发展和建设时应该遵循民主过程原则、解决问题的原则、教育方法原则、自下而上原则、全体参与原则、合作途径原则、物质与精神发展并重原则。

3. 根据社区发展原则，社区发展程序应该是自下而上且由全民合作的民主过程，这一过程应包括发现社区问题与需要、制订发展计划、实施计划、检讨工作得失四个基本程序。

思考题

1. 简述社区发展的广义与狭义内容。
2. 请从基层"社区建设"角度阐述社区发展的概念与内涵。
3. 简述社区发展过程中应注意的原则。
4. 请结合具体案例分析社区发展的基本程序。

 典型案例

锦华社区:协商议事架起"连心桥",居民自治谱写新篇章

"请大家举手表决……"在明潭府公园湖边,在一场气氛融洽的议事会上锦华吕剧队有了新名称。为积极推进"四邻"责任社区创建,抓好社区自治队伍建设,培育社区自组织,锦华社区积极开展民主议事会,居民的事由居民定,架起服务居民的"连心桥"。

通过前期走访调研发现,目前吕剧队伍管理相对松散,无明确的规章制度,针对这一情况,锦华社区组织开展了"锦华社区文艺自组织(吕剧)筹备会"。

在微风习习的明潭府公园湖边,吕剧队的成员以及对吕剧有浓厚兴趣的爱好者们齐聚一堂。为增强团队凝聚力,社区工作人员特意安排了"忆往昔,展未来"环节。由工作人员带领大家一起回忆吕剧队的发展历程。吕剧队骨干李师傅说:"回响当初大家聚在一起,买乐器,找地点,大家齐心协力为了同一件事忙活,很充实,吕剧队走到现在不容易。""大家都是吕剧爱好者,经常会为了一首都喜欢的曲子,排练很久"……你一言我一语,每个人的经历不同,回忆也不同。最后大家纷纷感叹,"吕剧队发展到今天不容易,我们要把它传承下去"。随后大家开始分组给队伍起名。"锦华吕剧过把瘾演唱队""锦华自娱自乐吕剧演唱队""锦华吕剧戏迷演唱队""锦华夕阳红吕剧团""锦华老来乐吕剧队""锦华绽放才艺吕剧团"等名称纷纷出炉,通过投票表决,最终"锦华吕剧戏迷演唱队"以高票居榜首,正式成为锦华吕剧队新队名。之后,大家又一起商定了"锦华吕剧戏迷演唱队"的规章制度。

通过自组织议事活动,在社区中形成了畅所欲言、各抒己见,又理性有度的良好协商氛围;启发居民参与社区治理,凝心聚力,为社区建设贡献自己的一分力量。社区绘愿景,居民参与,才能谱新篇。

问题

1. 请结合本案例,谈一谈你对社区发展的理解。
2. 案例中体现了社区发展中的哪些原则?

第12章 社区管理发展新趋势

学习目标

通过三个案例,了解案例中值得全国借鉴与推广的经验,掌握当下我国社区管理发展的新趋势,掌握新趋势给社区管理发展带来的意义。

关键概念

智慧社区　跨区域协同治理　业主委员会自治

12.1 居民自治视角下自治型社区的新发展

中国共产党第十七次全国代表大会首次将基层群众自治纳入我国的基本政治制度的范畴。十九大报告中提出要打造共建共治共享的社会治理格局。要推动社会治理重心向基层下移,发挥社会组织作用,实现政府治理和社会调节、居民自治良性互动,业委会是居民自治的重要形式。然而,居民参与社区基层治理,仍存在"业委会工作监管难""组建容易罢免难"等现实阻碍。因此,完善政策法规和监管体系,让业委会真正为业主发声,并成为业主参与社区自治的有效途径,愈发显得必要和迫切。本节将结合杭州星洲花园小区罢免业主委员会的案例,在居民自治的视角之下来阐述当前社区自治的新发展。

12.1.1 居民自治的含义

居民自治是指社区居民在社区内实行民主选举、民主决策、民主管理、民主监督,实现社区居民自我管理、自我教育、自我服务,按照社区居民"自己管理自己的事情""大家的事情大家办"的原则,通过民主协商的方式,共同解决社区内公共事务和公益事业方面的问题,共同创造美好幸福生活。居民自治是城市基层管理中很重要的环节。可以说,只有居民主动参与并管理好自己的事情,作为城市管理重要平台的社区才有可能在全面建设小康社会的过程中,发挥出应有的作用。

当前我国社区居民自治机构主要有两个:居民委员会和业主委员会。其中居民委员会在法律的保障下成为城市社区居民自我管理和自我服务、充分实现居民自治的法定主体。近年来,伴随着商业开发的楼盘小区越来越多,社区辖区范围越来越大,在当地政府主管部门的指导下成立业主委员会成为城市建设的重要一环,甚至部分城市将该地业主委员会的覆盖面纳入本地城市考核标准中,业主委员会成为近些年来居民自治的新兴主体。

12.1.2 居民自治的特点

我国的基层治理正沿着共治共享的方向发展,具体来看,我国居民自治呈现出以下特点:

(1)全体性。全体性是指居住在社区里面的居民,都要参与到居民自治当中。居民自治面向的是全体的居民,因此具有全体性。

(2)开放性。开放性是指除了生活在社区的居民,包括生活在社区的各级组织、各类组织,即驻社区的单位。

(3)非经济性。非经济性是我们国家,特别是城市社区的一个特点,它不具有经济性的功能。最初并不是在城市产生社区,而是在农村产生社区。农村产生社区的主要特点就是经济性。后来我国开始进行社区建设,首先是从城市进行。因为在城市中,不具备有农村的土地。因此,在进行社区建设时,需要以建设社区服务为基础,基本上是不包含经济性的。

12.1.3 居民自治的意义

在完善城市社区机构设置的基础上,鼓励社区居民通过居民委员会和业主委员会参与社区自治。城市居民参与社区自治的意义主要包括以下几个方面。

1. 有利于保障人民当家做主

在我国,人民是国家的主人,具体到社区,居民是社区的主人。社区居民有了自治权,居民就可以行使自己做主人的权利,自己组织的负责人自己选,自己的事务自己讨论、决策和执行,自己的事情自己管理,每个居民对社区、对组织内部的事务可以实施监督。总之,居民有了自治权,就在真正意义上实现了人民当家做主。

2. 有利于居民素质的提高和全面发展

居民有了自治权,可以在行使自治实践活动的过程中,使自治意识得到强化、自治能力得到提高、自治的习惯得以养成。通过民主选举,不仅可以选出自己满意的负责人,而且可以在选举实践中理解选举的实质,更好地参与选举;通过民主决策,可以使决策结果有利于体现自己的权益,同时提高表达自身权益的能力和与他人协商共事的能力;通过民主管理,可以提高居民的规则意识,养成按制度办事的习惯;通过民主监督,能够有效地提高居民的自我约束和自我监督能力。

3. 有利于改善社区管理

居民拥有了自治权,就成为社区管理的主体,而不是被动管理的对象,就可以更好地参与管理,发挥在社区管理中的重要作用。有居民参与的管理,有利于社区工作更好地开展,有利于决策的科学性、合理性,避免了盲目性,有利于政策的贯彻实施并取得实效。

4. 有利于社区共同体的真正形成

社区是聚居在一定地域上的人们所组成的社会生活共同体。社区居民委员会以及社区各种社会组织是共同体的表现形式。但真正共同体的形成,需要共同体的成员相认、相知、相识、相互帮助。居民拥有了自治权,在行使自治权的过程中,大家可以加强交往和交流,在交流中达到彼此认识,进而达到相知、相识的目的,在社区成员需要帮助的时候相互给予帮助,从而形成真正的生活、利益共同体。

5. 有利于政府与社区履行各自的职能与任务

居民拥有了自治权,社区工作遇到困难,可以利用社区内部资源和力量予以解决,政府只是在政策规划、资源提供、放行把握、方法指导上提供支持。政府管的事情少了,就可以有更多的时间和精力从事宏观、中观层面事务的管理,从而形成政府行政管理与居民自我管理的良性互动和有效衔接。

12.1.4 业主委员会与居民自治的困境

业主委员会是指经业主代表大会选举产生的,代表业主利益,维护业主合法权益的组织。业主委员会由业主大会从全体业主中选举产生,对业主大会负责,受业主大会和广大业主的监督。作为一种新型的社会组织,业委会的兴起给中国城市基层社会的治理带来了重大机遇和挑战。当前有关于社区居民与业主委员会的互动,主要集中在两个方面:狭义上的"自治"与"维权"。

在我国当前现实制约下,通过业主委员会组织城市社区居民进行自治活动表现出以下困境。

1. 业主委员会成立限制多,成立过程较为曲折

有关统计数据显示:全国大多数城市业委会成立比例不超过30%。当前部分地市发布了相关的物业管理办法,针对成立业主委员会(包括首次业主大会)进行了规定,见表12-1。

表 12 – 1 业主委员会相关规定

地区	相关规定
武汉	专有部分交付使用的建筑面积达到建筑物总面积百分之五十以上;首次交付使用专有部分之日起满两年且交付使用的专有部分建筑面积达到建筑物总面积百分之二十以上
上海	房屋出售并交付使用的建筑面积达到百分之五十以上;首套房屋出售并交付使用已满两年
南京	物业管理区域内房屋出售并交付使用的建筑面积达到百分之五十以上;物业管理区域内业主已入住户数的比例达到百分之五十以上
杭州	物业管理区域内房屋出售并交付使用的建筑面积达到建筑物总面积百分之六十以上;首套房屋出售并交付使用已满两年,且房屋出售并交付使用的建筑面积达到建筑物总面积百分之三十以上

新建小区的基础数据和房屋销售情况等只有开发商及前期物业公司掌握,业主本身并不掌握相关信息,这种信息不对称会成为业主申请成立业委会的障碍;另外,各地相关法规均要求开发商和物业公司及时向住建部门和街道办事处通报小区入住情况,在达到业委会组建条件后,由政府有关部门、社区基层组织和物业公司等动员和召集业主筹备相关事宜。但现实中却会发生开发商和物业公司隐瞒不报或故意拖延的情况。因此,不少住宅小区业委会的成立,是由业主维权而起的。从现实来看,中小型房企和资质较低的物业企业则相对比较消极。

2. 业主委员会决策困难

业委会组建之后,特别是进入常规自治阶段后,其主要工作就是同物业公司进行合作与监督,开展小区物业管理。我国《物业管理条例》第11条规定"制定和修改业主大会议事规则;制

定和修改管理规约;选举业主委员会或者更换业主委员会成员;选聘和解聘物业服务企业;筹集和使用专项维修资金;改建、重建建筑物及其附属设施;有关共有和共同管理权利的其他重大事项"七类必须由全体业主决策的事项。业主进行自治遇到的首要问题是业主大会召开难,大型决策效率低下。按照规定,业主大会需要全体业主参加,但数千个业主全部参与决策显然并不现实。业主大会可以采用集体讨论和书面征求意见的形式。实际上,集体讨论在实践中也很难,业主大会基本都是采取书面形式召开的。《物业管理条例》采取"多数决"要求,而且是人数与产权面积的"双多数"。比如,对于重大事项,《条例》要求"经专有部分占建筑物总面积2/3以上的业主且占总人数2/3以上的业主同意",对于其他事项,则需要满足"双过半"的要求。这项要求在实践中造成决策成本过高。组织召开一次业主大会,费时费力。

3. 业委会对业主缺乏约束力

《物业管理条例》规定,"业主大会或者业主委员会的决定,对业主具有约束力"。同时,"业委会有监督管理规约实施"的职责。管理规约在某种意义上是小区业主自治的"总章",业主也有遵守管理规约、执行业主大会的决定和业主大会授权业主委员会做出的决定的法定义务。然而,现实情况是,业委会面对数量众多且分散的业主实际上几乎没有强制性的约束力。业委会既无行政执法权这样正式的权力,也没有有效的非正式治理手段,比如通过公开通报表扬或批评业主的某些行为,往往遭到业主"侵犯隐私"的质疑与抵制,若改为匿名化处理又使其效果大打折扣。面对物业公司最容易遇到的经营困难——业主拒缴物业费,业委会实际上也很难采取有效措施。

业主自治制度作为房地产市场发展的产物,在我国内地城市落地已近三十年,但至今仍未行之有效地融入城市居民的日常生活中。化解业主自治面临的困境,除了提高业主的自我合作能力和创新业主自治实现形式外,还应该寻求政府和基层社区组织的力量。通过业主自治与社区居民自治的良性协作,充分发挥业主委员会在业主"自治"与"维权"领域的功能。

12.1.5 典型案例:杭州市西湖区星洲花园小区第四届业主委员会罢免事件

1. 罢免业主委员会,杭州市民社区自治初现

星洲花园小区位于杭州市西湖区古墩路,归属文新街道办事处行政管辖,占地面积200余亩,建筑面积达22余万平方米,居民1668户,属于大规模高级住宅小区。该小区住宅主要分为南北两个区域,因建筑风格颇具新加坡特色而得名。星洲花园一度是杭州城内的抢手楼盘,于2001年正式交房。小区的大门口树立了新加坡鱼尾狮的雕像,曾经因雕像可以喷水而成为楼盘的一大卖点。小区环境优美,景色宜人,2001年曾获得"全国人居经典综合大奖",1月21日,一场特殊的业主大会,在杭州西湖区星洲花园小区举行,议题只有一个:罢免小区业主委员会。

业主委员会是指经业主大会选举产生并经房地产行政主管部门登记,在物业管理区域内代表全体业主实施自治管理的组织。一般而言,一个物业管理区域只设一个业主委员会。按照中华人民共和国住房和城乡建设部于2009年制定并发布的《业主大会和业主委员会指导规则》第31条规定:"业主委员会由业主大会会议选举产生,由5至11人单数组成。业主委员会委员应当是物业管理区域内的业主",第32条规定,"业主委员会委员实行任期制,每届任期不超过5年,可连选连任"。

"超过半数业主投了赞成票!"业主谢某松了一口气。至此,还有一年才合同期满的"星洲花园第四届业委会"成为杭州为数不多在任期内被罢免的业委会之一。为了这个结果,谢某和邻居们已奔波了7个多月。

17年过去,"经典"变成"抱怨",业主们发现小区环境卫生每况愈下,道路杂草丛生,机动车经常占道,监控设备几近瘫痪……"小区管得这么差,业委会难辞其咎。"业主徐某认为。

业主与业委会矛盾激化的顶峰,是一笔135万元的物业维修费用。

一份小区公告显示,2016年7月,星洲花园业委会斥资135万元改造小区消防设施。但多名业主提出质疑:动用资金之前业委会未召开业主大会,多数业主不知情,施工单位也未按小区议事规则招标。且时任业委会选定的施工方不具备消防工程专项施工资质,使得前期预付的40.5万元的工程款打了水漂。

业委会掌握了小区的"钱袋子",谁来监督?杭州市物业维修资金管理中心综合科科长凌某表示,对于物业维修基金提取,管理中心主要审核相关材料是否齐全,"业主签名的真实性主要靠业委会去监督,如果业委会造假,是难以鉴别的"。

在创建和谐社会的今天,以倡导社区和谐来促进社会和谐已经成为共识,但是杭州星洲花园小区业主委员会的行为却是阻碍社区和谐发展的实例。业委会就是架在物业与业主中间的桥梁与纽带,传递居民要求,给出管理方案,理应积极配合并监督物业工作。倘若业委会不称职,小区管理就可能一团糟。业主委员会所做的工作,不应该仅仅围绕着为业主维权和如何让物业为业主们服务的范围,更应该考虑该如何与物业合作共同促进小区的进步。

此后,谢某和徐某等业主表示,因为资金问题多次与业委会沟通,皆未得到满意答复,小区公共收支变成了"糊涂账"。为了让全体业主都能成为小区"钱袋子"的监督者,维护自身的权益,业主们开始酝酿一个大胆的想法:罢免业委会,重新选举。但是"罢免"之路,困难重重。

最初,业主们求助街道干预,但被明确拒绝。"业委会是居民自治组织,街道不能强行更换。"西湖区文新街道物业办单某表示,业主只能通过召开业主大会来更换业委会。

根据《物权法》《杭州市物业管理条例》规定,只要"双过半"(专有部分占建筑总面积过半数的业主且占总人数过半数)业主同意,业主大会就可终止或更换业委会成员。但召开业主大会需20%以上业主签名同意,再申报业委会筹备,且20%业主的身份有效性和真实性,应由业委会审核。

星洲花园的业主们没有气馁。2017年6月24日,业主代表发动宣传,挨家挨户上门登记。一个月后,497户业主签名的"罢免业委会"诉求被递交给星洲花园业委会。不出意外,遭到了拒绝。

"业主大会必须由业委会召集,意味着让业委会罢免自己,这是不可能的任务。"谢某说。无奈之下,他们再次向星洲社区求助。在社区干预下,业委会表示,"罢免业委会,只要流程合法就行"。

又一个月过去了,业委会以"497户业主签名中仅23户符合业主条件,未到20%"为由,再次拒绝召开业主大会。

在文新街道的协调下,直到2017年10月16日,街道确认370户业主身份,符合"20%业主签名"条件,要求业委会于10月18日前针对是否召开业主大会进行书面回复。但直到2017年10月19日,业委会仍未回复。依据《杭州市物业管理条例》,星洲社区决定指导星洲花园小区召开业主大会,并张贴公告,组建"星洲花园临时业主大会筹备工作组"。

"种种流程都绕不开业委会。"单某说,街道和社区多次给业委会发出指导函,但都没有回音。为保证广大业主权益,街道和社区才决定指导。

2017年11月14日,星洲花园临时业主大会筹备工作组成立,谢炯和徐革都成了工作组成员。

就在双方僵持的数个月内,一场自证合法性的"公告大战"在小区上演。业委会拒绝认同街道的指导意见,也不认可星洲花园临时业主大会筹备工作组的合法性,拒不配合各项工作进展。2017年9月起,业委会持续给小区业主发起了"福利",200元超市卡、60岁以上老人免费秋游、"分红"300元……但业主们对突如其来的"慷慨"并不买账,"公共资金应该花在刀刃上,不该发到个人手里。"一些业主向街道投诉。

文新街道介入调查后,以"流程不合规"等原因,撤销了业委会相关发放"福利"的决定,并发布公告,强调"临时业主大会"及"工作组"的工作符合物权法规定的要求。

2018年1月21日,在街道和社区的监督下,星洲花园终于召开了临时业主大会,最终以928票赞成,满足"双过半"要求,通过了罢免星洲花园第四届业委会的决议。

2. 充分实现居民自治,星洲花园小区管理有效

罢免业委会只是第一步。为了维护小区秩序,业主们还是需要齐心协力迈出第二步,甚至更多步。罢免业委会让更多居民业主有了自治意识,产生了维权意识及凝聚力,为后续合作奠定基础。

过去,因为业主、业委会、物业闹得不可开交,小区的日常更新维护全部被搁置。如今,因为钱花得明白,星洲花园搁置多年的小区中心花园改造、门禁工程、道路、小区监控等设施的改造都已陆续起步。连小区物业费的缴纳比例也逐步提升。据统计,星洲花园小区的业主物业费缴纳比例从最低70%已提升至如今的95%以上。

"业主和业委会、物业的关系,就如同储户和理财机构的关系。"浙江大学人文学院社会学系副主任、教授冯钢表示:"储户将钱放进理财账户后,不会每天去查账,是基于对理财机构的信任。可这种信任一旦被打破,就会造成信誉的崩塌,短时间内难以弥补。"

冯钢认为,其中最关键的部分是监督:"公开账单,不足以解决监督的问题。杭州建立'物业经营性收支信息平台',并实施一系列措施,以政府之手构筑监督体系,对小区治理而言是一次有益的尝试。"

在《杭州市物业经营性收支信息公示试点工作方案》出台后,试点小区被要求资金存放于独立银行账户,并与"物业经营性收支信息平台"建立信息共享。由此,账户里的每笔资金进出,都能与上传的"账单"对应,这给小区物业经营性收益的监管加了一道保险。

此外,《业主委员会相关工作制度(试行)》明确,原则上物业经营收益的50%以上应当用于物业公共部位、共用设备的维修、更新、改造或者补充物业专项维修资金。这就最大程度限制了业委会或物业直接向业主发钱,从而影响小区后续运行等问题。

"现在花钱有人监督,我们业委会也能放开手脚做事了。"现任星洲花园业委会主任谢某表示。

此外,为提升居民业主自治积极性及增强社区事务公开透明性,杭州还计划对"物业经营性收支信息平台"进行更多功能上的提升。

比如,"物业经营性收支信息平台"计划开发建设业主投票系统。过去,小区召开业主大会或重大事项投票,需要社区、业委会一户接一户"跑楼",找业主签字,核验业主身份,字签完后还要人工计票。有了公共平台,业主可通过人脸识别验证身份,直接在网络上投票,由系统后台自动计票,省时省力。

再比如,目前,物业维修基金由政府统一监管,然而具体到小区的每幢楼、每户人家究竟有多少物业维修基金,居民们查询很不方便。杭州正在进行相关数据整理工作,不久后,业主就可通过公共信息平台,直接查询自家维修资金的数额和使用情况,让大家心中更加有数。

通过杭州市星洲花园小区的案例,业主委员会在社区治理格局中的应然角色究竟应该如何定位?业主委员会的权力应当如何进行有效制约和监督?社区的议事规则是否可以进一步完善和发展?政府部门、街道办事处、社区居委会这些组织机构又应当以何种方式进行"指导"和"协助",才能实现对社区自治中存在问题的有效监督和问责?怎样合理界定基层社会治理格局中不同主体的职能边界,推进社会治理创新?星洲花园的罢免事件尽管已经告一段落,但它依然将引发我们更多、更深、更远的思考。

问题:
1. 星洲花园小区第四届业主委员会在履行职责方面存在哪些问题?
2. 业主们从有罢免意愿直到罢免表决通过,花费了7个多月的时间,且经历甚为曲折,是哪些原因导致了罢免实现的过程如此漫长?
3. 从星洲花园小区业主委员会的演变来看,业主委员会应当如何建设和发展?

12.2 党建引领的多方参与和协同治理的社区管理新格局

在中国长久以来的社区建设和发展过程中,政党在处理社区关系的过程中发挥着巨大的作用,因此党政之间的关系始终是社区内的关键问题。中国的社区党政关系经历了国家权力集中体系下的党政不分,再到政府职能明确后的党政分开,最后发展到如今的党政融合发展。社区党建和社区建设的有机融合,不仅有效完成了社区力量的整合,保证了共产党在基层执政的合理性与合法性,同时基层党建的组织性也使政府在社区治理和资源配置当中的力量得以整合,并形成合力,从而使治理更加具有针对性和有效性。可以说,基层党建和社区建设的有机结合,是中国政治建设和政治发展的新增长点。

党的十九届四中全会提出,要坚持和完善共建共治共享的社会治理制度,保持社会稳定,维护国家安全。我们要坚决按照这一要求,不断改革创新、与时俱进,进一步开创新时代社会治理新局面。完善党委领导、政府负责、民主协商、社会协同、公众参与、法治保障、科技支撑的社会治理体系是实现共建共治共享社会治理格局的方向和路径。在当前创新基层社区管理、提升社区管理水平的总要求下,在坚持基层群众自治的基础上,由党建引领发展社区协商治理成为新趋势。

12.2.1 社区协商的概念

党的领导是我国的政治特点,也是中国特色社会主义的本质特征。中国特色社会主义国家性质和中国共产党的性质决定了国家的领导核心是中国共产党。党对国家的领导,不仅仅体现在对国家发展方向上的政治领导、思想领导和组织领导,还体现在对社会发展方向上的调动社会力量、提升社会治理能力、平衡社会利益的理念领导、方法领导、制度领导。可以说,"东西南北中,党领导一切"。

在城市社区协商治理过程中,根据中国社会发展的客观要求及已有的社会治理历史经验,要从政治、经济、文化、社会、生态等方面着手,构建社会治理体系现代化,提升党和国家的社会治理能力。改革开放40多年来,党在社会治理方面也积累了丰富的经验,从单位制到街居制再到社区制的社会治理模式,是党根据社会发展形势变化适时做出的调整。从推进基层党组织建设,提升基层党组织地位到推动党组织发挥战斗堡垒作用,到对基层党建引领基层治理,党和国家通过基层党建来推动共建共治共享社会治理新格局的形成。

社区解决的是政府与市场失灵的问题,是个人与国家的重要补充,是克服集体行动困境的有效组织方案。社区有时候能做到政府和市场不能做到的事情,因为社区成员拥有关于其他成员行为、能力和需求的重要信息。城市社区协商治理作为社区治理的方式之一,一经提出就受到了社会的认可,它以应对多元的社会利益分化和构建共建共治共享的新时代社会治理格局为目标。

我们对社区协商治理的定义可以从两方面进行。一方面是制度安排上的社区协商。自2015年,党中央及相关部委便引发和出台了诸多对于关于推进社区协商治理的方针和要求。都从具体操作方式上和逐层落实上对社区协商的内涵和方法进行了说明。但是,如何以制度破解社区公共性难题并统合多元价值观和整合阶层利益差异,从而最终达到整个社会的"善治",这是城市社区协商实践必须面临的重大考验。因此,在制度安排上,社区范围内协商不仅是涉及分配和统合社区资源的权力机构,如基层党建部门和居委会等,同时也是将多元化的群众自组织和社会组织纳入进来,以制度定义下的社区协商完成社区资源的自上而下的再分配过程。另一方面是治理理念上的社区协商。在我国现有的政治框架下,"协商民主"的基本逻辑仍然是服务于基层社会治理的。因此,从政策理念来讲,"人民当家作主"仍然是社区范围内协商的理念基点,也是社区多主体合作的中轴。以社区居民为本的基层民主理念,是提升基层民主动力的实践形态,也是创造治理的最终实名。从发展的角度来讲,协商民主既外生于社会经济发展,也内生地嵌入到社区发展当中。一是社会经济的发展创造了介入到社区利益当中的诸多社会主体,社区的公共性要求这些主体抛开市场竞争的姿态,以协商合作的形式为社区公共性服务;二是个体在社区中的利益表达需要依托于集体性的政治活动,因此社区内外的参与理念便统一于协商民主当中,并形成一个相互促进的态势。中国协商民主最为突出的表现特征,就是以民主的发展促进民生问题的解决并在这一过程中不断提升民主的品质。现代社区已经不仅仅是公共权力在基层的延展空间,它更是担当着政治定位、公共管理和文化营造等多种功能的居民生活共同体。因此作为一种社区治理理念的社区协商,是在提高居民社区参与意识、社区参与效果,提高社区治理主体公共意识的基础上,改变社区治理单一性、单向性的体系来架构,从而使社区治理向多元化、多向度和扁平化的服务型组织机制靠拢的一种治理理念和价值。

12.2.2 社区协商治理的内涵

当前国家经济、信息和社会系统的快速运转对社区和社区权力的张力提出了更高的要求。新中国成立后,协商民主一直在国家层面的政治体制中延续着。随着中共十八大将协商民主从基层民主形式上升为一种国家制度构成以后,协商的实践也从国家的层面逐渐朝向社会层面落地。协商的主体也从政党之间、政府与社会之间、国家与公民之间的"政治协商"扩展到国家与社会之间、社会团体之间和个人之间的"社会协商"。中国的社区协商治理是在中国传统的"以和为贵""和合之道"的传统文化价值的基础上,在基层党委、基层政府组织的领导下,各个社区行政部门和驻区单位可以为各方广泛参与的社区协商共治搭建起面向全体大众的协商平台。总的来说,社区协商是由党建为引领,实现各个主体在协商平台上的自由对话,鼓励各社区自治主体参与和回归到居民自治上来。

综上,社区协商管理是指在中国共产党的领导下,以广大人民群众为协商参与的必然主体,通过具有法律法规保障的协商民主的具体形式,以完成社区治理的各项工作,从而实现公共利益、集体利益和个人利益共同发展的基本目标的社区治理模式。

12.2.3 协商治理机制的基本架构

协商作为一种促进社区多方交流、共融共通的治理手段,在保证社区治理有序有效进行的基础上,也可以增进社区内部关系的有机结合,加强权力关系、制度关系、文化关系、情感关系等不同维度的关系场域之间的交流与融合,从而推动更加凝聚和富有向心力的社区共同体的建构。理解协商机制的问题,一方面需要明确的是社区协商的主体、主体的数量、各个主体是否处在同一个层级和层面上、各个主体之间的关系;另一方面需要明确社区协商的平台有哪些,在这些平台之上哪些协商主体可以发挥作用,这些平台之间的相互关系是什么。

协商治理机制的基本框架主要包含以下三个方面。

1) 社区协商的参与主体

在社会转型、社区共治的大背景下,社区公共空间呈现出主体日趋多元化的现象。我国的社区治理主体主要分为五大类:一是党组织。党组织主要指街镇一级的党委、党工委或者相对应的乡镇党委部门。近些年,随着我国社区党建向基层的不断延伸和发展,在社区层面的党组织建设也更加细化,主要包括社区居民区党支部、社区党总支、楼组党支部、党小组等。二是政府组织。在城市当中,社区内部的相关工作主要是由街道一级的办事处、各个职能部门以及下辖的社区居委会主要分管。三是社区自治组织。除城市街道的居委会和农村村委会两个基层群众性自治组织外,还有业主委员会、社区成员代表大会、社区议事会等。四是具有营利性质的物业公司。五是社区中介组织。

除了将社区治理的主体类型化之外,根据主体之间的关系以及各个主体所隶属的体系架构的不同,也可以将社区治理的主体划分为纵向的体制性主体和横向的自治性主体两种。从纵向来划分,城市社区协商议事的主体包括街道(镇)、社区党组织、社区居委会、居民;从横向来划分,社区协商议事的主体包括业主委员会、物业公司、社区驻区单位、社区社会组织等其他组织。社区协商议事体系的建构需要多方参与、协同创新。在当代社区中,不同主体之间的利益诉求不同。于是,在社区资源有限的情况下,多元利益如何平衡便成了社区协商的关键问题。

2) 社区协商的平台

协商的平台是整个社区协商过程的基础。完善的社区协商平台体系作为一种"交互"式的信息交流模式,不仅可以保证整个协商流程的效率,同时代表多种利益的协商主体和公民在开放的公共空间中,就公共事务和公益事业进行公开的意见表达、意见交换和讨论,以达成共识或形成决策,这也是在基层践行协商民主的重要方式。

3) 社区协商的流程

以"形成议题""产生决策"和"落实成果"为中心的社区协商过程,贯穿于以协商内容和协商流程为组成部分的社区协商过程之中。协商议题是协商议事活动的开端,选准议题对于顺应民意、提高协商议事实效有着至关重要的作用。协商议题并不能凭主观想象确定,而应该遵循一定的程序原则。在具体的形成过程中,首先,由居民区党组织、居委会组织安排人员定期对社区内各类协商与民意平台搜集的各类意见和建议进行收集归类整理,初步梳理出有价值的协商参考议题,并报请居委会研究审议;其次,居民区党组织、居委会组织相关人员对协商参考议题进行初审,视情进行调研核实,再行确认;最后,对于临时性、紧急性且居民区自身能够解决的议题,先行公示,报备后自主实施。对涉及面较大、自身难以解决的,上报街道自治办审核。当经过上述多个阶段,议题正式产生之后,便会经由适当的协商平台和部门对收集到的协商参考议题上报对口职能部门进行政策法规咨询,确保可操作性,重大议题可提请第三方专业机构进行评估论证。此外,街道党工委研究确定协商议题后,在相关区域进行公示,听取居民意见,涉及面广的重大议题,也会组织居民投票表决通过。

12.2.4 当前社区协商治理出现的问题

近年来,随着党和国家对城市社区协商治理的推进,城市社区协商治理不断向前发展,但是社区协商治理在当前社区治理中起到的作用不明显,很多情况下未解决社区实际问题,这些要素都影响着城市社区协商治理的继续推进。目前我国社区协商治理机制还存在如下的问题。

1. 协商治理推行不顺畅

协商民主的基础是广泛的政治参与。广泛动员协商议题的相关利益群体参与到决策过程中,通过论辩和审议达成相对共识。如果没有充分的政治参与,不能形成协商的足够群众数量,也就无法保证协商效果的民主化。社区协商治理作为一种治理资源嵌入到社区自治中。社区协商治理作为社会主义特色协商民主体系的一部分,在社区建设的基础上,由民政部主导推动,经过顶层制度设计和基层试点开展,城市社区协商治理在社区层面开展起来。尤其十九大报告中提出的"众人的事众人商量",不能仅仅作为一句口号,更应作为一种制度和机制在社区落地。但实际上社区协商的发展还是存在一定的问题和困境的,社区协商的适用性在实践中是存疑的,一些社区没有协商民主,甚至一些社区居民没有听说过协商治理。

2. 地方基层党组织制度建设不完善

"名不正则言不顺",机构设置合理才能政令畅通。协商民主制度化是十八大之后广泛落实的政治任务,但很多地方还处于初步探索或者经验总结时期,并未形成专门的机构和编制,主要领导也是由班子成员兼任,导致很多地方基层党组织不具备完善的协商治理制度。随着协商治理的全面推进,各地党组织需要改变这一面貌,充分发挥党领导这个核心,便于基层协商在党的领导下全面展开。

3. 党建引领的多元协商主体协同力不足

从主体结构来看,社区协商的主体涉及市场组织、社会组织以及公民个人。他们在社区协商中是平等的主体关系,针对社区公共事务进行协商,最终目的是实现社区公共利益最大化。但在实际的协商过程中,各社会主体间的利益分配不平衡,尤其是在社会组织与公民个人之间,利益矛盾较多。所以基层社区需要党组织加以引领,提升多元协商主体的协同力。

12.2.5 社区协商治理问题的解决路径

中国特色社会主义进入新时代,中国共产党领导的治国理政新理念、新思想、新战略指导新的实践。我国正在经历执政党领导的社会治理变革,并逐渐上升为国家制度和国家战略,成为中国国家治理的发展方向。因此,基层党组织要在协商治理中加强战略深度和执行力度,协商治理战略的学习和执行深度。破解党建领导下的社区协商治理难题,要从下面几个方面入手。

1. 以党建促协商,坚持"顶层设计"与"多层推进"相结合

对于党而言,将社会关注的议题导入国家权力的架构中予以回应和解决,是基层党组织的重要职能。这个引导者只能是党,也必须由党来承担。因此,在中国的协商治理实践经验中,有效发挥党的领导核心作用是重要前提。总结基层协商民主的发展历程和党的基层社会治理经验,应当以"党领导人民治理国家"的系统视角,从不同层级突出政党主导的作用。基层党组织推进协商治理,首先要深度领会中央决策层面对协商治理的顶层设计思路,具备战略力量;其次要自下而上推动地方各级党委进行制度建设,具备承接力量;最后要发挥战斗堡垒作用,扎实推进决策部署,具备攻坚力量。

2. 推动地方基层党组织制度建设,实现逐级联动

地方各级党组织在中央顶层设计的基础上,结合本地实际进行协商治理的实践操作,具有一定的地方创造性,因而各地的协商治理呈现出各有所长、百花齐放的格局。协商治理的不同模式不是从来就有的,而是从实践到理论、新的理论指导新的实践的过程中逐渐探索形成的。有效的治理模型——"三级联动机制",也就是建构起从社区(村)到街乡再到区县的逐层过滤结构。基层协商治理的范围主要是群众生产生活的场域,与群众切身利益相关的实际问题出现在社区(村),然而这一级别属于群众自治制度的范围,如果群众依靠自身力量无法协商解决,就需要上升到街道(乡镇)这一行政级别,而有些涉及资源和财政等重要权力的部门需要区县一级才能最终落实。因此,起码要保证这三级能够随时联动起来,由协商治理领导机构统一调配。

3. 构建城市社区协商治理新理念

城市社区协商治理为社区自治灌输一种协商治理的理念。基层群众自治是我国基本的政治制度,但是在实际的自治过程中,基层群众自治的技术和手段尚待提高。在中国现有的管理体制下,高度的行政化尤其是社区的行政化,挤占了基层群众自治的发展空间,但是在党和国家的推动下基层群众自治制度依然有发展的余地。良好的社会治理应该是在政府管理与公民参与之间保持平衡,因此在保持行政管理高度的同时要注重对公民政治参与的鼓励。没有公民的政治参与,上行下效的行政管理体制会产生退化和权力的腐败。因此,协商治理为基层群众自治提供了一种思维定式:遇到问题先协商。有了这样的思维定式,基层治理中的利益矛盾不再会突然爆发、非理性爆发,而是将公开讨论嵌入到基层群众自治的机制中,为基层自治灌输一种协商治理的理念。

12.2.6 典型案例:上海市普陀区"同心家园"项目建设

上海市是我国最早进行社区管理体制改革的城市之一。在上海老城区普陀区,其内部社区以老式公房类社区居多,人员结构中老年人比例较大,社区基础设施较为陈旧,因此社区管理的方式多以党政领导下的制度"权力集中型"的管理体系为主,如该区的甘泉路街道等;也存在以新建商品住房为主,社区内部和周边公共设施齐全、服务丰富,人员构成以中青年组成的核心家庭为主,因此在管理机制上更偏向于一种聚集社区多元主体力量共同参与的"权力复合型"体系为主。

位于朝阳新村街道梅岭南路的五星公寓,是20世纪90年代的老商品房,随着群众生活水平的提高,小区内车辆越来越多,目前已有200多辆车,但停车位只有80多个,供求的悬殊差距让小区天天都上演抢车位大战。除此之外,车主见缝插针的乱停车,有的把车子停在消防通道上,有的堵住别人的出路,甚至有人买来地桩锁,每天离开时把车位锁住。日益激烈的停车矛盾摆在了居民区党总支书记邵某的桌面上,在"同心家园"建设的大环境下,邵某召集小区业主委员会、物业和业主代表商议,最终决定借着小区六小工程建设的契机,重新规划、整理小区的地面停车位,规划后的车位增加了100个。同时,五星公寓居委会联手业委会、物业和社区民警制定了一套新的三级停车方案,将车位划分为车棚车位、相对固定车位和临时车位三级,其中最好的是车棚车位,停车费也最高,这样精细化的分级管理不仅错开了小区车主的停车时锋,还为小区增加了一笔停车费。业委会将所得的停车费充入小区大维修基金账户,落入每个居民户头,保证每个业主的利益。

2015年4月8日晚上八点,"周六开心故事屋报名开始啦"。未来街道"80后"妈妈的手机微信群里弹出了这条消息,她们马上高兴地回复,第一时间通过手机给自家孩子报名。2015年初,长征镇金沙雅苑未来街道的三位"80后"妈妈主动找上居委会党总书记黄某,希望能够在小区内建一个儿童故事班。从前,这些妈妈每个周末都会带着孩子去镇社区文化中心图书馆的故事班,在那里陪伴孩子看书听故事,和同龄的家长们交流育儿心得。但是镇馆场地要进行修整,故事班也停办了,妈妈和孩子们周末没有了去处。党总支书记黄某立马上报给镇政府,并与物业公司进行积极的协商,一个月后镇政府同意将原本社区活动中心的老年人的"九龄家园"调拨出来,把每周六上午9点半到11点半的这两个小时挪用给孩子们。

上述情况的转变,一切都源于上海市普陀区委、区政府打造的"同心家园"项目。

上海市普陀区的"同心家园"建设前后经过居民诉求问卷调查、制定体系和标准、提出完善举措、制定具体流程和运行机制四个阶段,完成了前期的社区治理协同参与机制建设。

首先是明确社区治理主体。在整个"同心家园"建设中,为了做好社区协商治理工作,就要明确社区治理主体,而治理的主体往往落在代表不同利益的多元话语主体之上,通常情况下是指居(村)委会、业主委员会和物业公司组成的"三驾马车"。

具体来看,普陀区以"居(村)委会""物业公司""业委会""社区党组织"为主体的基层权力机构是居民所主要了解的社区协商议事主体。根据"同心家园"项目的战略部署,普陀区着力建立以居民区党组织为引领、居(村)委会为主导、居民为主体,业委会、物业公司、驻区单位、群众团体、社会组织、群众活动团队等共同参与的居民区治理架构多元化的社区。从社区共治的角度上讲,普陀区社区协商议事主体的培育与发展打破了原有治理主体分布上"头重脚轻,身体失衡"的局面,逐步实现了从"一元"向"多元"过渡,使协商更具效率、治理更有效果。在充分发挥社区党组织的引领作用的同时,强化村(居)委会发展社区自治的取向,回归社区居民主体的角色定位,并注重驻区组织和多元力量的协同参与。

其次是社区的协商平台建设。协商平台的建设可以说是整个社区协商过程的基础。完善的社区协商平台体系作为一种"交互"式的信息交流模式,不仅可以保证整个协商流程的效率,同时代表多种利益的协商主体和公民在开放的公共空间中,就公共事务和公益事业进行公开的意见表达、意见交换和讨论,以达成共识或形成决策,这也是在基层践行协商民主的重要方式。在社区居民的观念中,社区内的"居民代表大会""协调会""听证会""评议会"构成了当前社区协商议事的主要平台。普陀区结合自身地域特点、治理基础和资源优势,将社区协商共治的关键定位在以"党委领导、政府主导、社会协同、公众参与、法治保障"为逻辑主线,以"同心家园"社区项目化建设为抓手,通过公众参与平台、协商议事平台、决策咨询平台、民主决策平台、资源整合平台、议事问政平台六大平台的建设,逐步探索形成了"知、议、询、决、行、督"的社区协商治理运作模式。

具体操作上,建立以基层党建为核心引领,以社区居委会为主导,不断完善原有的社区居民联席会议平台,建设好以社区听证会、协调会和评议会为主社区的"三会"制度。同时,社区协商共治模式需要组织基层政府及其派出机构、社区居委会、社区社会组织、社区市场主体和社区公民等社区治理主体以平等身份共同参与社区公共事务的治理,通过相互间的沟通、对话和协商,达成一致共识来解决共同关切问题的社区治理模式。以街道党工委为引领,建设适合主体异质性和功能分化的"去中心化"社区协商公示平台,在此基础上以协商议事带动社区力量的分化和异质的重整。除了传统的社区共治建设,"同心家园"社区协商议事机制建设还着重将政协引入到基层社区治理当中,以基层政协工作为牵引,建设贯穿社区内外的多重社区协商平台。同时,随着居民诉求的不断多样化、复杂化,以及居民参与公共事务的意愿不断增强,社区协商的平台逐步打破了空间以及单一性联系的壁垒。在社区网格化和信息化管理的背景下,社区协商议事平台也逐渐展现出了多元中心和多重联系的特点。"人大代表联络室或者党代表工作站""社区网络议事平台(微信、网页等)""驻区机构代表联席会议"等协商议事平台也发展迅速,丰富和发展了协商平台的内容和层次,共同为社区协商议事体系的建设奠定基础。以协商逐步代替传统的社区动员模式,促进协商的宣传,建构协商议题提出系统,使议题真正来自于民、反映民生。同时,治理决策的审议和实施保证了协商多元主体和社区居民的广泛知晓和广泛接受。它以系统性的协商流程为依据,接受多方社区力量和社区居民的监督。

最后是民主协商的流程。以"形成议题""产生决策"和"落实成果"为中心的社区协商过程,贯穿于以协商内容和协商流程为组成部分的社区协商过程之中。协商议题是协商议事活动的开端,选准议题对于顺应民意、提高协商议事实效有着至关重要的作用。协商议题并不能凭主观想象确定,而应该遵循一定的程序原则。

"同心家园"社区协商治理模式在"形成议题"的过程中对议题进行了分类。从层级维度上可以分为街镇协商议题和居民区协商议题;从时序维度上可以分为定期产生和临时产生。社区协商议题的来源渠道本着开放与效率相结合、民意与专业咨询相结合、现实与长远相结合,本着"居民事情居民定,社区事情居民议,居民事情居民办"的工作思路,统筹兼顾,采用自上而下、自下而上以及两者相结合的方式产生。具体的形成过程中,一是由居民区党组织、居委会组织安排人员定期对社区内各类协商与民意平台搜集的各类意见和建议,进行收集归类整理,初步梳理出有价值的协商参考议题,并报请居委会研究审议;二是居民区党组织、居委会组织相关人员对协商参考议题进行初审,视情进行调研核实,再行确认;三是对于临时性、紧急性且居民区自身能够解决的议题,先行公示,报备后自主实施。对涉及面较大、自身解决困难的,上报街道自治办审核。当经过上述多个阶段,议题正式产生之后,便会经由适当的协商平台和部门对收集到的协商参考议题上报对口职能部门进行政策法规咨询,确保可操作性,重大议题可提请第三方专业机构进行评估论证。总体上,"同心家园"系统性的社区协商议事流程和运作机制以"征集意见—形成议题—确定主体—讨论协商—形成意见—确定项目—责任分担—保障实施"为主线。按照此流程,社区共治协商议题和居民自治协商议题按照公平公正的原则分别进行,力求使协商的目标达到一致。

与此同时,在决策产生之后,依照此流程管理部门和实施单位秉持公开透明的原则,也可将决策实施中的问题和相关意见进行再次的协商审议。由此产生"自下而上"和"自上而下"相对应的决策形成与审议运作机制,充分保障了决策的合理性和决策形成过程的合法性。在产生协商议题、完成协商议事程序后,如何落实协商结果,事关协商议事工作的成效,也是衡量党委、政府社区治理能力和公信力,提高居民满意度的关键所在。在项目建设过程中,政府及有关部门既不能大包大揽,更不能放手不管,要善于发挥引导、支撑、服务和监督作用。在社区协商共治项目的落实上,普陀区贯彻落实街道办事处主导、政府职能部门协助、社会力量参与、居民监督实施的原则。在协商产生"项目建设工作领导小组"的基础上,充实专业力量,细化项目安排,进一步完善项目建设规划。在居民协商自治项目的落实上,坚持以居民小组自主实施为主导,以区、街道政府和社区管理部门给予政策、资金支持为引导的原则主线,实现自治项目中居民的自我管理、自我服务自我监督的目标。此外,针对协商议事过程中意见不统一、无法产生议事成果和决策的局面,普陀区也通过探索不同的行对方式,基本形成了以扩大议事主体范围、借助社区外部力量和暂停协商讨论等策略为主的应对方法。

随着社会转型和城市发展,社区治理遇到了前所未有的挑战。新旧住宅的混杂、不同群体的入住等现状使得社区在定位和发展方面存在差异性,住户的品质需求、业主的民主意识、不同群体的利益驱使等多种因素交杂在社区治理中,这使得传统单位制或行政制的治理体制已经远远无法满足社区发展的需要。各基层社区的发展是整个城市社会发展的重要基础,基层社会组织的发展不平衡、社区业委会构建运作的失灵、业主治理的主观能动性差异等等问题都摆在了探索新型社区治理模式之路的面前。社区主体对社区品质的需求、基层组织对辖区发展的需求、政府对社会稳定的需求,从长久治理和发展而言,这三者的需求应当具有一致性。

案例中的上海市普陀区"同心家园"建设项目,通过基层党组织引入到社区自治,凝聚辖区内多个社区开展共同治理,引入多机构部门、多方力量参与到社区治理,通过有法治保障的社会协同,探索统一、科学、常态、长效的治理标准和体系,实现横向和纵向的社区共治。这种基层党建引领,整合区域内多个社区共同治理,通过政府支撑搭建平台,协同社会力量,使包括政府职能单位、专业机构组织等在内的多方共同参与到社区治理的模式中,为社区治理提供了更有力的保障、更强大的力量、更广阔的发展途径。通过党建引领、社会协同和法治保障,让社区治理的科学性、专业性、合法性和高效性得到了实现保障,使自治与共治的结合成为可能。通过对这一成功案例和模式的研究,可以为基层民主党建与基层社区治理的良性互动提供借鉴,为社区多元治理、科学治理和长效治理的可行性提供启示。

问题:

1. 案例中有哪些主体参与到社区治理过程中来,这些主体又分别扮演着怎样的角色?

2. 你认为本案例中哪些经验值得在全国范围内推广,在推广过程中可能会遇到哪些问题?该怎样解决?

3. 试分析多元主体、协同治理的社区管理模式有何利弊。

12.3 "互联网+"背景下的新型智慧社区管理模式创新

党的十九大报告中指出：加强信息基础设施网络建设；推动新型工业化、信息化、城镇化、农业现代化同步发展；推动互联网、大数据、人工智能和实体经济深度融合；建设科技强国、质量强国、航天强国、网络强国、交通强国、数字中国、智慧社会；提高社会治理智能化水平；以供给侧结构性改革为主线，推动经济发展质量变革、效率变革、动力变革，提高全要素生产率等。要求。技术进步和融合发展成为数字经济新引擎。科学技术的发展，尤其是信息技术的进步日新月异，随着 ABCDHI，即人工智能（AI）、区块链（block）、云（cloud）、大数据（big data）、智慧家庭（smart home）、物联网（Iot）等技术的发展和进步，使得很多的设想成为可能。在此情况下，"互联网+"社区建设与管理成为社区管理的一个新的发展趋势，智慧社区建设应运而生。本节将结合沈阳市智慧社区建设，全面展示我国新时代智慧社区建设的现实状况。

12.3.1 智慧社区的概念

智慧社区是社区管理的一种新概念，是新时代、新形势下社会管理创新的一种新模式。智慧社区是指充分利用物联网、云计算、移动互联网等新一代信息技术的集成应用，为社区居民提供一个安全、舒适、便利的现代化、智慧化生活环境，从而形成基于信息化、智能化社会管理与服务的一种新的管理形态的社区。

城市是人类文明发展的产物，社区是城市最基本的组成部分，社区作为城市居民生存和发展的载体，其智慧化是城市智慧水平的集中体现。智慧社区从功能上讲，是以社区居民为服务核心，为居民提供安全、高效、便捷的智慧化服务，全面满足居民的生存和发展需要。智慧社区由高度发达的"邻里中心"服务、高级别的安防保障以及智能的社区控制构成。

智慧社区充分借助互联网、物联网技术，涉及智能楼宇、智能家居、路网监控、智能医院、城市生命线管理、食品药品管理、票证管理、家庭护理、个人健康与数字生活等诸多领域，把握新一轮科技创新革命和信息产业浪潮的重大机遇，充分发挥信息通信（ICT）产业发达、RFID 相关技术领先、电信业务及信息化基础设施优良等优势，通过建设 ICT 基础设施、认证、安全等平台和示范工程，加快产业关键技术攻关，构建社区发展的智慧环境，形成基于海量信息和智能过滤处理的新的生活、产业发展、社会管理等模式，面向未来构建全新的社区形态。

综上所述，"智慧社区"实际上是将"智慧城市"的概念引入了社区，以社区群众的幸福感为出发点，以通过打造智慧社区为社区百姓提供便利，从而加快和谐社区建设，推动区域社会进步。基于物联网、云计算等高新技术的"智慧社区"是"智慧城市"的一个子系统，它是一个以人为本的智能管理系统，使人们的工作和生活更加便捷、舒适、高效。

12.3.2 智慧社区的内涵

智慧社区以"互联网+"为创新引擎，旨在提升城市社区"惠民、兴业、善政"的功能作用。通过线上线下相结合的方式，确保社区居民足不出区就可以完成各项事务的办理，使得社区居民对本地的社区管理的认同感和获得感不断提高。整个智慧社区建设的内容主要包括以下几个方面。

1. 智慧物业管理

这一部分主要是针对智慧化社区的特点，集成物业管理而形成的相关系统，如停车场管理、闭路监控管理、门禁系统、智能消费、电梯管理、保安巡逻、远程抄表、自动喷淋等相关社区物业的智能化管理，实现社区各独立应用子系统的融合，进行集中运营管理。

2. 电子商务服务

社区电子商务服务是指在社区内的商业贸易活动中，实现消费者的网上购物、商户之间的网上交易和在线电子支付以及各种商务活动、交易活动、金融活动和相关的综合服务活动，区居民无须出门即可无阻碍地完成绝大部分生活必需品的采购。

3. 智慧养老服务

现在老人居住的环境有两种最常见，一是住在家里，另外就是住在养老院。针对这两种情况，分别提出智慧养老的方案，其最终宗旨是使老人有安全保障、子女可以放心工作、政府方便管理。家庭"智慧养老"实际上就是利用物联网技术，通过各类传感器，使老人的日常生活处于远程监控状态。

4. 智慧家居

智慧家居是以住宅为平台，兼备建筑、网络通信、信息家电、设备自动化，集系统、结构、服务、管理为一体的高效、舒适、安全、便利、环保的居住环境。

12.3.3 智慧社区建设的框架

智慧社区包括基础环境、基础数据库群、云交换平台、应用及其服务体系、保障体系五个方面。智慧社区概念框架具体内容如下。

1. 基础环境

基础环境主要包括全部硬件环境，如家庭安装的感应器，老人测量身体状况的仪器，通信的网络硬件，如宽带、光纤，还有用于视频监控的摄像头、定位的定位器等。

2. 基础数据库群

基础数据库包括业务数据库、传感信息数据库、日志数据库、交换数据库等四大数据库。

3. 云交换平台

云交换平台主要实现各种异构网络的数据交换和计算。提供软件接口平台，或提供计算服务，或者作为服务器。

4. 应用及其服务体系

应用及其服务体系包括个人信息管理系统、日志管理系统、应急呼叫系统、视频监控系统、广播系统、智能感应系统、门禁系统、远程服务系统等，由这些系统完成为社区各类人群的直接服务。

5. 保障体系

保障体系主要包括安全保障体系、标准规范体系和管理保障体系三个方面，从技术安全、运行安全和管理安全三方面构建安全防范体系，确实保护基础平台及各个应用系统的可用性、机密性、完整性、抗抵赖性、可审计性和可控性。

12.3.4 智慧社区建设的作用

智慧社区属于社区的一种,可以在社区范围内平衡整个社会、商业和环境需求,同时优化可用资源。智慧社区本质上就是提供各种流程、系统和产品,促进社区发展和可持续性,为其居民、经济以及社区赖以生存的生态大环境输入利益。

1. 极大地便利了社区居民工作生活

通过智慧社区的建设,一方面,不仅将传统的社区管理内容与互联网相结合,物业、居委会、业委会等社区管理主体可以通过智慧终端完成社区管理的各项职能,使得社区居民足不出户即可获得或完成各项社区生活;另一方面,智慧社区的建设作为智慧城市建设的重要一环,许多政务内容因此得以下沉到社区,使得居民可以在社区内完成政务事项的办理。

2. 强化政府公共服务智能

智慧社区建设就是为了让互联网成为服务群众、贴近群众、为群众排忧解难的新途径,有利于解决人口膨胀、公共服务不足、交通拥挤、污染治理、健康养老等复杂性棘手问题。例如,地方政府将数字城管、治安监控、流动人口信息管理等多个部门的多项办理事项纳入"网格化社会服务管理信息系统",在很大程度上提高了公共服务供给能力和基层治理效能。

3. 整合了各项社区治理资源

智慧社区的建设可以最大限度地消除不同社区管理主体由于职能、机制、政策及标准不同所造成的合作阻碍,可以跨主体、跨地域整合社区内外的不同组织、人力、智慧、财力、技术、信息等资源。

4. 改变了传统的社区管理工作方式

智慧社区的建设实现了公共服务由线下向线上的延伸,将24小时全响应的公共服务由理念变成了现实,将全心全意为人民服务的宗旨和以人民为中心的发展思想,通过线上和线下群众路线相结合的方式,在公共部门和人民群众之间搭建了对话平台,实现了"听民声、察民情、解民忧、集民智、聚民心"的智慧化社会治理。

5. 推进基层民主建设

智慧社区建设对最大限度地发扬社会主义协商民主,扩大公民依法有序参与,变替民做主、代民做主为让民做主,实现群众民主监督和民主科学决策,化解社会矛盾冲突,维护群众权益,推进基层协商民主做出了重大贡献。例如,借助智慧系统,可以有效搭建基层党组织、社区居民、党员、街道办、工商业人士、人大代表等科学决策、共建共治、互动协商的智慧平台,有效地推动基层民主建设。

6. 强调了自治、共治的治理价值

社区是城市基层社会治理的最小单元。智慧社区依托移动互联网、云计算、物联网、传感网、信息智能终端等新一代网络信息技术,打破了社区居民与社区管理主体的物理空间的距离,推动了传统生产生活方式的转变和社会治理模式的变革,实现了社会治理价值由一元到多元、治事到为民、效率到效能的转变,提高了政府公共服务的精准性和社会治理的精细化水平。

12.3.5 当前智慧社区建设的不足

智慧型社区在我国发展中极大地便利了社区居民的生产生活,使得社区居民能够参与到社区管理的活动中,使得当下的社区管理在自治、公职、共享的发展轨道上前进。与此同时,我国智慧型社区的建设存在以下不足之处。

1. 技术至上的理念误区

智慧社区是人类借助高科技工具解决治理困境的手段,是在"社会治理中体现人类智慧,让人类智慧融入社会治理"的人与技术之间的互动融合、协同行动的过程。但是,在我国的智慧社区建设过程中,由于工具理性的极端化所带来的人文精神衰落,少数地方政府陷入技术至上的误区,错误地认为智慧城市仅有技术就可以了,而缺乏城市人文精神和城市共同体意识的塑造。因此,智慧社区建设要避免技术至上的误区,特别是智慧社区的服务内涵要紧密围绕其功能定位而非技术发展水平展开。比如,智慧社区的管理、服务、参与、协调功能是其主要功能,而有的地方如国家级贫困县的对口帮扶公司,在上述功能还没配置完善的时候,就依托技术平台,开发出智慧电表、智慧水表等非必需且昂贵的服务功能。

2. 智慧社区建设主体单一

在国外智慧社区建设中,新开发的商务楼盘或者改建的老旧社区都是由地产开发商等企业按照政府统一的标准,对由科学决策平台、监督评价平台、服务供给平台、资源整合平台、投诉受理平台和服务选择平台等不同系统组成的智慧社区系统进行配套安装。但是,在我国的智慧社区建设过程中,由于智慧社区建设的高成本性、高技术性、顶层设计的系统性以及运营的复杂性等,各地的建设主体和运营主体基本上都是政府在唱"独角戏"。社区的物业公司和地产开发商等企业本来应该作为智慧社区运营管理的主体,但其目前基本上处于缺位状态。

3. 专业化运营人才的短缺

在我国的智慧社区建设过程中,既要重视智慧社区服务的"智能化",又要强调智慧社区设计、运营中人的"智慧化"。但是,在基层社会治理中,由于专业化和职业化人才的缺乏,与智慧社区相伴的"智慧社工"人才队伍建设严重滞后,现有的人才队伍难以承担未来智慧社区运营的责任。

4. 服务对象缺乏信任的行动危机

由于智慧社区给社区居民提供了极大的便利,其虚拟社区所造成的服务对象与服务主体之间可以长期通过非面对面的方式协同工作,很容易助长社区居民思维方式的自利化、行为方式的自主化和生活方式的私人化,也很容易造成社区公共精神的碎片式瓦解、公共责任的碎片式淡化、居民互助体系的碎片式衰退。这种个体化趋势会更进一步造成社区认同的弱化和社区共同体意识的解构,从而削减各个主体之间的信任,危及集体协同行动。如何将基层党组织、街道办事处、居民、社会组织等不同的社区公共事务治理主体组织动员起来,实现社会公共事务合作治理与集体协同行动,是智慧社区建设亟须解决的一个问题。

12.3.6 智慧社区建设的优化路径

面对上述我国智慧型社区建设的不足之处,当前的理论研究得出以下应对举措以优化我国智慧社区建设现状。

1. 统筹好智慧社区建设的功能设置与服务内容

智慧社区是应用大数据、物联网、互联网、云计算等信息技术,依托建成的智慧社区互联网平台社区管理工作,具备开放、协同、共建、智能、共享、互动等特征的新型基层社会治理信息化系统,因此,在智慧社区设计时要突出体现其管理功能、服务功能、参与功能和协调功能,功能设计上要完备。与智慧社区建设的功能定位相匹配,智慧社区基础设施建设完备,一要在宏观上完成包括普惠化的智慧民生服务、精细化的智慧政务服务和精准化的智慧城管服务以及未来发展高端化的智慧经济产业系统的建设;二要在微观上使智慧社区服务涵盖智能楼宇、智能家居、路网监控、智能医院、家庭护理、个人健康等个性化服务领域。

2. 规范好智慧社区建设的标准和运行机制

智慧社区建设的质量标准规范化意味着科学决策平台、监督评价平台、服务供给平台、资源整合平台、投诉受理平台和服务选择平台的系统化、精细化建设。这些系统的建设标准要与政府不同部门与上下层级的工作相匹配。特别是居民和社区基层党组织、自治组织的互动式协同治理机制、社会组织和居民、社区基层党组织、自治组织的合作式协同治理机制,居民、社会组织和社区基层党组织、自治组织与公共服务的市场供给主体之间的竞争式协同治理机制,都要与智慧社区建设的质量标准和功能高度统一。

3. 协调好智慧社区建设的利益关系和协同框架

在智慧社区建设的过程中,政府要帮助和引导各个不同利益主体将自利性利益有效分离,使冲突性利益实现总体目标契合,并不断地开发不同治理主体的一致性利益和互利性利益,从而将各主体目标联结成有效契合的利益协调机制。因此,智慧社区建设需要突出居民需求导向,推进多元主体的信息资源共享和参与共建等信任机制构建,在信息交流发布、公共事务合作治理、商业便民服务、居民自治和志愿服务等方面实现协同。特别是要协调好政府与以企业为主体的智慧社区运营管理体系、"智慧社工"人才体系之间的利益关系,实现基层党组织、办事处、居民、社会组织等智慧社区治理主体在社区公共事务治理中的高效协同。

4. 兼顾好智慧社区建设的技术开发和相应社区文化建设

兼顾好智慧社区建设的技术开发和社区文化建设至关重要。浙江的"智慧社区网"通过网上公共文化服务空间培育社区公共精神文化,通过网下的人文关怀和互助服务维系社区人际关系之间的纽带,重塑了网络社会公共领域和实体社区公共空间之间的关系。通过智慧社区平台的建设,鼓励社区内不同职业的居民依法有序参与社区公共事务治理。从浙江"智慧社区网"的建设经验来看,智慧社区信息平台必须着眼于推动社区共同体意识、公共精神和公共责任的建构。可以说,构建社区文化是化解社区中人与人、人与社会、人与环境之间矛盾的有效措施。

12.3.7 典型案例:沈阳市智慧社区建设

社区是城市的基础,智慧社区发展是促进智慧城市建设的重要组成部分。近年来,沈阳以居民需求为导向,围绕社区生活服务、社区管理及公共服务等方面,积极推进智慧城市建设,极大地便利了居民的日常生活。

2015年8月26日,作为智慧沈阳建设的重点项目,首批试点的两个"智慧屋"在皇姑中海西社区和沈河清泉社区揭牌。此前,沈阳市网信办根据各地区实际情况在沈河、皇姑等三个区选择了15个社区作为新社区"智慧屋"建设的试点单位。2015年12月29日,沈阳市人民政府办公厅印发《沈阳市智慧社区建设实施方案(2016—2017年)》的通知,在全市范围内统筹部署,开展智慧型社区建设工作。

新社区"智慧屋"的建设是地方政府主动适应互联网新常态和科技发展,顺应移动互联网时代发展潮流而进行的一次主动尝试。"智慧屋"将线上政务、便民、媒体等服务延伸到线下,通过线上线下互动,创新便民服务和网络产业发展模式,努力构建基于社区的闭合生态圈建设,让老百姓在本社区内即实现基本的政务诉求和基本生活商务服务需求。

首批试点的新社区"智慧屋"有五个功能分区,分别是多功能服务区、智慧体验区、智慧金融服务区、智慧物流配送区和创客空间。

一是多功能服务区,该区域为到访智慧屋的社区居民提供新社区线上平台各业务功能模块的现场实时服务。社区居民可以通过此区域,进入新社区平台各功能模块,进行网上政务信息查询和个人业务办理,了解本地媒体及时信息。居民还可通过社区"便民惠民"板块,查询并办理养老、医疗、教育、房产、娱乐、家政、物业、金融等多项社区周边生活相关信息。

二是智慧社区体验区,该区域设有目前最先进的体检仪,有专人免费为居民进行一系列健康体检。相关电信运营商还提供充值、开卡、产品体验等服务。如果渴了、饿了也没关系,智慧社区体验区内设有水吧,提供咖啡简餐服务,居民可以在此一边交谈一边享受美食。

三是智慧金融服务区,这里可以提供自动存取款、查询、缴费以及金融理财等衍生品的在线办理及咨询。

四是智慧物流配送区,"智慧屋"内的智慧物流配送区设有物流柜,为电商提供送达货物存放空间,切实解决居民网络购物"收货难"问题。居民还可以登录"智慧屋"网站进入"电子商务平台"购买平台上各商家提供的产品和服务。商家收到订单在指定时间内提供相应服务或将商品送达"智慧屋"物流自动提取箱,用户通过提取箱自行提取。

五是创客空间,目前沈阳在建设智慧社区的过程中,在每个新社区"智慧屋"内都开辟了创客空间,不仅为创客提供交流和技术积累的场所,还为创客一族提供一站式创业孵化服务,如工商税务代办等。

智慧城市建设的基础应放在社区,没有智慧社区就没有智慧城市,而建设新社区"智慧屋"的目的就是为各社区居民提供更为便捷的、多元的服务体系,进而提升居民满意度、居住舒适度。

在首批试点"智慧屋"取得成功的基础上,沈阳市对全市各地区社区进行分区布点,并逐步实现对远郊县的全方位覆盖,计划在5年内建成50个新社区"智慧屋",真正实现"惠民、兴业、善政"的智慧城市发展目标,为老百姓的生活带来切实改变。

沈阳市"智慧社区"是保障和改善民生、提高居民生活水平和生活质量的民心工程,也是加强和创新社区管理、维护社区和谐稳定的基础工程。实践中的沈阳市"智慧社区"建设服务内容不断拓展,居家养老、停车引导、就业推进等一系列的智慧服务在社区逐步开展,社区服务方式不断改善;利用现代信息技术,推动了社区信息化建设,实现了"一口式、一站式"服务,社会力量也开始为社区提供服务,社区服务环境不断改善。未来,智慧社区的建设,必然吸引更多社会主体的参与,社区智慧服务专业团队将成为智慧社区建设的主力军,智慧社区建设将沿着可持续发展的路径下更好地服务居民。

问题:

1. 请进一步搜集沈阳市智慧社区建设的相关信息,试着从中总结可借鉴的经验。
2. 政府作为当前智慧社区建设的主导者,如何制定政策来实现以政府为主导,企业、社区、居民协同参与社区智慧化建设的目标?

 **本章小结**

  1. 社区居民自治是指社区居民在社区内实行民主选举、民主决策、民主管理、民主监督，实现社区居民自我管理、自我教育、自我服务，按照社区居民"自己管理自己的事情""大家的事情大家办"的原则，通过民主协商的方式，共同解决社区内公共事务和公益事业方面的问题，共同创造美好幸福生活。当前我国社区居民自治机构主要有两个：居民委员会和业主委员会。我国居民自治呈现出全体性、开放性、非经济性三个特点。但在当前社会发展过程中，基于业主委员会的居民自治存在成立限制多、成立过程曲折、决策困难、对业主缺乏约束力等难题。化解业主自治面临的困境，除了提高业主的自我合作能力和创新业主自治实现形式，还应该寻求政府和基层社区组织的力量。通过业主自治与社区居民自治的良性协作，充分发挥业主委员会在业主"自治"与"维权"领域的功能。

  2. 社区协商管理是指在中国共产党的领导下，以广大人民群众为协商参与的必然主体，通过具有法律法规保障的协商民主的具体形式，以完成社区治理的各项工作，从而实现公共利益、集体利益和个人利益共同发展的基本目标的社区治理模式。在当前创新基层社区管理、提升社区管理水平的总要求下，在坚持基层群众自治的基础上，由党建引领发展社区协商治理成为新趋势。协商治理机制的基本框架主要包含社区协商的参与主体、社区协商的平台、社区协商的流程三方面的内容。

  3. 智慧社区是社区管理的一种新概念，是新时代、新形势下社会管理创新的一种新模式。智慧社区是指充分利用物联网、云计算、移动互联网等新一代信息技术的集成应用，为社区居民提供一个安全、舒适、便利的现代化、智慧化生活环境，从而形成基于信息化、智能化社会管理与服务的一种新的管理形态的社区。智慧社区的内涵主要包括智慧物业管理、电子商务服务、智慧养老服务、智慧家居；智慧社区的框架主要包括基础环境、基础数据库群、云交换平台、应用及其服务体系、保障体系五方面。

 思考题

  1. 当前我国社区居民自治问题的本质是什么？
  2. 请阐述社区协商管理的基本内涵与时代意义。
  3. 请分析当前智慧社区建设的意义和现实困境。

参考文献

[1] 陶铁胜.社区管理概论[M].上海:上海三联书店,2000.
[2] 黄序.城市发展中的社区建设[M].北京:中国城市出版社,2002.
[3] 娄成武,孙萍.社区管理[M].北京:高等教育出版社,2003.
[4] 汪大海,魏娜,郇建立.社区管理[M].北京:中国人民大学出版社,2005.
[5] 吴新业.社区管理学[M].北京:北京大学出版社,2008.
[6] 王玉兰,唐忠新.社区管理实务[M].北京:北京大学出版社,2009.
[7] 魏娜.社区管理原理与案例[M].北京:中国人民大学出版社,2013.
[8] 张艳国,聂平平.社区管理[M].武汉:武汉大学出版社,2013.
[9] 吴晓林.房权政治:中国城市社区的业主维权[M].北京:中央编译出版社,2016.
[10] 胡战.广州市转制社区环境卫生管理存在问题及对策[J].中国农村卫生事业管理,2010,30(1):26-27.
[11] 张艳国,胡盛仪,李广平.社会生活共同体建设中的百步亭发展之路:武汉市百步亭花园社区调查[J].江汉论坛,2010(6):127-133.
[12] 万科物业发展有限公司.解密万科物业"睿服务"体系[J].中国物业管理,2014(9):12-14.
[13] 李长江.互联网+,让物业服务价值无限:碧桂园物业的"互联网+"实践[J].中国物业管理,2015(6):82-83.
[14] 葛婷婷.绿城物业养老服务经验谈[J].城市开发,2016(21):87.
[15] 万仁德,李欣.文化建设与城市社区治理:武汉百步亭社区的实践研究[J].江汉大学学报(社会科学版),2017,34(6):63-69,119.
[16] 王德福.业主自治的困境及其超越[J].求索,2019(3):88-96.
[17] 朱懿,韩勇.我国智慧社区建设及其优化对策.领导科学,2020(2):122-124.
[18] 张小川.综合发展规划的社区视角解读:以深圳市龙岗区综合发展规划为例[C]//中国城市规划学会.城乡治理与规划改革:2014中国城市规划年会论文集(09城市总体规划),2014:9.
[19] 罗华娟.乞巧文化资源的现代转换研究:以广州珠村为例[D].北京:中央民族大学,2009.
[20] 张英楠.街道办事处在社区建设中的职能探析:以长春市群英街道办事处为例[D].长春:吉林大学,2016.
[21] 张清.社会组织参与社区治理研究:以海阳市东村街道为例[D].徐州:中国矿业大学,2014.
[22] 孙倩雯.浦东创新社会治理."缤纷社区"为生活添色彩[EB/OL].(2018-12-13)[2020-01-06].https://k.sina.cn/article_2810373291_a782e4ab042008ioc.html?subch=onews.
[23] 李庆.社区邀请"草根规划师"升级社区[EB/OL].(2018-02-19)[2020-02-06].http://www.ctdsb.net/html/2018/0209/city137555.html.

[24] 汪洋,员涂剑,向京京.将规划延伸到社区,武汉晒出首批8个社区规划[EB/OL].(2018-02-04)[2020-02-05].https://mini.eastday.com/a/180204091339553.html.

[25] 保利物业."医养护"创新结合打造"中国式养老"[EB/OL].(2016-02-03)[2020-01-15].http://www.gpmii.net/article/article?articleid=900.

[26] 赖臻.北京:"阳光中途之家"助社区服刑人员顺利回归社会[EB/OL].(2011-02-28)[2020-01-19].http://www.china.com.cn/city/2011-02/28/content_22015186.htm.

[27] 陆海旻.杭州星洲花园业主奔波7个月,罢免业委会[EB/OL].(2018-02-13)[2020-02-16].https://baijiahao.baidu.com/s?id=1592240947849667381.

[28] 陆海旻.业委会不开业主大会花135万元维修费任期内被罢免[EB/OL].(2018-02-13)[2020-02-07].http://news.sina.com.cn/s/wh/2018-02-13/doc-ifyrpeie3013136.shtml.

[29] 赵路.物业经营性收支信息公示试点两个多月效果如何业主的钱袋子杭州这样管[EB/OL].(2019-09-25)[2020-02-28].https://zjnews.zjol.com.cn/zjnews/hznews/201909/t20190925_11078871.shtml.

[30] 李晓红.同心同行同家园:上海市普陀区全面推进"同心家园"建设工作[EB/OL].(2017-05-18)[2019-12-23].http://www.doc88.com/p-3798687222108.html.

[31] 白昕.沈阳新社区智慧屋亮相 便民服务"一站式"解决[EB/OL].(2015-08-17)[2020-05-16].https://city.qq.com/a/20150827/023257.htm.

[32] 中慧云控智能科技.沈阳将于2018年着手建设智慧社区[EB/OL].(2018-01-18)[2020-06-17].https://www.sohu.com/a/215321122_776417.

[33] 徐汇报,吴梅,唐小丽.徐汇区龙华街道打造传统文化"共享生活圈"唱出幸福感[EB/OL].(2017-01-16)[2019-09-08].http://www.wenming.cn/syjj/dfcz/sh/201701/t20170116_4011034.shtml.

[34] 仝付旺.新塘社区治安管理的现状问题及对策[EB/OL].(2016-03-15)[2019-08-19].https://www.doc88.com/p-1724506737859.html.

[35] 庄明.成都清波社区的居民参与治理案例[EB/OL].(2012-11-27)[2021-04-09].https://www.docin.com/p-538846226.html.

[36] 赵雪,王丽华,胡彦清,等.城中村改造社区环境案例分析[EB/OL].(2018-02-11)[2021-03-09].https://max.book118.com/html/2018/0210/152656174.shtm.

[37] 叶舒扬.湖里区积极探索党建引领小区治理工作 激活小区治理全细胞[EB/OL].(2020-11-26)[2021-03-28].http://news.xmnn.cn/xmnn/2020/11/16/100810875.shtml.

[38] 石家庄裕华发布.基层社区开展"不忘初心 牢记使命"主题教育活动[EB/OL].(2019-07-09)[2021-03-13].https://www.sohu.com/a/325641593_504868.

[39] 张维桃,陈红.金山街道金湖社区开展暑期儿童安全宣传教育活动[EB/OL].(2018-07-12)[2021-03-13].https://news.sina.com.cn/gn/2018-07-12/detail-ihfefkqq7857178.d.html.

[40] 张尚琦,万丽君.阳光社区开展老年人防诈骗宣传教育活动[EB/OL].(2020-11-05)[2021-03-13].https://m.thepaper.cn/newsDetail_forward_9862635.

[41] 唐洪琼,刘加周.大渡口:社区有了"家庭医生"居民在家享医疗服务[EB/OL].(2017-11-06)

[2021-03-26]. http://cq.cqnews.net/cqqx/html/2017-11/06/content_43226791.htm.

[42] 东湖高新区文明办.花山街开展"便民利民 服务万家"志愿服务活动[EB/OL].(2020-08-31)[2021-03-26].https://baijiahao.baidu.com/s?id=1676542472665739202.

[43] 文明东营微信公众号."四点半课堂"开班啦[EB/OL].(2019-03418)[2021-03-26].http://www.wenming.cn/xmt/xmwg/201903/t20190318_5041535.shtml.

[44] 孙娜娜.锦华社区:协商议事架起"连心桥",居民自治谱写新篇章[EB/OL].(2020-07-26)[2021-03-26].http://k.sina.com.cn/article_5328858693_13d9fee4502000wncs.html.